JN081511

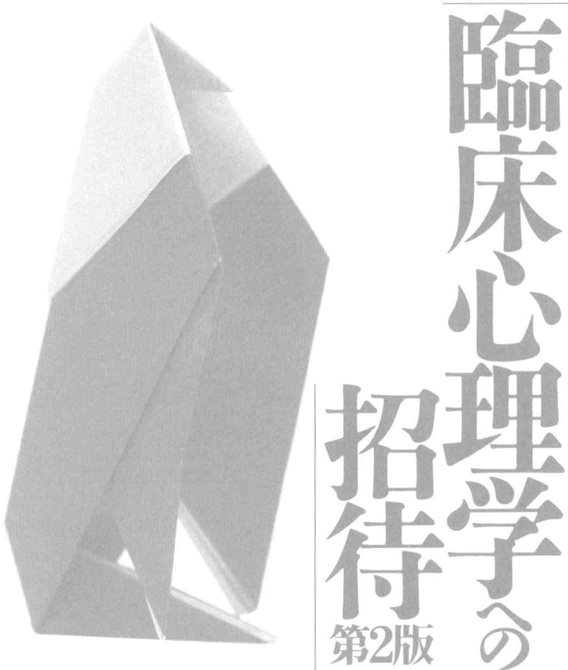

臨床心理学への招待 第2版

臨床心理学を学ぶすべての人のための今までにない新しいテキスト。
その発展とともに細分化・専門化の進む臨床心理学を学ぶために、
それぞれの分野の第一線で現在活躍中の40名が集まり、
自分の専門を初学者に向けて語る実践的テキスト。

Nojima Kazuhiko
野島一彦
［編著］

ミネルヴァ書房

まえがき

近年，心の問題に対する興味・関心が高まるにつれて，臨床心理学を学びたいという人たちが増えてきた。国家資格ではないにしても「臨床心理士」の資格制度が1988年に誕生してからは，特にその傾向がさらに強まった。そして私たちはそのような人たちから，適当な入門書を紹介してほしいと頼まれることが多くなってきた。

しかし，いざ紹介しようとすると，自信を持っておすすめできるものがなかなか見つからなかった。というのは，現在の臨床心理学の広がりと深まりはかなり進行しているが，それらの全貌をバランスよくコンパクトに解説していると思われるものは少ないからである。

このような状況のなかで，本書の企画の話がもちあがった。そこで私たちは，私たち自身でそのような性格の入門書をつくろうということになった。そして，臨床心理学に興味・関心をもつ人たちを，この魅力あふれる世界にご招待するという気持ちを込めて，書名を『臨床心理学への招待』とした。

このため本書は，臨床心理学に興味・関心をもち，はじめてその勉強を始めようとする人たち，および臨床心理学の勉強を始めて間もない初心者などを対象とする，本格的なしっかりした「ベーシックな教科書」であることをめざした。だから，基礎的な知識（ミニマム・エッセンシャルズ）を，分かりやすく伝えるように努力した。またできるだけ図表を入れたり，実践的なことを述べるようにした。

本書の執筆者は全部で41名である。人数が多いのではと思われる方がいるかもしれない。しかし，わが国の臨床心理学が，歴史を経て次第に専門化・分化してきている現状からすれば，単独あるいは少数の執筆者でその全貌をバランスよくコンパクトに解説するということはかなり難しい。やはりそれぞれの専門家・関係者がそれぞれの専門・分野のことを書いていただく方が，より正確で適切なのではと考えてこのようにした。

まえがき

このたびの執筆者は，編者が知る限りでの「中堅」でかつその分野での「実力者」の方々にお願いした。今日のわが国の臨床心理学的実践・研究・教育などを実質的に背負っておられる方々である。ご自分の豊富な経験を踏まえて，ご自分の実感に基づき，書いてもらえるのではと期待したからである。

このようなことから本書は，現時点でのわが国の中堅・実力者の「力」を結集した，ハイレベルのコンパクトな「ベーシックな教科書」になったのではと考える。本書によって，読者が臨床心理学への基本的理解を深められ，さらに次のステップへと進んでいかれることを願う。

最後に，お忙しいなかを健筆をふるわれた執筆者各位に深く感謝するとともに，大変お世話になったミネルヴァ書房の寺内一郎さん，安岡亜紀さんに厚くお礼を申し上げる。

1995年２月

編著者　野島一彦

第２版の刊行にあたって

本書の初版は1995年４月30日であるが，お陰様でこの24年の間に30刷のロングセラーとなり多くの読者に活用していただいた。しかし，時代が移り変わり，2015年には国家資格を定める公認心理師法も制定された。また社会状況も変化し，初版のままでは内容が古くなったところも出てきた。そこでこの第２版では，各執筆者に現代に合うように加筆修正をしていただいた。ただ一部の記述については旧版の文章をそのまま記載しているところもある。なお一部の節については，現在の中堅の方に執筆者交代を行い，執筆者は42名となった。

第２版の刊行にあたり，ミネルヴァ書房の吉岡昌俊さんにお礼申し上げる。

2019年11月

編著者　野島一彦

もくじ

3 臨床心理学的人間理解

4　臨床心理学的援助の方法

5　臨床心理学的実践の領域

6 臨床心理学の学び方

1

臨床心理学入門

● 1-1 ● 臨床心理学とは

1 定 義

臨床心理学とは，どのような学問なのであろうか。どのように定義されるのであろうか。わが国では「臨床心理学」という語は一般にも知られるようになってきており，国語辞典にも載せられている。たとえば，『日本語大辞典』（講談社）では「応用心理学の一分野で，個人の心理的適応に関する測定・分析・解決の理論と技術の研究を中心とする。心理学的検査，診断，心理療法の領域の学問」と定義されている。

専門的なものでは，たとえば『児童臨床心理学事典』（岩崎学術出版社）では「個人あるいは集団の，心理的に不適応・不健康な状態を科学的に理解・把握し，より適応的・健康な状態をもたらすように助力をおこない，また，不適応・不健康への予防的活動をおこなうための，実践ならびに理論的研究の学問」と定義されている。また『臨床心理学辞典』（八千代出版）では，「応用心理学の一分野」と述べられている。ただ，専門家の間では，臨床心理学の定義は非常に難しく，諸家によりさまざまであり，まだ定説はない。

筆者自身は，現段階ではとりあえず次のように定義している。「臨床心理学とは，人間の心理的適応・健康や発達，自己実現を援助するための，心理学的人間理解と心理学的方法を，実践的かつ理論的に探求する心理学の一領域である」。この定義に関連して，以下少し述べよう。

心理学は大きく基礎心理学と応用心理学に分けられるが，臨床心理学は後者に属し，教育心理学，犯罪心理学，産業心理学などとならぶ一領域である。「臨床」という言葉が，病床に臨むという意味をもつことから分かるように，それは心理的な障害や問題に悩む人を対象とする実践的な学問である。精神医学では主に病的な人を対象とするが，臨床心理学の対象はかならずしも病的とは呼べない範囲にまで広く及んでいる。他の応用的な心理学との違いは，適応や自己実現，こころの安定を目指す専門的な〈援助学〉である点である。

臨床心理学的人間理解（心理アセスメント）とは，援助しようとする立場から，心理面接，種々の心理テスト，行動観察によって，人格，心理的問題などの把握を行うことである。臨床心理学的援助の方法は，直接的に援助を実現するための心理学的な諸方法であり，個人にアプローチするもの，家族・集団・地域社会にアプローチするものに大きく分けられる。それらには，たくさんのさまざまな立場や技法（精神分析療法，行動療法，来談者中心療法など）がある。

臨床心理学は，臨床心理学的人間理解と臨床心理学的援助の方法を，実践的かつ理論的に探求する学問であるが，その研究方法としては（研究室における実験法ではなく，また従来の心理学での調査面接法とは異なる）臨床実践における〈面接法〉がもっとも基本的な方法である（〈面接法〉は，治療や援助の方法であると同時に心の研究法でもある）。そしてその方法から得られたものを〈事例研究〉という形で記述・論述していくことで一定の知見を抽出していく。その他の研究方法としては，既存の心理学と同じ〈調査研究法〉なども用いられる。

ところで，わが国では臨床心理学的な知識や技法を用いて実践を行う人は「心理臨床家」と呼ばれることが多い。その数がどれくらいなのかははっきりつかめないが，一般社団法人日本心理臨床学会（https://www.ajcp.info/）に所属している人は約３万人となっている。ちなみにこの人数は，日本の数ある心理学の学会の中では第１位である。この学会に入っていない「心理臨床家」もかなりいると推定される。また，公益財団法人日本臨床心理士資格認定協会（http://fjcbcp.or.jp/）が認定しているこころの専門家としての「臨床心理士」は，35,912名（2019年４月現在）となっている。さらに国家資格としての「公認心理師」（2015年に法制化）は，2018年度（第１回試験）の合格者数は28,574名，2019年度（第２回試験）の合格者数は7,864人となっている。職能団体である一般社団法人日本臨床心理士会は約２万人の会員を擁している。

わが国の臨床心理学的実践は，今日ではかなり幅広い領域で行われている。

おおざっぱに分ければ，教育の領域（学校教育相談，学生相談など），福祉の領域（児童相談所，社会福祉事務所など），司法・矯正の領域（家庭裁判所，少年鑑別所など），医療・保健の領域（精神科，心療内科など），産業・労働の領域（産業カウンセリング，研修など），被災者・被害者支援（自然災害，事故，犯罪など），地域社会（精神保健福祉センター，母子保健センターなど），個人開業（相談室，カウンセリング・ルームなど）といった具合に多岐にわたっている。

2　現代的意義

臨床心理学は，現代社会においてどのような意義をもつのであろうか。結論を一口でいえば，現代社会にはさまざまなこころの問題が急増してきており，人間は悩み苦しむようになってきて，それに対応するための1つとして臨床心理学が必要とされ，注目されるようになってきたといえよう。以下，このことを少しくわしく述べよう。

人間の心の問題は，人間が自意識をもつようになって以来古くからあったのであるが，とりわけ第2次世界大戦後，高度なテクノロジーの発達，産業構造の変化，急激な都市化，価値観の多様化，急速な国際化などに伴い，それまでにない新たな複雑な問題が出現することになった。つまり，われわれは物質的には一昔前に比べるとずいぶんと豊かになったのであるが，こころの面ではかならずしも豊かになったとはいえず，むしろ逆にストレスが増え，悩みや苦しみが増した面もあるといってよかろう。たとえば家庭での育児ノイローゼ，児童虐待，家庭内暴力など，学校での不登校，校内暴力，いじめなど，職場でのストレスによる心身症や神経症，過労死などは，そうである。

このような事態に対し，従来の教育，福祉，精神医学，宗教などによる対応や努力はそれなりに貢献をしてきたのであるが，それらの問題が質的に複雑化しかつ量的にも増加してきたことから，それらだけでは対応しきれなくなってきているのが現状である。そこでこころの問題に専門的に関わる臨床心理学の必要性が高まってきたし，注目されるようになってきた。

3　現状と課題

集大成

日本における臨床心理学の歴史は戦後から始まり，1970年頃から急速に発展してきたものの，体系としては十分に整備されているとはいえない。しかし，わが国の臨床心理学の広がりと深まりは着々と進行しており，1989～1991年の「臨床の知」の集大成が『臨床心理学大系（全16巻）』（金子書房）である。これは，臨床心理学の全領域をカバーし，その到達点を網羅しており，わが国でははじめての本格的体系である。これに続く集大成として『臨床心理学全書（全13巻）』（誠信書房）が，2003年９月より順次刊行された。

事　典

臨床心理学関係の本格的な事典としては，1992年の『心理臨床大事典』（培風館）がある。また1999年の『臨床心理学辞典』（八千代出版），2011年の『心理臨床学事典』（丸善出版）がある。

学　会

わが国の臨床心理学関係の学会としては，1964年に創設された日本臨床心理学会と1982年に創設された日本心理臨床学会がある。前者は当初，国家資格化問題を巡り紛糾し，資格推進派の人たちは脱退し，後者の学会を設立した。現在は前者も国家資格化を認めている。前者の学会誌は『臨床心理学研究』（年２回発刊），後者の学会誌は『心理臨床学研究』（年６回発刊）である。なお，学会誌ではないが，臨床心理学の専門誌としては，1988～1998年に『心理臨床』（星和書店）が刊行された。また2001年１月より『臨床心理学』（金剛出版）が刊行されている。

大　学

大学では，学生の多くは心理学といえば臨床心理学を学びたがるが，現実的にはそれを専門に学べるところはそう多くない。日本の大学の多くは，伝統的な実験心理学が主流である。臨床心理学を専門に学べる大学（大学院）としては，公益財団法人日本臨床心理士資格認定協会が臨床心理士の養成大学院として指定している大学（大学院）が172校ある。指定校は認定協会のホームページに掲載されている。

国家資格である公認心理師は，基本的には学部４年間，大学院２年間で指定科目を履修すると受験資格が得られることになっている。2018年度から養成が始まっている。2019年６月時点では，153校（うち，大学院のみ18校，学部のみ49校）が養成を行っている。

養成校の多くが加盟している一般社団法人日本公認心理師養成機関連盟（https://psychologyteacher.jimdo.com/）のホームページには養成校が掲載されている。

学ぶことの難しさ

臨床心理学は単なる認識の学問ではなく，実際に人間の心を援助していく学問であるだけに学ぶことが結構難しい。講義を聴き，読書をして一定の知識を獲得することも必要だが，それだけでは足りず，実習（体験）を通して人間関係のもち方などを学習することもしなければならない。また，臨床心理学的実践では，その人が学んだ知識なり技術とともに，その人自身のあり方（人間性）がきわめて重要になる。たとえば，外科医ならその人の人間性はかっこに入れて知識と技術の学習を十分にやれば務まるかもしれないが，臨床心理学的実践を行う人はその人間性がもろに影響することになる。このようなことから，臨床心理学を専門的に学ぶことは誰にでもできるというものではなく，一定の資質や適性が要求されることになる。ただ，自分が向くかどうかの判断は，自分では分かりにくいので，専門的に学ぼうと思う人は専門家に相談するとよいであろう。

資格関連

臨床心理学の専門家としての〈民間資格〉には，1988年から公益財団法人日本臨床心理士資格認定協会が認定している「臨床心理士」がある（認定者総数35,912名）。また臨床心理学の専門性が強く求められる〈国家資格〉には，2015年に法制化された「公認心理師」がある。「公認心理師」は2018年度から大学で養成が始められている。ただ正規ルート（学部４年＋大学院２年，学部４年＋実務経験２年以上）の第１期生の修了者が出るのは2023年度であり，それまでは経過措置で認定が行われることになっている。一般財団法人日本心理研修センター（http://shinri-kenshu.jp/）によって，2018年度に経過措置による第１回の国家試験が実施された（受験者数36,103名，合格者数28,574名，合格率79.1％）。2019年度には第２回の国家試験が実施された（受験者数16,949名，合格者数7,864名，合格率46.4％）。

公認心理師の職能団体としては，一般社団法人日本公認心理師協会（https://www.jacpp.or.jp/）等がある。

「臨床心理士」と「公認心理師」の専門性

「臨床心理士」の専門性は次のとおり（日本臨床心理士資格認定協会のホームページ）。①種々の心理テスト等を用いての心理査定技法や面接査定に精通していること。②一定の水準で臨床心理学的にかかわる面接援助技法を適用して，その的確な対応・処置能力を持っていること。③地域の心の健康活動にかかわる人的援助システムのコーディネーティングやコンサルテーションにかかわる能力を保持していること。④自らの援助技法や査定技法を含めた多様な心理臨床実践に関する研究・調査とその発表等についての資質の涵養が要請されること。

「公認心理師」の専門性は次のとおり（公認心理師法）。①心理に関する支援を要する者の心理状態の観察，その結果の分析。②心理に関する支援を要する者に対する，その心理に関する相談及び助言，指導その他の援助。③心理に関する支援を要する者の関係者に対する相談及び助言，指導その他の援助。④心の健康に関する知識の普及を図るための教育及び情報の提供。

4　本書の概要

本書は大きく６部から構成されている。

「１　臨床心理学入門」では，本書のイントロにあたるので，まず臨床心理学のごく大まかな全体的イメージを読者にもってもらうことをねらい，臨床心理学の定義，現代社会における臨床心理学の意義，臨床心理学をめぐる現状と課題を述べている。次に外国と日本の臨床心理学の歴史について簡単に述べている。

「2　臨床心理学の対象」では，臨床心理学のきわめて大切なこころをめぐる基本的認識を，読者にしっかり分かってもらうことをねらい，正常と異常の判断基準，心理臨床家の視点などについて述べている。また人間の発達という軸の中での人間模様が浮き彫りにされることをねらい，発達段階を乳幼児期，児童期，青年期，成人期，老年期に分け，それぞれにおける課題と問題を述べている。

「3　臨床心理学的人間理解」では，（臨床心理学的援助とならんで臨床心理学では重要な柱である）心理アセスメントの概要，大切さ，ポイント，難しさなどを，読者に知ってもらうことをねらい，心理アセスメントとは何か，心理面接によるアセスメント，心理テストによるアセスメント，行動観察によるアセスメントについて述べている。

「4　臨床心理学的援助の方法」では，読者に種々の特色ある援助の方法がたくさんあるということを知ってもらうことをねらい，いろいろな方法について，その創始者・提唱者，歴史，人間観，理論，技法などを包括的に述べている。ここで取り上げた方法は，第1にごく一般的・代表的な個人へのアプローチとして，ガイダンス・環境調整，精神分析療法，行動療法，認知行動療法，クライエント中心療法である。第2にやや特殊な個人へのアプローチとして，遊戯療法，芸術療法，箱庭療法，催眠・自律訓練法である。第3に日本で開発された個人へのアプローチとして，森田療法，内観療法，動作法である。第4に最近人気がある個人へのアプローチとして，フォーカシング，ゲシュタルトセラピー，イメージ療法，人生哲学感情療法（REBT の基礎理論）である。そして第5に家族・集団・地域社会へのアプローチとして，家族療法，グループ・アプローチ（エンカウンター・グループ，集団精神療法，サイコドラマ），コミュニティ・アプローチである。

「5　臨床心理学的実践の領域」では，読者に臨床心理学の仕事はさまざまなところでいろいろあるんだなということを知ってもらうことをねらい，臨床心理学の専門家が，どのような場所・機関で，どのような立場・職名で，どのような人たちを対象に，どのような仕事・活動をしているのかを，できるだけ幅広く紹介している。ここで取り上げた領域は，教育の領域，福祉の領域，司法・矯正の領域，医療の領域，産業の領域，地域社会，個人開業である。

「6　臨床心理学の学び方」では，読者に次のステップに向かう際の指針・方向性を与えることをねらい，臨床心理学を，今後さらに深く学ぶには，どのようなことを，どのようなところで，どのように学べばよいのか，また職業として「臨床心理士」を目指すにはどうしたらよいのかを取り扱っている。つまり，「臨床心理学の教育・研修」と，「臨床心理士への道」について述べている。

● 1-2 ● 臨床心理学小史

1　臨床心理学前史

臨床心理学をどのようなものとして理解するかでその歴史の扱いは大きく異なってくる。1つの科学だとか，心理学という科学の1分野だとして限定せずに，要するにこころの病を癒す営みだとすれば，臨床心理学は人類の歴史とともにあり，そこでは宗教や呪術とまだ区別されていない。エレンバーガー（Ellenberger, H., 1970）の書物には病気の本質についての原始的な理論とそれぞれに対応する治療法が紹介されている。それによれば，病気は①病原体の侵入，②魂の失踪，③霊の憑依，④タブー違反，⑤呪詛によって起こり，それぞれに対する治療法は，①病原体の除去，②失踪した魂の発見と連れ戻し（シャーマニズム），③エクソシズム（悪魔祓），④告白と許し，⑤逆魔術である。治療を行う職業は特に②ではシャーマン，③ではエクソシスト，⑤では魔術師と呼ばれる。原始的な治療では，心の病の癒しに関わる職業の比類ない社会的位置，治療者のすぐれた人格，治療者になるための修行の厳しさ，病気の霊的性質，共同体レベルでの治療などが特徴的である。エレンバーガーはこれらの原始的な理論・治療法と今日の深層心理学的な心理療法の間にある種の共通性をみている。

古代になると，こころの病の癒しは一方で神殿あるいは寺院で僧侶によって行われることになった。もっとも有名なのは医術の神アスクレピオスの神殿での治療である。ギリシャ全土から患者が巡礼し，そこで見られる夢には霊験があると信じられた。マイアー（Meier, C. A., 1949）はこのインキュベーション（参籠）が今日のユング派の分析治療に通じる面があることを指摘している。

こころの病の治療は古代では他方で，哲学者たちによってなされていた。彼らはそれぞれの学派ごとに集団を形成し，ある種の教義と精神の訓練の方法をもっていた。哲学は単に思想の体系である前に，人びとの生き方の指導であった。エレンバーガーは，各学派を今日の心理療法の各学派と比較している。魂への配慮を哲学者の第１の関心事として対話を通じてそれを実践したのはソクラテスであった（村本，1994）。

キリスト教が支配的な文化となった中世のヨーロッパの僧侶たちはこころの病の癒しを本質的に神による魂の救いとして宗教的コンテクストにおいて理解して実践した。中でも聴罪師への告白が重視された。アウグスチヌス（Augustinus, 354-430）の『告白』は神を前にした自分の心の赤裸々な探求の書であり，心理学的洞察に満ちている。

キリスト教神秘主義の伝統は普通その教義内容や他宗教との関連に関心をもたれがちであるが（上田，1983），ヒルデガルト・フォン・ビンゲン（Hildegard von Bingen, 1098-1179）やエックハルト（Eckhart, 1260-1327）らの著作は，彼らの日常的な，今日的にいえば，心理臨床的あるいは社会福祉的な実践の活動から切り離してはその歴史的意義が正しく理解できないだろう。神秘家たちは修道院仲間や一般信者たちの相談相手として働いていたのである。

宗教改革を行った人びとは，カトリック教会で実践されてきた告白（告解）の制度を廃止したが，プロテスタントでも結果的にはこれと類似の実践として，牧会（cure of souls, Seelsorge）が行われるようになった。ちなみに心理療法（psychotherapy）も語源的には魂（psyche）への配慮（therapeia）を意味する。

他方で，中世の後期には宗教的な権威のもとに大規模に魔女狩りが行われたことは，歴史的教訓として記憶にとどめておくべきであろう。なぜなら，反精神医学が問題提起したように，宗教的な権威や魔女というレッテルに対応するものが今日の社会にないかどうかは考えるに値する事柄だからである。

宗教的，霊的背景を前提にせずに自然を前提にしてこころの病を癒すという意味での，いわば科学的な臨床心理学の伝統は，古代ギリシャのヒポクラテス（Hippokrates, BC460-377）にまで遡れるかもしれない。自然主義の立場に立つ彼は，宇宙の四大元素である地，水，火，空気のそれぞれに黄胆汁，黒胆汁，血液，粘液が対応し，体の病気もこころの病気も霊の仕業ではなく，これらの体液のアンバランスから起こると信じ，この理論に基づいて合理的な治療を試みた。この4体液理論はローマのガレヌス（Galenus, c. 130-c. 200）に受け継がれてその後の中世の医学をおおむね規定した。バランスや調和の考えは，今日の臨床心理学の諸理論にも働いている。

時代が近代になると，総じて科学技術的な考え方が支配的になるのに反比例してキリスト教の権威が低下し，こころの病についての理解のためのメタファーも宗教的なものから科学的なものになっていった。その劇的な転換は，18世紀後半に起こった。当時ガスナー（Gassner, J. J., 1727-1779）という司祭はエクソシストとして高名で，悪魔に憑かれたとされる人びと（今日的にいえばヒステリー患者）を治していたのだが，メスメル（Mesmer, F. A., 1734-1815）は，なんらキリスト教的な表象を用いずに，彼が動物磁気（animal magnetism）と呼ぶものでエクソシズムと類似の現象を引き起こして治療することに成功し，時代の寵児になった。啓蒙時代の子であるメスメルにとって動物磁気は，当時発見された電気と類似の物理的なものであった。しかし，メスメルの動物磁気は，フランス国王が指名した当時の代表的な科学者たちからなる調査委員会によって，単なる「想像力」の産物であってなんら科学的な根拠がないとされた。さらに間もなく起こったフランス革命によって，メスメル自身反動派に味方する者として追い打ちをかけられ，フランスを去ってスイスの片田舎で余生を送らねばならなくなった。

しかし，歴史的にみるならば，メスメリズムは，深層心理学的あるいは力動心理学的方法の元祖とみなすことができよう。また，メスメルが，動物磁気を人体と宇宙の間に働いている操作可能なエネルギー的概念として捉えた点は，後にオルゴン・エネルギーの存在を信じてオルゴン療法を試みたライヒ（Reich, W., 1897-1957）を思わせる。今日の力動的な臨床心理学の理論はたいてい，何らかのエネルギー論を採用している。

メスメリズムは公に認められている医学からすれば，異端であったが，メスメルの始めた仕事はその後ヨーロッパ各地に伝えられ，さまざまな形で発展させられた。19世紀なかばに動物磁気はイギリスのブレイド（Braid, J.）によって催眠（hypnotism）として理解され，さらに，フランスのナンシー学派のリエボー（Liébault, A. A., 1823-1904）とベルネーム（Bernheim, H., 1840-1919）によって催眠が治療に使われるようになった。また，彼らとは別に，19世紀後半のもっとも偉大な神経学者といわれたフランスのシャルコー（Charcot, J. M., 1835-1893）は，催眠暗示によってヒステリー状態を出現させたり，消失させたりできることを証明し，当時彼のもとに留学していたフロイト（Freud, S., 1856-1939）に深い感銘を与えた。

フロイトであれ，ユング（Jung, C. G., 1875-1961）であれ，ライヒであれ，また，臨床活動には従事しなかったが理論的には重要な貢献をしているジェイムズ（James, W., 1842-1910）であれ，臨床心理学のパイオニアたちはいずれも自分たちの学問を自然科学と心得ていた。しかし，通常の近代自然科学は，数量的に測定されるもののみを現実と捉え，主観性を排除することを原則とするのだが，彼らの「自然科学」にはそれだけでない面をも含んでおり，その学問的性格の特徴づけはきわめて困難である。

筆者は，彼らが近代自然科学とは別の選択肢を提示した詩人ゲーテ（Goethe, W., 1749-1832）の自然科学と思想史的に関連しているのではないかと考えている（村本，1992a；1993）。しかしそれは，ゲーテの薫陶を受けたカールス（Carus, C. G., 1789-1869），およびシューベルト（Schubert, G. H. von, 1780-1860）らといったロマン派の医師や，ロマン派には分類しにくいにしてもショーペンハウアー（Schopenhauer, A., 1788-1860）やニーチェ（Nietzsche, F., 1844-1900）といった哲学者を経由しており，実際彼らの思想は深層心理学を準備するものである。ロマン主義以外では，たとえばダーウィン主義やマルクス主義やヘッケル（Haeckel, E., 1834-1919）の一元論などの19世紀後半思想の影響も見逃せない。

2　心理アセスメント

1879年にドイツのヴント（Wundt, W., 1832-1920）とアメリカのジェイムズがそれぞれの大学に心理学の実験室を設置したことは，物理学や生理学をモデルにしたひとつの自然科学としての心理学の独立を象徴するできごとであった。彼ら自身はまだ同時に哲学者でもあり，内省を主な方法としたが，心理学は次第に哲学から離れて実証主義的傾向を強め，1890年代になると，心的現象を自然科学的に測定可能なものとみなす考え方が心理学者の間から提示され，種々の心理アセスメントが開発されるようになった。

アメリカのキャッテル（Cattel, J. M., 1860-1944）は1890年にメンタル・テストという言葉をはじめて用い，心の諸能力を数量的に把握しようとした。また，1905年にはフランスのビネ（Binet, A., 1857-1911）は医師のシモン（Simon, Th., 1873-1961）と共同してビネ・シモン尺度という最初の知能検査を作成した。鈴木・ビネ（1920）や田中・ビネ（1947）はその日本語版である。第１次世界大戦を契機に1917年には集団知能検査がオーティス（Otis, A. S.）によって作成された。1920年代からはミネソタ多面人格目録（MMPI）などをはじめとしてさまざまな質問紙による人格検査が開発された。矢田部ギルフォード性格検査はその１つの日本語版である。投影法は，1910年にユングの言語連想検査，1921年にロールシャッハ・テストが発表され，1940年代以降は特にアメリカで発展し，マレー（Murray, H. A.）らによって主題統覚検査（TAT）も作られた。現在，その他にもさまざまな心理テストが存在して臨床的に使用されているが，それらの詳細については本書の第３章**3-3**を参照されたい。

ただ，歴史的に言うならば，心理アセスメントは臨床心理学が自らを一個の自然科学そしてこころのテクノロジーとして確立させることにもっとも大きな貢献をした分野であり，その本質をどのように理解するかは，テスティー（被検査者）への臨床的配慮という実践上の問題をこえて臨床心理学のアイデンティティに関わる問題であることを付け加えておこう。

3　心理療法の諸潮流

心理療法運動の歴史は，多くの書物でくわしく紹介されており，また，各学派の理論は本書の各項や他の書物で説明されている。本書で扱われていないものを含めてその流れの大略だけを示そう。ヨーロッパでは心理療法はもっぱら医師によって行われ，彼らは自らの心理学を臨床心理学とは呼ばなかった。普通，今日の心理療法はほとんどすべてがフロイトの精神分析（Psychoanalyse）に始まるとされている。彼の初期の協力者であったアードラー（Adler, A., 1870-1937）とユングはともにフロイトの精神分析運動から離反し，それぞれ個人心理学（Individualpsychologie）と分析心理学（analytische Psychologie）という独自な心理学を構築した。フロイトの弟子でスイス人のビンスヴァンガー（Binswanger, L., 1881-1961）とボス（Boss, M., 1903-1990）は，微妙にニュアンスが違うが，ともに哲学者ハイデッガー（Heidegger, M., 1889-1976）の思想に深い影響を受け，現存在分析（Daseinsanalyse）という流れを生んだ。アードラーとフロイトの心理学をシェーラー（Scheler, M., 1874-1928）の哲学によってより深く実存的に理解し直すことで，ウィーンのフランクル（Frankl, V. E., 1905-）は実存分析（Existenzanalyse）あるいはロゴテラピー（Logotherapie）を発展させた。後にアメリカに渡ったライヒはフロイトの弟子として初期の彼の理論に共鳴したが，後期の特に死の本能などの理論的展開に反発してオーガズム理論を唱えた。精神疾患の社会的背景と社会的規模での予防を強調し，精神分析とマルクス主義の統合を図ったが，両者から拒絶され，独自の性格分析的ヴェジトセラピー（charakteranalytische Vegetotherapie）やオルゴン療法（Organtherapie）を発展させた（Mairowitz, 1990）。彼の考えは当初は奇異に受け取られたが，今日盛んに行われているさまざまなボディ・アプローチは程度の差はあれ，ライヒに負っている。しかし，それを公言しているのは，バイオエナジェティックス（bioenergetics）を開発したローウェン（Lowen, A., 1910-）らだけである。

心理学者による治療的アプローチはアメリカに始まる。そもそも臨床心理学という語はウィトマー（Witmer, L., 1867-1956）に負っており，彼は1896年に最初の心理治療クリニックを創設した。フロイトの弟子のランク（Rank, O., 1884-1939）の考えに感銘を受けて，精神科医でもあった心理学者，アレン（Allen, F., 1890-1964）は児童相談所での仕事で受容を重視し，ロジャーズ（Rogers, C. R., 1902-1987）に大きな影響を与えた。精神分析はアメリカに導入され普及していったが，医師にしか実践できないとされた。それに対して，医師でない心理学者による治療的援助をアメリカ社会で一般的にすることに，ロジャーズは大きな役割を果たした。

ロジャーズやマズロー（Maslow, A., 1908-1970）らを代表とする一群の心理学者は，従来のアメリカ心理学を支配してきた行動主義，精神分析に対して自らの心理学を第３勢力としての人間性心理学（humanistic psychology）と呼んだ。その後，これをさらに発展させながら東洋の諸宗教の瞑想の技法やシャーマニズムなどとの融合を図るトランスパーソナル心理学（transpersonal psychology）が主としてアメリカ西海岸で多様に展開している。

4　日本の臨床心理学

日本の臨床心理学は従来，欧米の臨床心理学の諸潮流を紹介し，普及することに努力してきたが，文化的，歴史的風土やこれに規定されるメンタリティの違いに対してどのように関わるかはしばしば議論されてきた問題である。また，1988年にはようやく諸外国の例にならって，いまだ国家資格ではないにしても，日本臨床心理士資格認定協会による臨床心理士という資格が誕生することになった。それは，臨床心理士をひとつの専門職として社会的に確立し，認知させるのにどうしても必要な一歩ではある。しかし，本稿のはじめに指摘したように，臨床心理学の性格自体が本質的にあいまいで多様な側面をもっている。ところが，現代社会では専門化は否応なく分業化と結びついている。こころの専門家であることだけを強調することは，下手をすると，社会全体への視野を欠いたいわゆる専門白痴や社会の現状を肯定してクライエントをそれに適応させるだけの心理技術者としての臨床心理士を増産することになりかねない。すでに発表されているカリキュラム案（たとえば，日本臨床心理士資格設定協会が決める指定授業科目甲類・乙類）に歴史的，哲学的，社会科学的視点を学ばせるような科目がひとつも含まれていないことは，筆者にそのような危惧を抱かせるものであった（村本，1992ｂ）。医学，特に精神医学との関係で臨床心理学が学問としても職業としても従属的でない，独立した立場を確立できるかどうかが問われている。

最後に，1995年１月の阪神淡路大震災，2011年の東日本大震災は，臨床心理士の業務としての臨床心理的地域援助の重要性を痛感させ，また，臨床心理士と他の専門職，および非専門家のボランティアとの関係についての問題を提起することになった。

2

臨床心理学の対象

● 2-1 ● 正常と病理の概念

臨床心理学は“心理的に問題をもつ人びと”の援助を目的とする実践の学問である。したがって，常に具体的場において何をどのように援助するかが問われる。この時に問題にされるのが異常であるか正常であるかということである。「あの人はおかしい」「あの人は変だ」「変わっている」というのは日常よく使われる言葉である。異常とは明確に分かることのように思われている。たとえば広辞苑では「普通とは違うこと，普通でないこと」と定義されている。しかし，臨床心理学で異常を取り上げる時には，さまざまなことを考慮すべきである。

1 正常・異常の判断規準

われわれが正常・異常を語る時は，なんらかの暗黙の規準に基づいてそれを論議している。ここではまずその規準を明確にすることから始める。

1 平均的規準（統計的規準）

身長や体重などの分布で，十分に大きなサンプルをとればそれは正規分布（ガウス分布）と呼ばれる分布をとる。平均とモード（一番度数の多い値）は一致するもので，学校で使われる偏差値もこの分布を前提に計算されるものである。異常という文字は「常と異なる」ということであるから，正規分布曲線からいえば，分布の両端の比較的少数しか現れない部分を指すといえよう。日常的にはこれは便利な判断の仕方であるので，無意識的にこの規準が取り入れられている。ほとんどすべての心理テストの前提は，この規準によっている。

ところで，心理現象というものは測定が簡単なようでなかなか容易ではない。知能テストひとつでも数百あるわけで，たくさんの知能観がありうるし，それに基づいてさまざまな知能の測定が工夫されている。「知能とは知能テストで測られたもの」という奇妙な知能の定義までいわれるくらいなのである。まして性格や行動の“異常”を測定しようとすると，それこそいくつでもそのテストは開発できるものなのである。このように心理現象というものは，数量化（数字で表現すること）がきわめて困難であり，測ろうとする視点そのものがまず問われるものである（数量化の困難性）。

正規分布曲線で，両端のものを“異常”とするとしても，“正常”範囲から連続しているものであるから，どこから“異常”とするかは恣意的なものとならざるをえない。“正常”域と“異常”域との間にボーダーラインを設けるにしてもやはり判定の恣意性はまぬがれないのである。どこからを“異常”とするかは，この分布図だけからはいえず，第2の判断規準を入れざるをえないのである。「知能の異常」というものがあれば，現代の教育制度や社会制度とのかねあいが考慮されなければならないだろう（連続的現象の判断規準の問題）。

分布の中心を正常とするなら，その人びとだけで構成される社会というものはきわめて異様な社会であろう。“異常”と呼ばれる人びとを内包して揺るがない社会というものが健全な社会と呼ばれるものであろう。こういった意味で心理臨床の場で平均的規準を用いようとする時は，慎重な配慮を必要とすることを知っておくことが大切である。

2　病理的規準

医学は人間の生物学であるとも定義できる。一般的には，身体的病変を明確にすることが医療の第一歩とみなされる。病変は目で確かめられ（顕微鏡ででも），触って確かめられ，さまざまな検査で化学的・物理的実体として異常が証拠だてられるものである。心理的異常もこのような身体的病理の発見が追求されてきた。てんかんという異常は，はじめは聖病といわれていたものであるが，現在では一部の脳神経系の異常として身体的基盤を指し示すことがほとんどの症例で可能である。梅毒による進行麻痺を伴う異常行動もその身体的基盤を証拠だてることができる。

このように心理的異常を身体的異常に還元する考え方は魅力的である。異常を人間のハードウエアに求める考え方である。心理的異常を検討する時身体的異常の有無を検索することは最初に行わなければならないことであるが，これはしかし万能であるわけではない。精神病院の入院患者の七割を占めるといわれる「統合失調症」と呼ばれる病気はこのような身体的病理の異常が証拠だてられているわけではない。本人の話す内容や行動を見て診断が下されるものであるので，診断する側の視点によっては「統合失調症」といわれないことさえ生じてくる。ソフトウエア（考え方）の異常といわれる神経症（ノイローゼ）では，身体的基盤はまず見つからないといってよい。もし身体的異常があったにしてもそれは二次的症状である。たとえばいわゆる不登校の症例で，不眠や食欲不振あるいは胃潰瘍が見つかったにしてもそれは二次的に発生したものであって原因としての身体症状ではない（世の中から学校をなくせばいなくなるようなものを病気の規準で考えてはいけない）。ある皮肉な学者が，「神経症の診断をするなら，少なく見つもっても100％の人びとが該当している」と述べたが，病理の定義によってはあながち嘘とはいえないのである。

3　価値的規準

道徳的，倫理的観点から見ての異常観もよく使われるものである。学校教育の目標として掲げられやすいことがらである。異常の規準を求めようとする時には，暗黙のうちにこの価値的規準が基盤にあるものである。たしかにこれも大切な規準であるが，少しでも文化人類学や民族学あるいは歴史学を学ぶと，価値とか常識とかいわれるものがいかに相対的でありうるかが分かるであろう。たとえば，1974年にアメリカ精神医学会は同性愛を“正常なひとつのセックス”として認め，本人がその行動の変容を希望しなければ治療の対象としないと宣言した。1989年にはデンマークで同性同士の結婚が認められるまでに至っている。それまでは同性愛を性の異常として，その“原因”“病態”“治療”についてのたくさんの論文が出されてきた。同性愛者は死罪に値するものと考えられた時代もあったのである。このように，時代や文化の中では大変な異常とみなされるものが，その時代や文化のもつ価値観によっていることが大いにありえる。そのような背景との関わりを見ながら，異常・正常は慎重に検討されなければならないだろう。

4　民俗的規準（社会学的規準，小集団規準）

大きな文明史的観点からだけでなく，ある特定の制度や集団のもつ固有の規範から見た正常・異常の判断もありうる。盗癖という問題も盗みが奨励される集団では当たり前の行動である。強い妬みや嫉妬もある種の少数民族の文化としては当たり前の考え方である。“奇妙な”カルト（cult；祭儀）をもつ宗教集団もありうる。このような一見異常な行動様式も閉鎖的な集団ではその集団を維持するためにはまったくの正常の行いとみなされるものである。心理臨床の世界でも，病人を抱えている家族が奇妙な振る舞い方をすることがあるが，これはその病人を抱えて生活するための“当たり前の行動”ということもありうる。いやそうすることで問題がより深刻化しないための防御となっていることもあるのである。日本の猛烈サラリーマンに見られる家庭放棄のように見られる行動も，その文化システムの中ではまったくの“当たり前の行動”であり，もしそうでなかったら別のより深刻な問題を抱え込んでしまうこともあるのである。夜尿症という“異常”も，「子どもは夜尿をするものであり，子どもによっては小学校になってからもそれが続く子もいる。それは別に問題とすべきものではない」という信念をもつ家庭の文化では，夜尿症という異常の概念はないだろう。

5　発達的規準

乳幼児期では，どのようなことがいつごろできるようになるかはかなり分かっている。発達検査などで測定される項目は，一定の順序性をもって発達が進むことを利用して開発されたものである。これも乳幼児期や児童期の発達の問題を見るのには便利なものである。こういう発達規準から大きく遅れた時，発達の異常が問題にされるであろう。発達的規準は言語能力がまだ十分でない場合には便利なものであるが，青年期以降ぐらいからはかならずしも万能の尺度とはいえなくなる。とくに成人期ではさまざまな能力が要求されるが，ひとつの能力を欠いていてもそれをもって異常とはいえない。たとえば運動機能を例にとると，幼児期に歩けるか歩けないかは発達を見るためには非常に大切な観

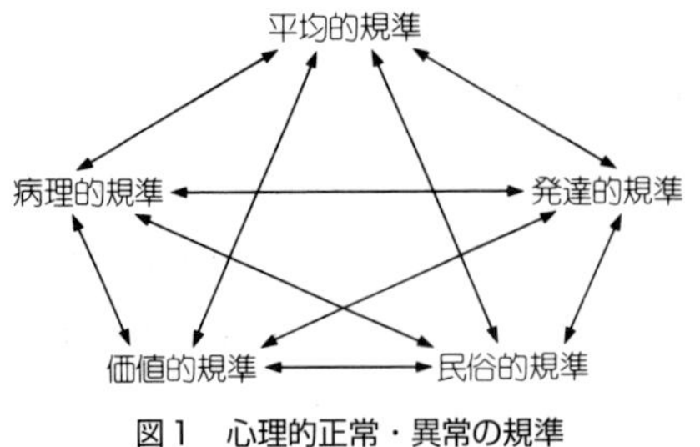

図１　心理的正常・異常の規準

察の視点であろうが，成人ではたとえば泳げるかどうかなどはほとんど問題ではなくなる。このように，発達は階層性や順序性が比較的明確に認められる時期と，多様性こそ当たり前である時期とがあることが分かる。

2　心理臨床家の視点

臨床心理学的な援助を行う時には，上述のように異常の問題をさまざまな観点から考慮していくことが大切であろう（図１）。絶対的な規準というものがあるというわけではないから，常に相対的な問題として異常を考える習慣をもっておくことは，その心理臨床家の援助の豊かさにつながるものである。具体的には次のような事柄に留意する必要がある。

１．その異常は身体的次元の問題なのか心理的次元の問題なのかに注意しなければならない。身体医学的検索（検査）や対応が必要かどうかについては十分に配慮すべきである。妄想や幻覚を伴う異常や睡眠障害あるいは異様な興奮や抑うつなどでは，まず身体医学的な対応（薬物）の効果性については考慮すべきである。たとえそれが対症療法的なものであっても，とりあえず効果のあるやり方であれば一応は試してみないと，いたずらに来談者を苦しめることにもなりかねない。もちろんそのような場合も，心理的援助が同時に行われていてもよいが，重点はやはり医学的対応から入るべきであろう。

２．異常が問題にされる時は，誰が，いつ，どのようにそれを問題にしているかをよくみておく必要がある。あるいはそれによって誰が困っているのか，どのような解決を望んでいるのかということには注意深くなければならない。「何のための正常か」「誰のための正常か」「なぜそれが問題になるのか」といったことにも敏感でなければならない。

さらに，専門家が問題にすることで異常が異常らしくなってしまうこともないわけではない。たとえば，不登校（いわゆる学校恐怖と呼ばれるもの）で，登校することが正常であるという信念をもった援助者が登校することにこだわりすぎるとますます不登校状態を悪化させてしまうことがある。どもることが異常だという信念をもつ援助者がどもらないことに焦点づけられた援助を行うことで，どもりながら豊かに人生を過ごしていく可能性を閉じさせてしまうことが起きるだろう。

3．異常を発見するためにさまざまな心理テストが開発されてきた。人間を理解するひとつの方法として，このようなテストは非常に有効であるとしても，臨床心理の場で相手の援助のために用いる時には慎重でなければならない。結核の検査として胸部レントゲンの結果はかなり有効であり，かつその診断の結果はほとんど一義的にその後の治療の方法を示唆するものである。ところが心理テストでは援助の視点がすっぽりと抜けていることが少なくないので，検査結果に基づいて一義的に決まる援助の方法が決定できないところに臨床心理学的観点からの問題を含んでいる。異常の診断はできるかもしれないが，援助方法の確定のための診断とはなりにくいのである。たとえば“神経質”という性格傾向が出ても，それに対応する心理援助は大げさにいえば無限にありうるだろう。援助のための理解と単なる分類のための理解とは異なるものである。最近，専門家が安易に“○○○症候群”と診断名らしきものを付けることがはやっているが，臨床の場における診断は援助の視点抜きに安易に用いるべきではないだろう。

4．1986年（昭和61年）に厚生省公衆衛生審議会は「精神障害者の社会復帰に関する意見」を発表し，その中でノーマライゼーション（normalization）の考え方についてふれている。ノーマライゼーションというのは，「心身の困難を持続的に抱える地域社会の住民」として，「そのまま地域社会に受け入れていくこと」を指している。異常をもつ人びとを，治療の対象（治すことのみが優先される対象）としてだけでなく，そのままの状態でも地域社会にとけこめるような社会的施策の必要性を述べているのである。心理的な異常を問題にする時には，たえずこのノーマライゼーションの視点を考慮しておくことが必要である。

一般にベテランの心理臨床家は“客観的に見た異常”についてはあまり関心をもたないものである。援助を求める人にとってどう問題なのかということを中心に援助を進めていくものである。この時にはその人を取り巻く人的環境や文化的環境も問題となってくる。場合によっては，その人が問題なのではなくてその周囲の人びとの考え方そのものに問題がひそんでいることもあるものである。乳幼児の心理的問題などでは特にその点を注意すべきであろう。

5．心理臨床家は異常そのものへの関心もあるが，それよりどのようなことが“異常”と（関係者によって）定義されやすいか，その時本人や周囲の人びとは“異常”にどのように対応しがちであるかなどに関心を寄せるものである。その時，心理臨床家そのものの臨床観も厳しく問われていると考えなければならない。そして，経験を積めば積むほど異常の多様性に鋭敏になると同時に，異常そのものを正常の枠の中でも考えるようになってくるものである。多様な生き方のひとつひとつがよく分かりながら，さらに多様性を包含するいわば“極彩色の世界観”とでもいうものにたどりつく時，一人の心理臨床家の誕生があるであろう。

● 2-2 ● 各発達段階における課題と問題

●2-2-1● 乳幼児期

1　乳児期の発達課題

誕生から1歳半までを一般的に乳児期という。1歳半とは直立歩行ができ，意味のある言葉を話し始め，赤ん坊が人間らしい存在になってくる時期である。ただ泣いて眠るだけの無能無力な存在とみられていた乳児は，実際は周囲の世界を眼や耳でしっかり知覚し，外界の物をいじったり探索したりして働きかけ，母親とも社会的相互交渉をもつ予想以上に能動的な存在である。この乳児期の発達課題としては，次の3つが重要である。

1　母親との愛着関係（attachment）の形成

乳児と母親との間に，深くて親密な情緒的結びつきができ，乳児に自分は愛されているという確信が育つことが，何より重要な発達課題である。母親を他の人と違う特別に大切な対象として，甘えたり後追いをしたりするようになると，愛着関係（attachment）が形成されている。愛着関係は，母子間の相互交渉を通して形成されるが，そこでの母親の養育行動は，乳児の泣いたりほほえんだりしての信号により引き起こされていて，乳児の方からの積極的働きかけが重要な役割を果たしている。

安定した愛着関係は，子どもの気持ちや要求に敏感な感受性の高い母親のすばやい適切な応答により可能となる。そうした母親の子どもは，自分の泣き声が母親を呼び寄せ要求を満たさせる力をもつことに気づき，いつも求めに応じてくれる母親への信頼をもつようになり，その信頼は母親から人びとや世界一般へと拡大し，“基本的信頼感”（エリクソン Erikson, E. H.）となる。逆に泣いても適切な応答が得られない乳児は，母親との愛着関係が育たないまま，“基本的不信”をもつようになり，人を信頼できず，敵意や裏切りを恐れる者となる。

このように乳児期の母親との関係は，のちのちまでの人間関係の基本的態度の基礎となり，非常に重大な意味をもつ。

2 話し言葉の獲得

ふつう1歳前後に「マンマ」「ワンワン」などの有意味語が出現し話し言葉が発達していく。そのための前提条件が，それまでの最初の1年をかけて整ってくる。脳の成熟により発声発語器官の運動コントロールが分化し，母国語の構音が可能になる。また情緒的交流の発達により，母親や他の人たちに自分の喜びや感動を伝えて共有しようというコミュニケーションの意欲が育つことも重要である。自閉症児や対人関係の発達に歪みをもち言語発達が遅れている幼児には，乳児期のこうした人に何か伝え分かち合おうとする気持ちが育ちそこなっている。目と目のふれあい，ほめられることを得意にやってみせること，指さしなどが，そうした言語の遅れる子どもには，不十分である場合が多い。

母親と楽しく遊ぶなかで，模倣によって乳児は，ガラガラなどの玩具，櫛などの日用品の使い方を身につける。おつむてんてんなどの“芸当”や，バイバイ，チョウダイの身ぶりなど，それを喜ぶ大人との交流の中で身につける。このような前言語的コミュニケーションの発達により，話し言葉の前提条件が出そろったうえで，生活の場面で，ある音声（マンマ）が，ある事物（食物や母親）と結びついて意味のある言葉が使えるようになる。それには認知的発達により音声である事物を代表させるという象徴（シンボル）の使用が可能になっているという条件もまた必要である。

3 外界への積極的働きかけ（感覚運動的知能）の発達

乳児期にはまだ言語的概念はできていないが，目と手の協応や，物をつかんで，振ったり，転がしたり，なめたりする方法で物の性質を理解するというピアジェ（Piaget, J.）のいう「感覚運動的知能」の発達がみられる。その過程で，物が隠されて見えなくなってもその物自体はなくなったのではないという“物の永続性の概念”が獲得され，さらに目の前にないものを頭の中で思い浮かべる“表象”能力も最終段階で身につく。

このような認知的発達にとって，外界の物へと積極的に働きかけ，探索や操作を試みようとする意欲を高めることが大切である。そのためには，子どもの周囲にその発達に応じた興味を引く玩具や物を豊かに用意して，子どもの働きかけに対して，音や変化，動きで答えるような応答性のある環境を用意することが役に立つ。そこでの楽しい経験から，“自分ががんばって周囲の物に働きかければ，何か面白いことや好ましい変化を引き起こすことができる”という自分の環境に及ぼす影響力への自信（効力感）を高めて，好奇心の強い，積極的に物事に取り組む有能な子どもに成長する。子どものいたずらも，子どもの探索，好奇心の現れとして評価される。

2　幼児期の発達課題

1歳半から小学校入学前までの幼児期は，子どもが活発に遊び回り，自我，社会性，想像力などで成長のめざましい時期である。はじめて自己主張し“ぼくがやる”と言ってきかない状態から，言葉で言いきかせるとききわけて我慢したり，他の子のことを考えて順番を守ったりできるようになり，保育園，幼稚園での集団生活にも適応していく。幼児期の発達課題として次の3つが重要である。

1　しつけと反抗，自律性の発達

排泄訓練に代表されるしつけを通しての基本的生活習慣の獲得が課題となる。しつけはその社会の一員となるにふさわしい行動パターンを身につけさせる“社会化”の営みである。排便をめぐり，自分勝手にやりたがる子どもと，しつけようとする親とが衝突し，葛藤を生じる。子どもには自由な行動に枠をはめ規制しようとする圧力と受け止められ，それに抵抗しようとして緊張が生じる。

3歳頃に自我が芽生え，自分のしたいことや欲求がはっきりしてくると，幼児は自分なりのやり方を主張し，親の言うことをきかず“イヤ”と明確に拒否する。思い通りできないとかんしゃくを起こすなど，親にとっては“やっかいな反抗”がよく出てくる。いわゆる第１反抗期である。この幼児の反抗は，親へのいやがらせというより，自我の成長のもたらした自己主張として積極的に評価すべきものである。

しつけをめぐる親と子の間の葛藤の成り行きは，次の３つのどれかになる。

A　厳しいしつけに子どもが屈服

B　甘いしつけで，子どもがわがまま勝手

C　適切なしつけで自律性を身につける

厳格すぎるしつけで，子どもが折れ自己放棄するが，子どもはうまくやれず失敗して，自信をなくし，自分を恥ずかしく思ってしまう。また逆にしつけ不足で，子どもをしたい放題させてしまうと，わがままな，我慢できない，自分をコントロールできない子どもになる。母親が確固たる態度と寛容性をかね備え，子どもの発達に合わせて適切な統制を取り，しつけがうまくいくと，５歳頃には自尊心を保ちつつ，しだいに自己統制ができる“自律性”を獲得できる。しつけが成立するには，しつけの担い手である母親との関係がしっかりでき，子どもに母親を喜ばせるために，しつけの要求に応じて，がんばってやっていこうという気持ちが育っていることが重要である。忍耐強く子どもを見守り，自分でやるまで待ったり励まして，必要なら手本を示し援助して，できたらほめるという親のゆとりのある態度が，しつけを成功に導く。

2　好奇心と制限，同一視による行動基準の獲得

歩けるようになると，幼児は積極的に活動し周囲を探索する。動物，人間，宇宙などについて，次つぎに“なぜ”とか“どうして”と質問し，好奇心旺盛な質問期に入る。好奇心は限度を知らず，何でも知りたがり，夫婦の会話に口出ししたり，性的なことへ関心を向けてきて，親の領域にも侵入し口を出そうとしてくる。フロイトはこの時期を“エディプス期”と呼んで，男の子は母親をめぐり父親と張り合う三角関係になるが，父親にはかなわないと挫折し，罰を恐れて父親への同一視をして，男らしさを身につける時期としている。ともかく出しゃばったまねをし，何にでも口を出そうとする幼児に，許容範囲と限界を示し，制限を与え，タブーを教えることが課題となる。

親の働きかけがうまくいけば，幼児は道徳的規制（良心）やタブーを受け入れ，それを逸脱しない範囲で，自ら主体的に活動し，面白い情報や知識を得て，好奇心を健全に伸ばしていける。逆に，厳しすぎる禁止を与える親の子どもは，叱られるのを恐れて活動が不活発なものになり，好奇心も萎縮し，罪悪感をもちやすい子どもになってしまう。

幼児の心の中に，やるべきこと，やってはいけないことの区別の基準（良心）ができるのは，親への同一視を通してである。また性的な同一視により，一般的には男の子は男の子らしいふるまいや好みが，女の子には女の子らしい遊びや服装などが身についてくる。

3　想像力を生かした仲間との遊び

乳児期の感触を楽しんだり運動機能を発揮する遊びから，幼児期にはシンボル（見立て）や虚構（ふり）を含む仲間との物語性に富んだごっこ遊びやルールのある鬼ごっこのようなダイナミックな遊びに発展する。幼児の生活の中心は遊びであり，遊びを通して諸能力の発達が可能となる。また遊びの中には，幼児のイメージの世界が表現され，感情が発散され，体験の再構成が行われたりして，それを利用して幼児の心理的問題の解決を目指しての遊戯療法などが可能となる。遊びを通しての自己の発達，人間関係，社会性の発達なども重要である。

思いっ切り，我を忘れて遊ぶことができない幼児は，問題である。一人遊びしかできない子どもは，他の子どもたちと交渉したり，かけ合って，共同の目的で力を合わせて取り組むのがへたな子どもが多い。遊びの中でのけんかは，そうした子ども同士の思いのぶつかり合いであり，そこで妥協なり説得なりの解決方法を工夫して試してみて，それを身につけるための良い機会といえる。

見立て遊びは，象徴機能という認知的能力によって可能になる。またごっこ遊びは，“役割遊び”として現実の身の周りの家族やお店の人などの立場を演じてみて，子どもの社会への目を広げる。役割交替によって，相手の立場に立ってみる体験は，自己中心性よりの脱却に役立つ。

3　乳幼児期の心理的問題

乳幼児期には，欲求不満や不安，緊張といった情緒的な問題が，噴門けいれん（消化器），息止め発作（呼吸器）などの形で直接に身体的症状として現れたり，夜泣き，夜驚などの睡眠の障害として出現する傾向がある。一般に年齢が低ければ低いほど，心と身体が未分化で，ストレスが心身症的表現で出てくる。授乳（食事），排泄，睡眠などの生活リズムの問題が，しつけとともに問題になるのが，乳幼児期であるが，これは子ども自身の個性の問題，また母子の相互適応の問題が関連していることが多く，母親の悩みを聞いて，焦らず対処できるように具体的方法や情報を与えることで解決できる。

幼児期の心理的問題のひとつに，下に弟や妹が誕生し，愛情を奪われたと嫉妬しての退行的な反応としての指しゃぶりや，夜尿などがある。また欲求不満がそのままかんしゃくという攻撃の形で表現されやすい。さらにストレスが自律神経系の失調を招き，頭痛，腹痛，小児喘息などが出現することもある。

動物や暗い所を怖がること，かんしゃく，チック，夢中遊行など乳幼児期の親が心配している問題の多くは，発達途上の一時的問題にすぎず，親の心配しすぎや誤った対処さえなければ，自然治癒するものである。

乳幼児期の心理的な問題の原因は，子どもと親や兄弟との関係，家族心理に関連深く，親の悩みをよく聞いて，発達上の問題について情報を与え，環境の調整を図ることで大体は対処できる。心理的問題を気にするよりは，むしろ乳幼児期の発達課題を大切にして十分達成することが重要となる。とくに，親子の間の安心できる心の結びつき，子どもの身体を使っての充分な遊び，毎日の規則正しいリズムのある生活（食事，排泄，睡眠）などの課題に，ゆっくり取り組むことが大切である。

●2-2-2●　児 童 期

1　はじめに

児童福祉法によると，児童とは18歳未満をいうが，臨床心理学で児童期といった場合は，幼児期に続く思春期までと考えるのが一般的であるので，それにしたがって話を進めたいと思う。しかし，人生のどの時期もそうであるように児童期がまったくほかの時期から独立して１つの時期をもつということはありえず，乳幼児期の成育史が基礎となり，学年齢に達する生活が始まったということである。この時期の問題を考える上で，乳幼児期から連続的に問題を捉え，独立して生計を営む能力をもちうる年齢までを見通していくことは必要であろう。

また，臨床心理学でいう児童期に当たる時期を学童期と呼ぶこともある。小学生の時代であり，それはまた１・２年生，３・４年生，４・５・６年生と大きく学年の特徴を分けることもできよう。さらに４・５・６年生を前思春期と呼ぶ場合もある。現代の子どもの成長は心身ともに，学童期とはいえすでに思春期のありようにみられる複雑な，また深淵な精神状態を合わせもつ。12歳で自殺した少年，岡真史の『僕は12歳』は，その精神性を代表するもののひとつであろう。小学１年生になった頃のまだ幼稚園児と区別ができないほど母親の力に頼っている年齢から，人生の不可解を考える年齢まで，６年間という限られた時間に実に計りしれないほどの体験をして過ごす。楽しくもあり，厳しくもあり，ほのかであり，友情をもてたかと思うと，孤独であったりもする。フロイトの言うように，幼児性欲が押さえられ思春期の性衝動を感じるまでの『潜伏期』ではあるが，女の子と男の子はなかよくもし，けんかもし，ほのかではあるが，甘やかな異性を感じつつ，たがいに，それぞれの生活に豊かさをもたらすように思われる。

一方，エリクソンが児童期の特徴を「勤勉対劣等」と名づけ，勤勉性について，生産的な事態を完成させることが目的となり，遊びにみられる気まぐれや願望にとって代わるとの考え方を述べている。そしてこの段階に経験する危険は，自分が不適確であると感じたり劣等感を抱いたりすることにあるという。日本では，小学生のための標語に「よく遊びよく学べ」とある程なので，勤勉性だけを際立たせるのは賛同されないであろうが，子どもたちのお稽古ごとや塾通いの状況，少年野球や少年サッカーなど優れた成果を求められ，また自らに求める子どもたちの現実の姿を考えると，どのような在り方が自分を生かし，自分らしく生きていくことにつながる生活となるのか，エリクソンが指摘した問題をきっかけに，改めて考えてみることは，意義があろう。

2 児童期と心理臨床

児童期という「子ども時代」は，人生を生き抜く力を養うための乳幼児期に続く実際的土台作りの時期ということもできる。子どもたちは学校社会の課題のみならず，さまざまな事柄に対し自分自身に挑戦を試み，凱歌を上げようとするのである。

ユングによれば，児童期においては自我の強化がもっとも重要と考えられ，子どもの問題は，自我の成熟と密接に関係しているのである。フォーダム（Fordham, M.）も子どもの成長をイメージから捉え，この自我の成熟に言及している。しかし，それがスムーズにいかないことは多く，その多くは子どもと両親の関係が問題となる。子どもの成熟のプロセスがその両親の病的な状態によって大いに妨害や歪曲や遮断を受けるというのであるが，このことはいまや多くの人びとが認めることであり，児童臨床において親面接は重大な意味をもつ。ウイックス（Wickes, F. G.）は，『子どもの内的世界』の中で，子どもの発達の途上で，親の影響から子どもに異常性を生み出すのは，無意識の同一化によるものであるという考えを明らかにした。もし，両親が，子どもに良い環境を整えようと望むならば，親自身の精神的健康を配慮すべきであるというのである。小学生になったとはいえ，その子らしさは，これまでの親子関係や生活状況によって規定されるところが大きい。親の精神的健康は，どの事例においても大切である。筆者は特に情緒障害をきたしている子どもの親には心理療法は有効な場合が多いと考える。児童期の子どもとその母親への心理療法事例を紹介しよう。

【事例１】言葉が出ず，２人の母親（普通の姿をした母親と蛇女の姿になった母親）に苦悩してきたＴ君

来談時６歳。言葉が出ずに，就学時検診では特殊学級に行くように勧められ

たが，両親は普通学級を希望。３歳頃からいくつかの機関にかかってきたが，効果がなかった。これまでは，治療教育的・訓練的指導を受けてきたとのことであった。インテーク時の本人の特徴をいくつかあげると，多動でじっとしていることができず，すべてのものをひっくり返して裏がどうなっているかを見た。見えている物が見えたままではなく，反対側は違うかもしれないという不安があるように思われた。また常に指先をパタパタパタパタと打っていた。彼のアグレションが指先に集中しているかのようであった。筆者の心理相談室では，本児への遊戯療法と母親への心理療法を行ってきた。普通学級に入学し，現在３年生になった。つい先日の春の運動会では，練習が始まってからピストルの音が怖くて登校が嫌な日もあったが，がんばって休むことなく，当日も特別他の子どもたちより目立つこともなく終わったそうだ。彼のこの姿は，学校の課題を皆と同じようにこなすべく，自分への挑戦を果敢になしていたものと思われる。彼は，言葉が話せないぶん，絵を描くことを良くしていたが，最近はあまり描かなくなった。言葉を使うことの方が魅力なのだろう。単語を並べて何とか話そうとしている。彼は，文章で話そうとすると，変な声が自分の意思と関係なく口から出てきてしまい，手で口を押さえるのだが彼にとってそれはそれは悲しいことであった。それは，絵本にあった蛇女が口から気持ちの悪い物を出している，あの絵そのもののようでもある。彼は絵本の中の蛇女を激しく打つ。この絵本はゴレンジャーが，いつもは普通の姿をしているが実は蛇女である怪物と戦っているという，気持ち悪さが真に迫った本である。彼の世界は，ベイトソン（Bateson, G.）のいう「二重拘束」を母親から受けたことによる世界ということもできるであろう。ファミコンをしていても，言葉が話せないような動物に変えられてしまったワールドに来た時，彼は本当に悲しそうに大声を出して泣いた。また，ピノキオの物語中で子どもたちがロバに変えられてしまい，言葉を話せなくなるところにも関心を示す。この時の彼にとって，言葉が出てこないのは，魔法をかけられているような気がしたのかもしれない。彼の内界に住む蛇女の姿が変容し，彼の心の中の混乱がおさまったなら，彼の気持ちを乗せる言葉も楽に使えると推測するし，またそうなりつつある。つまり彼の内界の恐ろしいファンタジーが，彼の自我の力を越えて肥大してしまっているところの世界が解決しつつあるのである。「自我の強化につながる遊び」と，「自己世界の解決につながる遊び」は子どもの心理療法の基本と考えるが，この症例においても同じように心がけている。内界の整理が進むにつれて彼の言葉も少しずつ進んでいる。

母親面接では，セラピストと母親との関係がしっかりしてきてからは，箱庭を置いていただいている。母親は物心ついた時から父親に殴る蹴るされていたが，それを母親も助けてくれなかった恨みを話され，家を出たい一心で結婚をしたとのことであった。こうした母親自身の痛々しい傷つきは，面接者との確かな関係に守られるなかで，それを語り，表現できたことで癒されていった。子どもに対して暴力的になってしまう母親自身のどうしようもない世界は，自分を，夫を，そして息子を傷つけていたが，その内なる世界に変容が起きたのである。来談時は夫と良い関係を作れなかった母親が，夫と手をつないで寝るといった時期を経過してその後，家全体が家族としてまとまっていった。本児をいじめていた兄も，本児を大事にするようになったという。本児が母親の世界を取り入れ，本児の心の中にも住むこととなった蛇女との戦いをせざるをえない状態にいた一方，母親自身も同じように，ユングのいう，個人を越えた元型的無意識の世界を意識化しないままでいた。このことが本児や母親，家族を苦しくさせていた理由のひとつと考えられる。本児が母親の世界と戦ったと同時に母親も自らの世界を引き受け，母親自身の内界に変容が起きた。そうして本児の変化がもたらされたのであるが，本児が最近気に入って，相談室に来る時に持ってくる本に，『お友だちっていいな』と『たすけてくれー　和尚様』がある。前者はなかよく助けあった女の子と男の子の話である。ある日男の子は家の引っ越しでクラスとお別れをしてしまったけれど，２人の心の中には，おたがいがしっかりしまわれているという話である。もうひとつは，２人の忍者の子どもが，一人前の忍者になるために山賊と戦いながら修行をする話だが，「そうせい寺」の和尚様が２人にとっては心の支えになっている話である。２人は修行に励んだため，２学期へ進級が認められるのである。これをもじって本人に「T君も，運動会にがんばったから，２学期に進ませてもらえるね」と言うと，とてもうれしそうにうなずいた。

【事例２】　不登校と夜尿を主訴に来談した小学校３年女児

当初は，母親が抑うつ状態で来談した。５歳で実母に死なれ，その後継母に育てられたとのこと。夫ともうまくいかず，娘たちは自分より，父親になついているという。面接が進むにつれ，実は長女が不登校で夜尿があるとのことで，長女の遊戯療法も筆者の相談室で引き受けることになった。

初回，『マザーテレサ』の本をもってきた。シスターの中でも特別立派な人は，マザーになれるのだと言う。本人も「大きくなったら，マザー・テレサのような修道女になりたい」と話してくれた。風景構成法の絵を描いてもらったところ，高い山に急な道がついていることや，道は四角い石が敷きつめられていることが印象的であった。２回目は，病院セットを使って学校の身体検査をする部屋に見立て，箱庭の棚から男の子の人形をたくさん並べて，たった１人の女性である看護婦さん（本児でもある）が，男の子の身長を計り，体重を計る。３回目は，本児の誕生日という設定である。本児の誕生日のパーティーに親戚のお兄さんが招かれる。お母さんが作ってくれたおいしいケーキを食べたり，楽しくゲームをしているうちに夜遅くなってしまい，お兄さんは本児のベットで一緒に寝るというお話を，床の上に箱庭のミニチュアを並べて遊ぶ。４回目は箱庭を使った。大きな海を作り，大地と分けた。恐竜の世界であった。恐竜は，２匹の蛇に巻きつかれ，繰り返し苦しい戦いをするが，コトッと死んでしまう。この時，まわりの恐竜たちもたがいに激しい戦いをしていたが，同時に皆死に絶える。すべてが死んだかと思っていたら，ワニの親子が海に帰って行った。５回目も箱庭を使って遊んだ。１人の少女が海に潜り，貝をたくさん拾う。それを持って家に帰り，今度は舞踏服を着てお城に出かける。今夜は王子様が開いた舞踏会だそうだ。６回目，風景構成法の絵をまた描いてもらった。道は土をおおっていた敷石がなくなって土色であった。山も険しさがなくなっている。この頃から，夜尿がなくなった。７回目，箱庭。右側に街ができた。左側は公園と言う。その左上隅に教会がある。本児の父親と母親だという人形に手をつながせ，そのうしろを本児と妹の人形を手をつながせ，花のアーチをくぐって歩いている。4人は，教会へ行くのだそうだ。この回が最終回でその後登校した。クラスの友達が，本児の誕生日に寄せ書き帳を作ってくれたそうだ。その後，本人からお礼状と「海で拾ったので」と，筆者の相談室に「“このはな”（相談室の名称）に来たお友達にあげてください」という手紙つきの貝殻がいっぱい届いた。その2年ほど後に，この家族に赤ちゃんの誕生という，母親からのいきいきとした喜びのニュースも届いた。

上記事例から，児童期における心理臨床をいくらかでも感じ取っていただければ幸いである。児童期は家庭に守られつつ，学校社会を中心とした友情に支えられ，自らの課題に取り組む時期である。心理臨床の場では，この「当たり前」のことが重視されていく方向で，上記事例のようなドラマが展開し，臨床心理学はその道筋作りに貢献する。

●2-2-3● 青 年 期

1 はじめに

青年期は社会・文化的現象である。したがって，社会システムの変化との関連を考慮して青年期の歴史的変遷とその意味をみていくことが必要となる。

2 境界期としての青年期の成立――20世紀前半

近代社会の成立以前には，子どもから大人への変容を可能にするイニシエーションの儀式（通過儀礼）が成人式，成女式，元服等のさまざまな形をとって行われており，社会的には青年期という発達段階は存在しなかった（河合，1983)。ところが，近代市民社会が形成され，児童がその社会に参加するための準備期間として学校教育制度が確立されるに従い，“もはや子どもではないが，いまだ大人ではない”という中間的な発達期が社会的に認められる形で生じてきた。

それが，青年期にあたる。

したがって，青年期の本質は“もはや子どもではないが，いまだ大人ではない”という境界性にあり，青年期は，子どもの生活構造から大人の生活構造への移行期にあたるため，非構造性，不安定性が強くなるという特質をもつ。そこで本論では，青年期の境界性に焦点を当て，青年期の時代的変遷を辿ることにする。歴史的には1904年に青年期に関する最初の本格的記述であるホール（Hall, G. S., 1904）の『青年期』が出版されている。当時，青年期は思春期の終わりと同時に成人に移行していく不安定な一時期とされた。レヴィン（Lewin, K.）は，この点を捉えて青年を子ども集団と大人集団のどちらにも属さない「境界人」とし，所属の不確実性による情緒不安定と敏感性を指摘している。その後，精神分析理論をもとにサリヴァン（Sullivan, H. S.）やブロス（Blos, P.）等により青年期を下位段階に分け，各段階の発達課題を検討する作業が行われた。表1は，ブロス（1962）の理論を基に各段階の発達課題を整理したものである。

そこでは，親からの分離，および2次性徴発現に伴う性衝動の高まりへの対応としての自我体制確立が課題となる前期・中期（思春期）が青年期の中心となっており，後期はその後の統合と安定化の時期とされていた。その点で，この時代の青年期の境界性では，思春期の中心課題である身体・性領域が大人になるための重要な意味をもっていた。

3　若者期の出現と境界期としての青年の自己主張――1960年代

それまでの青年期前期・中期中心の青年論に対して青年期後期の独自の発達的意義を当時の社会変動との関連で指摘したのが，社会心理学者ケニストン（Keniston, K.）であった。ケニストンは，脱工業化社会の到来により，思春期の課題を達成している点では成人として成熟していながらも社会制度の中では職業や家庭という永続的役割を担っていない点では成人といえない独自の境界的存在様式を示す新たな発達段階（青年期後期に相当）の出現を指摘した。彼は，これを「若者期（Youth）」と命名し，イデオロギーを中心とした1960年代の青年の反逆現象を論じた。

表1　発達段階と発達課題

前青年期 Pre Adolescence	〈性〉両性的構え，性的好奇心の発現 〈親〉依存的関係の中で親への反発 〈友人〉同性集団への帰属，遊び仲間的関わり 〈自我〉未分化であるが，青年期に向かっての基礎固め
青年期前期 Early Adolescence	〈性〉性衝動，二次性徴の発現とそれへの対応（cf. とまどい，罪悪感） 〈親〉親からの分離の始まり，親との間に距離を取り始める。反抗（cf. 分離不安，抑うつ感） 〈友人〉同性の仲間との親密で理想化された友情の高まり，異性への興味（cf. 反動形成），騒々しい異性への接近 〈自我〉価値，自我理想への手探り
青年期中期　Ⅰ Middle Adolescence Ⅰ	〈性〉二次性徴，性衝動に対する一定の対応，防衛機制の形成（cf. 行動化）性器衝動の高まり 〈親〉親からの分離が進む，親に対する批判，家庭外での対象関係の形成 〈友人〉対人関係の模索と拡大（cf. 不安定な対象関係と自我境界→ひきこもり，内閉的空想），異性への関心と交流，異性の理想化，空想的愛 〈自我〉内的体験の追求，役割実験，空想的自己模索（cf. 知性化）
青年期中期　Ⅱ Middle Adolescence Ⅱ	〈性〉防衛機制の安定，適応的防衛機制の形成 〈親〉親からの精神的独立，親との対決，親の客観的評価 〈友人〉対人関係の深まりと安定，異性との現実的な交流，異性愛対象の発見 〈自我〉現実吟味の増大，社会意識の増大，性役割の形成 ◎社会的自己限定の開始，将来への見通しをもつこと〔＝進路決定〕
青年期後期 Late Adolescence	〈性〉自我親和的な性の体制化，愛情関係のタイプの確立 〈親〉親との対話 〈友人〉社会的交友の広がり，異性との親密な関係 〈自我〉自我同一性の確立，生活史を通しての連続性と同一性 ◎自己実現のための一定の職業選択（cf. Identity Diffusion）
後青年期 Post Adolescence	〈性〉親密性の形成，結婚，家庭の形成 〈親〉親との和解，親になること 〈友人〉社会的レベルでの親密性の形成 〈自我〉社会的役割の安定 ◎選択された枠内での自己実現

注1）中期をさらにⅠとⅡに分けた。Ⅰの特色が，空想的実験的であるのに対して，Ⅱでは現実性や社会性が出てくる。
2）（cf.　）内の内容は，その段階の課題達成に失敗した時に陥る可能性のある状態である。

ここで，脱工業化という社会システムの変化によって青年期の境界性が社会性を帯び，青年期は成人文化への対抗文化としての社会的立場を取るようになった。したがって青年の反逆現象は，青年期後期の中心課題である心理・社会領域に重要な意味を感じるようになった青年が自己の境界性を社会的に自己主張した現象とみることができる。

4　青年期の延長と心理社会的モラトリアム――1970年代

1970年代になると先進産業社会は高度産業技術時代に入り，社会の専門性の高度化と分業化が進み，社会への参加という青年期後期の課題の短期間での達成はますます困難となっていった。また中産階級化に対応した青年の高学歴化によって教育期間の延長が進み，青年期の延長が一般化した。その結果青年の反逆現象はみられなくなってきたが，それに代わり青年期の延長に関するさまざまな青年の問題が新たに生じてきた。

この延長された青年期のあり方を理解するためにもっとも有効であったのが，精神分析的自我心理学者エリクソン（1959）のアイデンティティ論であった。エリクソンは，「自我が特定の社会的現実の枠組みの中で定義される自我へと発達しつつある確信」の感覚をアイデンティティ（identity）と呼び，その発達過程を心理社会的発達の観点に基づく漸成図表（epigenetic diagram）によって示した（表2）。

エリクソンは，青年期後期の課題を乳幼児期以来の同一化群を社会的に是認されるアイデンティティという新たな構造に構成し直すことであるとしている。これは，ライフサイクルの中でも特に重要かつ困難な達成課題とされ，したがって，青年期後期は同時にアイデンティティの危機の時期でもあるとされた。この点に関してエリクソンは，アイデンティティ達成に失敗した際に青年が陥るアイデンティティ拡散の様相（表2のV青年期の横の欄）を示すとともに，青年が自由な役割実験を通して社会のある部門に自己の適所を発見するための心理社会的モラトリアム，つまり青年期の延長を社会の側が提供していることを指摘した。

心理社会的モラトリアムという概念が導入されたことにより，青年期が単なる子どもと大人の間の境界期ではなく，アイデンティティの確立という重要な発達課題をもつ独自の発達段階であり，しかもそれが青年期後期にあたること

表2　アイデンティティ（同一性）の漸成図表（鑪，1988より）

	1	2	3	4	5	6	7	8
Ⅰ 乳児期	信頼 対 不信							
Ⅱ 幼児前期		自律性 対 恥，疑惑						
Ⅲ 幼児後期			自主性 対 罪悪感					
Ⅳ 学童期				勤勉性 対 劣等感				
Ⅴ 青年期	時間展望 対 時間拡散	自己確信 対 同一性意識	役割実験 対 否定的同一性	達成の期待 対 労働麻痺	同一性 対 同一性拡散	性的同一性 対 両性的拡散	指導性と服従性 対 構威の拡散	イデオロギーへの帰依 対 理想の拡散
Ⅵ 成人前期						親密性 対 孤立		
Ⅶ 成人期							世代性 対 停滞性	
Ⅷ 老年期								統合性 対 絶望

注）青年期（Ⅴ）の横の欄の下部に示してある各構成要素がアイデンティティ（同一性）拡散の下位カテゴリーである。

が示された。その結果，1970年代後半には青年期後期の意義が社会的に定着し，青年期の延長である青年のモラトリアムが社会的に制度化されるようになった。

しかし，境界期としての青年期が制度化されて社会構造に組み込まれることは，同時に青年期の本質である境界性，非構造性が薄れていくことでもある。1970年初頭までは反逆現象にみられるように境界性の立場からの青年の自己主張傾向がみられたが，後半にはその傾向が薄れ，青年がおとなしくなり，社会

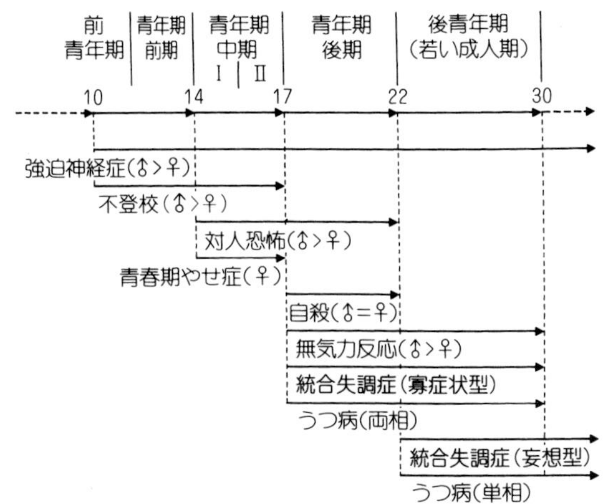

図2　各期の好発病像（数字は年齢を示す）
注）笠原（1984）を一部修正して引用

参加を目指すようになった。これは青年期そのものが次第に変質してきたことを示す現象である。特に青年期の延長は，境界期としての青年期の意味と役割を不鮮明にするという皮肉な結果を招くこととなった。

また，青年期が社会的に定着した反面，境界例や摂食障害といったアイデンティティの危機と関連する新たな青年期の病理が多発するようになったのも，この時期の特徴である。わが国では，この時期に不登校，家庭内暴力，スチューデント・アパシー等の青年期障害が頻発し始めた。つまりこの時期は，青年期の延長に伴って境界性の病理が多発するようになった時代でもあった。図2は，青年期の各発達段階で発症しやすい障害（笠原，1984）を示したものである。

5　現代日本の青年期の変容と境界性の希薄化――1980年代以降

1980年代に入り，青年期の境界性の変容はますます進むことになる。教育の高学歴化とともにわが国の進学受験システムは低年齢化，高次の階層化を強めてきたが，その進学システムで児童期，思春期を送った青年が青年期を形成するようになってきたのがこの時期である。松原（1980）は，この進学受験システムを「管理された予期的社会化」と呼んでいるが，このような管理されたシステムに乗った社会化過程では青年期の境界性がもつ非構造性が失われ，エリクソンのいう役割実験は困難である。また予期的社会化という点では，子どもから大人への移行は連続線上のものとなり，青年期イニシエーション論でいわれるような子どもから大人への構造転換とは異質な青年期となる。その結果，青年期の境界性が希薄化するという現象が生じてきた。

さらに，1980年代後半以後わが国は，コンピュータやマスメディアの飛躍的発展により高度情報社会に突入するとともに，急激な経済成長の結果，世界でも稀にみる消費社会となっている。このような社会システムの変化は，青年期のあり方を根本から変質させた。パソコン等の情報機器に関しては成人より青年の方が精通している場合が多く，マスメディアの情報も多くが若者向けであり，情報社会の中では若者が文化の中心を占めるようになった。また生産より消費が美徳とされる消費文化の中では，青年が消費の重要な担い手となっている。それに対応して，かつて生産性，勤勉性という点で社会の中心を占め，文化の担い手となっていた成人期の権威が失われてきた（小谷，1993）。

このように青年が文化の中心に近づくことで青年期の境界性がますます希薄化し，逆にマスメディアを通して青年期の境界性が他の発達段階，特に成人期に拡散していき，成人期が不安定となっている。その結果，以前にもまして子どもから大人への移行期としての青年期の社会的境界性が失われていくという現象が起きている。青年期の境界性の希薄化という現象を考えるならば，1980年代以降の青年期は単に青年期の延長としてみるのは妥当ではない。実際，“大人でありながら大人でない”という「若い成人期（young adult）」が青年期と成人期の間の新たな境界期として定着し，境界期としての青年期の意味は失われつつある。それとともに大人と青年との境界があいまいとなり，「大人になることの難しさ」「大人になれない青年たち」という表現で自明であった“大人になる”という青年期の古典的図式さえも意味を失いつつあるといっても過言ではない。上述したようにアイデンティティ論は，青年期を子どもから大人への構造転換の時期としていたが，青年期の境界性が希薄化した場合，この発達段階図式は当てはまらないことになる。

1980年代後半以降のわが国の青年期を表す概念として「新人類」「おたく」といった表現がみられるが，いずれも青年期の境界性の中で試行錯誤し，悩みながら自己を確立するといった古典的青年イメージとはまったく異質な内容となっている。それは，マジやネクラが敬遠され，ネアカでノリのよいことが好まれる風潮である。このような新たな青年期を理解する図式を見出していくことが現在を生きる青年にとっても，またその青年と関わる臨床心理学者にとってもたいへん重要な課題となっている。

本論は，下山（1990）の一部に大幅に加筆・修正したものである。

●2-2-4●　成 人 期

1　はじめに

成人期とは，青年期と老年期との間にある，40年近くの年月のことである。それは，20代のかなりの部分と，30代，40代，50代，さらに60代の一部を含むことにもなる。このような多様性を含むこの時期をひとまとめにする根拠は，どこにあるのであろうか。

試みに『広辞苑』をひくと，「成人」とは「幼い者が成長すること。また，その人。」「成年に達すること。また，その人。おとな。現在，日本では男女とも満20歳以上をいう。」とある。ここから考えると，「成人」とはまず「成人する」こと，「成長する」ことや一定の年齢に「達する」ことであることが分かる。つまり「成人」とは，第一に「する」ことなのである。具体的には，それは「成人の日」を迎えることや，「成人式」に出席することにもなろう。このような意味で成人「した」人の，その後の人生の時期を「成人期」と呼ぶことはできる。ところで『広辞苑』には，「成人期」という語は載っていない。「成人映画」「成人教育」「成人式」「成人病」等は載っている。また「幼児期」「児童期」「青年期」「老年期」「思春期」などもすべて載っている。この時期をひとまとめにして論じる根拠が，一般にはまだ薄いということがうかがわれる。

これは「成人」という語に含まれる意味の多様性ということにもつながる。

たとえば「成人映画」においては，成人とは18歳未満ではないということを意味し，関連することとしては，児童福祉法の適用をもはや受けないということを意味する。「成人教育」においては，成人とは学校を離れ「社会」に出て働いている人ということを意味する。「成人式」においては20歳を意味し，「成人病」においては40歳あたりを意味する。このような意味の多様性ないしはあいまいさを含む語も，珍しいのではあるまいか。なにしろ20歳と40歳では，さしひき20年の開きがあるのである。

そこで「中年」という語が登場し，40歳以降の人生を表すのに使われている。ところで「中年」という語には，40歳以降という年齢を表す意味だけでなく，どこかしら生活に疲れてもはやあまり若くはないという意味あいも含まれているようである。「中年の危機」というような言い方にそれがはっきりしている。これは，「成人」という語のつかみがたさとは対照的であるが，ここにも問題が生ずる。やはり『広辞苑』で「中年」をひくと，「青年と老年との中間の年頃。40歳前後の頃。壮年。」とある。30歳台までは青年という考えもうかがわれ興味深いが，それはさておき「中年」を「壮年」に等しいとしていることは，別な問題を考えさせる。「壮年」を『広辞苑』でひくと「血気盛んで働き盛りの年ごろ。また，その年ごろの人。壮齢。」とある。「中年」は果たして元気がいいのか悪いのか，立場により，また個々人により，意見の分かれるところであろう。「壮年」は「中年」とかなり重なりながらも，それに先んずるという見方もありうると思われる。

2　青年期の収拾の成果としての成人期

青年期における試行錯誤から，自分なりに学ぶべきことを学び，独り立ちできる力を身に付けた時，その人は成人期に入ったといえる。具体的にいえば「卒業」，「就職」もその指標になる。「成人教育」に関して述べたように，一般に成人は社会に出て働いていると考えられている。この点から考えると，成人期の始まりは22～23歳であるといえよう。大学生が卒業間際に不安になり神経症的になったりするのは，この「収拾」という課題に対する代価であるともみられる。この代価が大きいほうが，青年期の収拾という精神的作業の意味も大きいといえる。もちろんそれ以前に，すでに別な形でこの作業をなしとげている場合は，事情が異なるであろう。いずれにしても，この作業は青年期と成人期の間にあるものであり，その成果がその後の成人期に影響を及ぼす。その成果が十分に根づくことで，その人は社会の中に独り立ちしたことになる。

たとえば青年期境界例の若者は，独特な内的世界をもちながら，それをまとまった形で提示することができず，いつ果てるとも知れない試行錯誤の過程に相手を引き込む。それは時に破壊的であり，時に創造的でもある。相手をする臨床家が，自らの青年期における収拾の作業の成果を十分に生かしながら，事態を収拾する力をもっていると，この過程は創造的になりうる。時には，自らの成果だけでは足らず，もう一度自身を混乱させながら，部分的に試行錯誤の過程を生き直して収拾し直し，ようやくクライエントの用が足りるということもあろう。臨床家は，このように成人期の社会的役割を果たす必要がある。これは，青年期の「極端」に対応する力をもった，成人期の「中庸」の効用といってもよいであろう。

「結婚」もまた，青年期から成人期にかけての収拾の作業を象徴することがらである。「恋愛」の中に現れる試行錯誤から，自身の対人関係や衝動欲求について多くを学び，社会関係の中に現実的に自らを位置づけることの意味は大きい。就職が「職場」という場をその人に提供するように，結婚は「家庭」という場を提供する。どちらの場にも，「おとな」としての役割がある。その役割とは，分別ある成熟した態度によって相手に接し，相手の子どもっぽさにも余裕のある対応ができることである。具体的にいえば，職場においては後輩に，家庭においては子どもおよび配偶者の中にある「こども」に対して，対応できるということである。そのためには，自らの中にある「こども」を熟知し，それの世話をしつつ，時にそれに導かれる必要がある。

3 壮年と中年のあいだ

30歳あたりをひとつのメドとして，青年期の収拾の作業は大きな成果を挙げることがありうる。この場合，青年期は一応過去のこととなり，分別と活力に恵まれた10年余が始まる。これを壮年期といってもよいであろう。しかし，働き盛りのこの時期からどのくらいの精神的収穫を挙げられるかは人による。

多くの場合，人は40歳台に近づくにつれ，自らの心身の力強さがピークを迎え，それを過ぎるということを予感する。努力を続けてきて，思うようになったこともあれば，思うようにならなかったこともはっきりみえてくる。40歳を越えて，「自分の顔」や「悪の問題」がみえないでいることは，危険なことである。いわゆる「中年の危機」の解決の鍵も，このへんにあるのではなかろうか。自分の限界を知り，そのうえでなおも自分を伸ばしていく知恵が求められる時期である。

親が中年の危機を迎える頃，子どもが思春期の危機を迎えるということはよくある。子どもの訴えが，どことなく親を不安にするということは多い。問題解決のやり方はいろいろあろうが，親の側におけるなんらかの気づきが，子どもを大いに解放するということはよくあることである。相談員としては，親の力がピークを過ぎた時に，親に負担をかけるのを心配するかもしれない。けれど，心配しすぎることは決してよい結果を生まない。いかに苦しい立場にある親であろうと，現在の危機をくぐり抜け，新たな安定へと到達する潜在力はもっていることが多い。そのような過程につきそうことは，相談員の世界をも豊かにすることがある。

子どもの問題は別にしても，中年におけるうつ病の危険性は高い。職場において限界を感じさせられ，家庭の中にも理解者を得られない場合は特にそうである。子どもを「希望」にする危険性はいうまでもない。根本的な解決は，自らの人生の根底に潜む罪悪感や空虚感に取り組むことによって得られる。いいかえれば「自分の顔」や「悪の問題」を直視することである。イメージ的にいえば，「地獄」や「悪魔」にも慣れ親しんで，それが実は「ほとけ」であることに気づくことなのであるが，これは誰にでも勧められる方法ではないかもしれない。

いろいろな意味で限界を感じさせられる中年であるが，その危機の中で見事な創造性が発揮されることもある。そこから，フロイトやユングの独創的な理論も生み出された。さまざまな宗教家がこの時期に，九死に一生を得るような精神的体験をして，それが人びとに消しがたい影響を残してもいる。これもまた，誰にでもありうる体験ではないであろうが，覚えておいてよいことであろう。

4　老年期の予感と準備

成人期の最後は，次に来る老年期を予感し，それに準備する時でもある。いわば人生における冬支度のように。おもに55歳あたりから始まるといえようが，40歳台でもその危機的状況の中では，ありうるといえよう。これは「人生50年」といわれた昔では，当然のことであった。

自らの老年期を思うことは，身近にいる老年の人への思いやりにも通じる。60歳台の人が80歳台の人に抱く敬愛の情は，40歳台の人には分かりきれないであろうが，なおそこに何事か軽んずべからざるものがあることは，分かるであろう。中年の危機の中で，自らの死を予感する瞬間には，40歳台の人といえども老年期の心性に近いところにいるといえるのではないか。

成人期をひとつの「発達段階」とみることに，疑問をさしはさむことはできよう。30歳台までは「発達」と捉えられる。40歳以降は，「自己実現」ではあっても，「発達」とはいいがたい。いずれにしても，中年を迎えても人は，自己をよりよく生きるために絶えず努力し工夫するものであるといえるようである。

●2-2-5●　老 年 期

1　人口寿命の延伸とサクセスフル・エイジング

近年，医学の進歩や食生活・栄養面の改善，公衆衛生の向上などにより平均寿命が飛躍的に伸びてきた。わが国における平均寿命は，1947年当時，女性53.96歳，男性50.06歳であったがそこから伸び続け，2018年現在は女性87.32歳，男性が81.25歳となっている（厚生労働省平成30年簡易生命表）。老年期は発達段階の最終段階であり，概ね65歳以上の全ての高齢者とされているが，このような背景から当初考えられていたよりも老年期そのものの長期化が進んでいる。ニューガーテン（Neugarten, B. L., 1975）は，65歳以上を一括りにして捉え議論することが困難であるとし，young-old, old-old に高齢者を二区分することを提唱した。現在は，65～74歳を前期高齢者（young-old），75～84歳を後期高齢者（old-old），85歳以上を超高齢者（oldest-old）として分けることが多く，様々な制度においてこの区分が用いられている。平均寿命の延伸に伴う高齢者人口の増加は，単なる年齢区分に留まらず，新しい区分や高齢者像を生み出している。例えば，ラスレット（Laslet, P., 1996）は，ライフコースを４つの段階に分けた。第一段階であるファーストエイジは「依存・社会化・未熟・教育」，セカンドエイジは「成熟・自立・生殖・稼ぎと貯蓄・家族と社会への責任」，サードエイジは「達成」，フォースエイジは「依存・老衰・死」とされる。特にサードエイジは生涯発達の視点から生み出された用語であり，人生の最盛期で達成・完成期であるとされる。彼の区分では，概ね50～75歳を指す用語してサードエイジが使われることが多く，人生後半においても人が成長・成熟していくポテンシャルを説いている。またこの概念は，老年期においても活動的で充実し，適応的な生き方とされるサクセスフル・エイジング（successful aging）に通じるものとも考えうる。

サクセスフル・エイジングとは，老年期のより良い生き方をさし，日本語では「幸福な老い」と訳される。ローとカーン（Rowe, J. W., & Kahn, R. I., 1997）は，サクセスフル・エイジングの規定として，①病気や障害のリスクが最小化されていること，②心身の機能を最大化していること，③社会的生産的な活動を維持していること，の３点を挙げている。つまり，心身共に健康で社会的な貢献を維持し続けることが望ましい老後とされる。幸福な老いを全うするかどうかには，これまでのライフステージにおける発達課題にどのように取り組み，人格の成長を遂げてきたかが強く関与すると考えられている。

2 老年期の適応と発達課題

エリクソン（Erikson, E. H., 1959）は，人格の発達として，誕生から死に至るまでの8段階のライフサイクルを定義づけている。各段階には発達課題があり，これらの発達課題の達成にとって重要な危機も想定されている。この危機が解決できるかどうかが次の段階の適応と人格の成長に影響を与えるとされる。老年期の発達課題と危機は，統合性と絶望である。統合性は，「これまでの人生を自分の責任として受け入れることができ，意義と価値を見出すことによって，死の訪れを受容することができる」と説明されている。すなわち，統合性を獲得した者は，自分の人生に対して失敗や失望などの現実も含めて人生をあるがままに受け入れることができるが，危機の解決に失敗した者は，人生に大きな悔いを残し，もはややり直しがきかない，衰えるままに死を迎えるという絶望に囚われるようになる。

エリクソンのように各段階を暦年齢から区分せず，個人によって異なった順序で各段階を過ごしていくことを主張したのが，ペック（Peck, R. E., 1975）である。ペックは，老年期に3つの心理的課題と危機を想定している。1つ目は，定年退職や家事の第一線から退かなければならない現実に直面する「引退の危機」である。これまで築き上げてきた社会経済的地位から離れ，収入の減少や家族との関わりも変化を余儀無くされる危機である。2つ目は，加齢に伴う身体機能の低下や病気の罹患などによる「身体的健康の危機」である。年を取ると誰しも体力が衰え，疾病に対する抵抗力や回復力も低下していく。これら虚弱の進行や病気になることに対する捉え方の危機である。3つ目には，死が近づいてくることに対する「死の危機」である。高齢になると死がより身近なものとなり，死を予期し直面することそのものが危機となるのである。このように老年期には，それまでの社会的な役割からの引退や身体機能の低下などに関する様々な課題を乗り越え，新たに自己の価値観を創り上げていくことが求められるのである。

ところで生涯発達理論に従えば，人生後半においても，人は発達・成熟し適応していくものと考えられてる。その一つとして，エイジングのパラドックス

(aging paradox; Mroczek & Kolarz, 1998) 現象が挙げられるであろう。これは，老年期は身体的にも社会的にも喪失の時代であるにも関わらず，幸福感などのポジティブ感情が保たれている状態を指す。十代前半の幸福感は高いが，その後は年と共に中年期まで下降する，しかし中年期以降は，高齢になるにつれ幸福感が徐々に高まる，というものである。なぜエイジングのパラドックスが生じるのであろうか。この現象や老年期の適応そのものを説明しうるものとして，ここでは２つの理論を取り上げる。

１つは，バルテス (Baltes, P. B., 1997) による補償を伴う選択的最適化 (selective optimization with compensation : SOC) 理論である。老年期は身体機能の低下により，新しく高い水準の目標を掲げたり，これまで掲げてきた目標を維持し続けることが難しい。このような状況で適応するには，目標を切り替えたり目標の水準を下げる（目標の選択；Selection)，選択した目標を達成するために，自分が持っている資源を最大限に利用し限られた資源を効率よく分配する工夫を行う（資源の最適化；Optimization）ことが求められる。また資源の喪失に対しては，外部からの援助を得て喪失を補う（補償：Compensation)。このようなSOC 方略をうまく活用している人ほど幸福感が高くなり (Freud & Baltes, 2002)，実際のデータでも検証されている。

もう１つは，カールステンセン (Carstensen, L. L., 2006) による社会情動的選択性理論 (Socioemotional Selectivity Theory : SST) である。この理論では，人は人生における残り時間を認識すると，情報や金銭的なものへの執着が低下し，感情的に価値のある行動をするよう動機づけられると仮定している。つまり，高齢者は人生の残りに限りがあると感じているため，エネルギーを必要とするような新しい経験ではなく，ポジティブな感情が保たれるように感情を調整しようとするのである。

つまり，老いとは衰退の一途を辿りネガティブで支援が必要なもの，と一方的に捉えるのではなく，誰もが人生の後半に，生来的に変化に適応する能力を持っている，という認識が老年期をより深く理解する一助となると言える。

3　超高齢者の発達課題

冒頭でも述べたが，近年は寿命の伸びが著しく，人生100年時代と言われるようになった。エリクソンが提唱した第８段階は，長くなった老年期が一括りにされており，その発達課題を説明しきれないと考えられる。老年期の中でも後半である80代以降は，身体機能の低下が激しく，介護が必要となったり配偶者や友人のみでなく子どもに先立たれることも増える時期である。このような背景から，エリクソンの妻であるジョアン・エリクソンは，80代以降はそれまでの老年期とは異なる課題が生じ，新たなる心理的発達が必要になるとし，第９段階を想定した（Erikson, E. H., & Erikson, J. M., 1997）。第９段階では，これまでの発達段階のように前の段階の発達課題の達成が必要とされていない。むしろこれまでの発達課題と危機に改めて直面化すると考えられている。たとえ第８段階の統合性に至っていたとしても，さらなる加齢によってより深刻な身体機能の低下や虚弱状態に陥るなど自己像が大きく揺るがされ，他者の助けや介護を受ける必要性が出てくる。そのため第一段階の発達課題であった基本的信頼と改めて対峙することになるのである。この第９段階の危機を乗り越えるため，もしくは乗り越えた先に獲得するもとして位置づけられているのが，老年的超越（gerotranscendance）である。老年的超越はトレンスタム（Tronstam, L., 1997）が提唱した概念である。宇宙的意識（自己の存在や命が過去からの流れの一部であり過去・未来の世代とのつながりを感じる），自己意識（自己中心的傾向が弱まり，利他性が高まる），社会との関係（過去の社会的役割や地位，交流の広さや経済面などへのこだわりがなくなる）の３つの領域から構成されている。老年的超越に達した高齢者は通常の価値観から離れ，加齢に伴う社会関係の縮小に合わせた価値観や行動特性を身に付けるようになると考えられている。

回復不可能な身体機能の低下に至った際に，このような発達課題を達成するという人格の成熟は老年期の適応として合点のいくものである。一方で，例えば老年的超越の一つの領域である「宇宙的意識」は，我々日本人にとってあまり馴染みがなく，文化の影響があるとも考えうる。第９段階そのものの実証データも極めて少ない状態であり，今後，解明されていくことが求められる。

4 老年期における諸問題

最後に，高齢期における諸問題として以下の3つを挙げておく。第1に，引退後の期間のさらなる延長がある。寿命は延伸化しているが，定年の年齢制限そのものは昔と大きく変わっていない。収入が減少した中で，定年や子（孫）育ての卒業を迎え，仕事から離れた後の人生が長くなっているのである。経済的な問題に加え，これまで以上に社会的役割として何を担うか，担えるのか，といった問題が発生してくるであろう。新しい自己像や新しいライフスタイルの確立が重要となってくる。第2に，社会的孤立の問題である。配偶者や親しい友人の死に加え，近年は子どもと同居する高齢者も減少し，生涯未婚の高齢者も増えつつある。特に未婚者は，仕事からの引退後，自らが積極的に近隣や親戚，友人との交流を保たない場合に孤立のリスクが高まる。第3に，身体機能の低下や疾病が挙げられる。機能低下が進むことは，不自由さや不快感など生活の質（Quality of Life）の低下につながる。寿命の延伸に伴い，誰しもが，機能低下や不自由さを抱えながら生活していく期間が長くなる可能性が高いと考えられる。

このような諸問題に対しては，社会制度等による環境整備はさることながら，臨床心理学的視点からの支援や予防的なアプローチの確立が求められる。

3

臨床心理学的人間理解

●　3-1　●　心理アセスメントとは

1　心理アセスメントの重要性

最近，若い心理臨床家たちの中には心理療法の研修には熱心であるが，心理アセスメント（心理査定）の学習や研修には消極的な人たちがいる。こうした風潮は「心理テスト」や「心理検査」に対するある種の失望または軽視とも関連があろう。つまり「心理テスト」の教育や研修がスコアリングや反応解釈という小手先の技術教育で終始すると，心理アセスメントの臨床教育とはならないために，臨床現場に就職した若い心理臨床家は「心理テスト」を取るテスターとか心理検査者と呼称される役割にとどまってしまう。その結果心理検査者やテスターとしての自分に不満や無力感，失望を覚えてしまい心理診断の研修が手薄となってしまうのであろう。

こうした心理診断をめぐる臨床教育の不足と臨床現場での心理臨床家の葛藤という内外の条件や環境が加味して，心理アセスメントの重要性がみすごされがちだった。とはいえ，もしも来談したクライエントが軽症の神経症や軽い不適応レベルの不登校ケースであるならば，取り立てて心理アセスメントを重視しなくとも治療的面接はスムーズに展開して終結を迎えるかもしれない。ところが最近，思春期から青年期のライフステージの患者は症状や問題行動（不登校，無気力症，摂食障害など）の背後に深い人格病理をもっているケースが急増している。その中には初期統合失調症や自殺企図を繰り返す境界例人格障害も含まれている。こうした一見軽症にみえながらも重症のクライエントが大学の心理相談室，開業心理相談室にも数多く来談するようになってきた。それだけにクライエントを心理療法に導入する際の心理アセスメントが，心理臨床家にとり焦眉の課題となっている。

さらに今日心理臨床家はさまざまな臨床現場（病院，入所施設，児童相談所，家庭裁判所など）において，他職種のスタッフと臨床チームを組んで患者・クライエントへの心理治療を担当している。他職種のスタッフとのリエゾン（連携）で，心理臨床家に第一に求められるのは心理療法やカウンセリングの力量とともに心理アセスメントの力量である。特に臨床チームでの心理臨床家のコンサルテーション・リエゾン（相談・連携）では，心理査定法を活用した心理アセスメントを依頼されることが多いであろう。

ところで，一般的な医学診断では医学検査の所見から正常か異常，病気の徴候を判断していく。また病名診断や疾病分類がかなり明確な診断基準や疾病分類体系に依拠して決定される。心理アセスメントでもこの医学診断を診断法のモデルとして十分に学び咀嚼しなければならない。しかし心理アセスメントは医学診断のようなただ病理診断や疾病類型論などのパラダイムに限定されない。そもそもアセスメント（assessment）という用語は税金や資産を評価，査定するという意味である。最近では環境や核施設を査察するとよくいわれている。要するにアセスメントする，査定する専門家の存在が前提として考慮されており，専門家はさまざまな資料，条件を集積していく。そして対象を全体的かつ総合的に把握し理解しようとする。

同様に心理アセスメントでもパーソナリティ全体についての多次元的な情報から患者の人格を総合的に認識する視座が大切となる。つまりパーソナリティの病理とともに保持されている健康な資質や能力，潜在的な個性や可能性をも推察し，理解しようとする。コーチン（Korchin, S. J., 1976）も「患者のパーソナリティの構造やダイナミックスや，彼に欠けているものと同時に彼に備わっているものとか，彼に課せられる要求とそれに対拠する彼のやりくりを描写する」のが心理アセスメントのポイントであると述べている。患者から提供される種種雑多な情報をひとつのまとまりとして道筋をつけたり，患者の主題やストーリーを解読していく見立て（土居，1992）の能力がかんじんとなる。見立てるとは力動的，重層的に患者を心理診断することであり，患者の診断，予後，治療方針についての予測を再構成し，結晶化していく臨床家独自の仮説である。

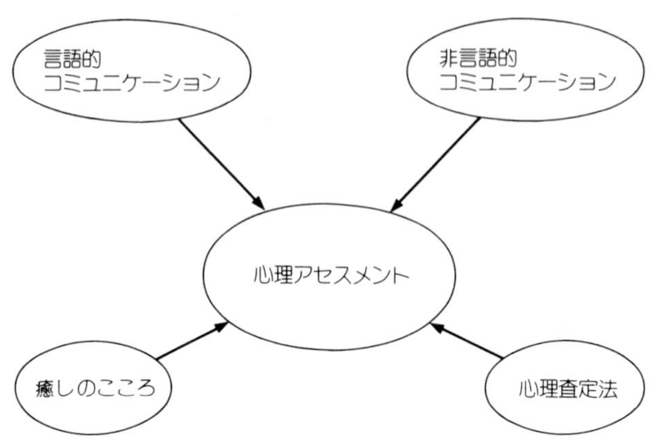

図3 心理アセスメントの構成要因

いずれにしても心理療法の導入にあたって，心理アセスメントは必要不可欠な過程である。しかも心理療法の全過程を通して，診断的理解と治療的理解とはあい拮抗しながらも車の両輪のような双脚として支持し合う。その両者はサリヴァン（1954）がいう「関与しつつの観察」というパラドキシカルな相補関係にある。

2 心理アセスメントの過程

1 心理アセスメントの4つの側面

心理アセスメントを構成する側面には以下に述べる4つの要素がある。つまり①言語的コミュニケーション（主訴・来談動機・現病歴・生活史・家族構成など），②非言語的コミュニケーション（表情・姿勢・音声の高低や大小や硬軟・服装。また面接者自身の印象・好悪の感情・空想・眠気など），③心理査定法（質問紙法・描画法・投影法など），④癒しのこころ（患者を支持する配慮）。

2 心理アセスメントの構成過程

上述した4つの構成要素は図3に示した過程の中で心理アセスメントを熟成していく。患者についてこの4つの側面から収集された情報から面接者自身が仮説的了解を形成していく。その際面接中にノート取りはしない方が好ましい。

表 3　病識・問題意識の有無と自我境界の水準

	健　康	神経症的人格	境界例・人格障害	統合失調症的人格
病識と問題意識	(−)	強　い	あいまい	弱　い
自我境界	柔　軟	硬　化	あいまい	未分化・混沌

さて，さまざまの情報から患者の症状や葛藤を因果論的に考えてしまう傾向は初心者の心理臨床家に多い。そして患者の病理の原因がすぐに分かったつもりになる「はや分かり」や「もの分かり」のよすぎる人も結構多い。しかし患者を取り巻く内外の星座的な布置（コンステレーション）を読み取るには相当に多元的な認識の総合力と，あいまいな事態や不確かな事象，割り切れない両義的な現象を忍耐強く検討し続けていく臨床的能力が必要不可欠である。

3　病識の有無と自我機能の水準

患者が自分の病気，症状，不適応についてどのような問題意識やどの程度の病識をもっているかを判定し，評価する。また自我機能の判定からは現実吟味力，観察自我の強弱，自我境界や自我障害の水準を見立てる。表 3 では健康なパーソナリティから精神病的なパーソナリティにわたる病識の有無と自我の強弱のスペクトラムを示している。

4　人格的病理の態勢と治療技法の工夫

さて表 4 ではそれぞれの人格がもつ対人関係，心理状態，受診態度などの特徴を簡略にまとめたものである。さらに各病態や人格病理の患者に対してふさわしい治療者のあるべき対応と技法をも示している。こうして獲得された見立ては，治療的面接に入る段階で患者にフィードバックされなければならない。すなわち当面の治療目標について患者に説明して納得を得るのである。その結果心理療法と並行して医学的なケアとか身体的治療が必要であると見立てた事例は，すみやかに専門医に依頼すべきであろう。また診断的面接のみでは見立てが不確かであるならば心理査定法を導入して見立てを再検討するが，中には初回面接だけで面接が合意のうちに終結となるケースもある。

表4　各人格的病理の態勢と面接技法の工夫

	健康な人格	神経症的人格	境界例・人格障害	統合失調症的人格
対人関係での安全保障感	安　定	過　敏	勘ぐる	勘違いする
頭の騒がしさ焦り	少ない	気にする	あわてる	脳が忙しい
面接態度	落ち着いている	分かってほしい 甘えたいがひねくれている	分かるはずがない 甘えるのがへた	分かられてしまっている 甘えを知らない
ロールシャッハ反応	外的・内的適応をほどほどに	過度な外的適応と内的防衛	自他境界のあいまいさ	未分化・混沌
治療者の態度	(－)	覆い（蓋）を取る 明確化	覆い（蓋）を作り直す 明確化	覆い（蓋）をする 保護，枠づけする

解釈（言語）　庇護（非言語）

マネージメント

3　心理アセスメントの実際

ここで心理アセスメントを構成していく一連の過程の実例として，以下に3つの事例を紹介してみよう。

【事例】　A子：初回面接だけで終結したケース

A子は21歳の独身女性であった。A子の母親が「A子がひょっとして知恵遅れでないかと心配だから知能テストで調べてほしい」とか「家で時どき一人言をブツブツとよくもらすので精神病ではないか」と筆者に相談してきた。その後初回面接に来談したA子は明るい表情で面接者からの質問にもはきはきと答えるばかりか，容姿，化粧なども若い女性としてふさわしいこざっぱりとしたものだった。日常生活を聞くと，ある専門学校への登校をきちんとして，対人関係，交友関係も適応的であった。面接の態度や対話の疎通性にもなんらの不自然さや障害は認められなかった。A子の言語的表現・理解力もふつう程度の能力をもっていると判断された。したがってA子は精神病でないばかりか，知的障害もないと筆者は見立て，知能査定法も施行しなかった。この見立てをＡ子と母親に説明して両者の納得を得て初回面接で終結した。

【事例】　Ｂ郎：他の専門施設に紹介したケース

40歳の独身男性で単身生活者。他県の医師から筆者が勤務する病院の主治医に紹介された患者であった。その紹介状には「統合失調症型人格障害の疑い」と少々あいまいな診断名が記載されていた。主治医は確定診断を保留したまま約３カ月間薬物療法を中心とした診察を続けていた。ある時Ｂ郎が筆者の「カウンセリングを受けたい」と主治医に希望したので，主治医は筆者にＢ郎のカウンセリングを依頼された。筆者はＢ郎とのカウンセリングを開始するに際して，まずＢ郎の病態水準をきちんと確認したいと思い，ロールシャッハ法（以下ではロ法と略する）の実施を提案し，その施行の協力をＢ郎に申し出た。Ｂ郎も納得し心よくロ法施行に協力した。しかしロ法の査定からはＢ郎の病態は妄想型統合失調症と判定された。この見立て直しから，Ｂ郎には筆者との外来通院でのカウンセリングより，むしろ専門病院でのデイケア通院治療を適用されるべきであると筆者は判断した。その後その主旨をＢ郎に説明したらＢ郎も筆者の意見に同意し，専門病院に転院となった。

【事例】　Ｃ子：心理アセスメントにより治療目標と治療構造を変更したケース

32歳の主婦で，第一子の長女を２年前に出産した。産後から徐々に抑うつ，情緒不安定，食欲不振となる。なお結婚した当初から義父母との同居生活であった。初回面接は夫婦同伴で来談した。初回面接ではＣ子の育児ノイローゼまたは産後うつ病かと推定された。しかしその後数回の心理アセスメントの過程で明らかとなったのは，義父母との同居や主人との夫婦関係をめぐるさまざまな葛藤であった。筆者は質問紙法（YG，CMI）の心理査定法を導入してＣ子の性格を見立てようとした。その結果はかなり服従的で攻撃性を抑圧させやすい内攻的タイプだが，協調性は高く情緒性もほぼ安定している準神経症的なパーソナリティと判定した。その結果Ｃ子の精神症状の要因は単にＣ子の性格に限定されるものではなく，義父母との同居や夫婦関係の葛藤やストレスも要因であると推察された。こうして初回面接での見立ては修正されて，C子の診断面接が終結した時点で夫婦合同面接が開始された。その後数回の合同面接で治療は終結した。

4　心理査定法による心理アセスメント

1　心理査定法とは

心理査定法は医学的検査（脳波，胃カメラなど）や学校で行われる学力テストとは本質的に異なる性質をもっている。そのため本章では「心理検査」，「心理テスト」という用語を使用しない。心理査定法とは秋谷（1988）も言及するように，あくまでも個別面接という二者関係の中で施行される「構造化された面接法」なのである。つまり心理査定法による面接は，各種の査定法を用いたひとつの「実験」であるゆえに，標準化指数をもち妥当性をある程度検証できる。それだけに関与しながらの観察を試みようとする心理臨床家にとって，心理査定法からの見立ては治療方針，技法，目標を同定する上で心強い羅針盤となる。ただし，心理臨床家にとっても心理査定法は臨床実践の最終目標ではなく，患者に対する心理学的な援助やサービスをする上での道具にすぎない。しかもこの道具は心理臨床家により十分に使いこなされてはじめて心理アセスメントとしての真価を発揮するのである。

2　心理査定法によるコンサルテーションの技法

従来わが国の医療チームでは，図4の(A)のパターン，つまり医師が心理検査の指示を心理検査者にして，心理検査者は検査データーを医師に報告する。しかしすでに述べたように心理査定法を心理アセスメントの道具として使いこなしていくには，(B)のパターン，すなわち心理臨床家は依頼者（医）からの相談を受け取るコンサルタントの立場にいる。そして心理査定法を依頼者（医）からの依頼に対して，なんらかの報告や助言を伝達する上での見立ての道具として使いこなそうとする。その場合依頼者の依頼目的，相談内容があいまいであるならば，心理臨床家はまずその依頼目的の明確化および共有化を目指すように努めなければならない。また一般的に査定結果は報告書によって伝達される

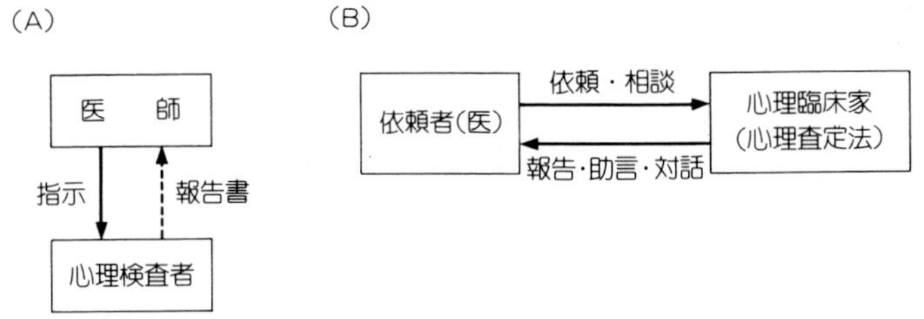

図4 心理検査および心理査定法を介した連携の差異

場合が多い。しかし(B)の場合では，結果を面接記録（カルテ）の中に書いたり，あるいは直接依頼者と相互の臨床所見，見立てのズレ，一致点をフィードバックし合う対話を積極的に試みようとする。

【事例】 D子：依頼医と心理臨床家とが心理査定法の結果から見立てを再検討，対話したケース

初診時15歳の女子高校生で，主訴は「自分の頭がぼけたようだ」という離人感，手首切傷の自殺企図などであった。初診時主治医は漠然とした臨床診断をより明確にする目的で，心理臨床家に心理査定法を依頼した。査定法の実施後に心理臨床家は，主に次の２点を主治医に伝達し話し合った。すなわち，①患者の病態水準は神経症水準を越えて境界例水準であること，②一時的な入院治療も必要であり，薬物療法と並行して心理療法が必要な事例であること。その後患者と母親との同意により入院が決定され，筆者との心理療法も開始された。

ところでテスト・バッテリー（いくつかの査定法を組み合わせて実施すること）に関しても図４の(A)と(B)とでは大きな相違点がある。(A)の場合には医師は心理検査の種類まで具体的に指示していくであろうが，(B)の場合，依頼者は相談したい意図や目的だけをコンサルタントである心理臨床家に依頼する。そしてテストバッテリーは心理臨床家の主体的判断にゆだねられる。表５はその際に参考になるそれぞれの心理査定法が得意とする探索の意識水準（意識〜無意識）を示してある。

表5　心理査定法と探索される意識水準

意　識	CMI，YG，SDS，MMPI
前意識	SCT 文章完成法，描画法，箱庭療法
無意識	ロールシャッハ法，TAT，描画法

さらに，たとえば精神病の急性期，躁状態やうつ状態で抑制の強い事例，不安や緊張の強い患者に対しては，たとえ依頼者から心理査定法の依頼があったとしても，(B)の心理臨床家であれば，実施を中止または延期したりして患者に即した主体的な判断をするであろう。

3　心理査定法のマナー

一般の面接法とは異なって，心理査定法は１回きりの面接，つまり一期一会の出会いともいいうる。それだけに査定法の導入期における査定者自身のふるまい，教示の与え方，査定法の進め方などの心理臨床家の礼儀，作法の是非により患者の反応も影響されてしまう。すなわちどういう目的で心理査定法を試みようとするのか。患者が心理臨床家に求めているものは何か。どのように患者に対して心理査定法を説明して動機づけるのか。こうした心理査定法の導入についてのインフォームド・コンセント（説明と同意）は意外と等閑視されてきたが，重要な課題である。また査定結果の患者への伝達，説明はいったいどのようになされるべきなのだろうか。査定結果をあまりにネガティヴで病理的な側面を想定しすぎるのではなく，むしろどんな患者にも認められるポジティヴな能力や資質についてかならず解説して返答しなければならない。患者に説明する内容は，主訴や病識を十分に考慮して心理査定法から得られた患者の自我機能の水準などについての力動的な心理アセスメントを説明する。心理査定法による心理アセスメントを患者に説明するに際しては，説明の表現や内容が患者にとってできるだけ理解されやすい日常語に翻訳されたものを伝達するように心がけなければならない。

5　おわりに

医師をはじめとする他職種のスタッフが心理臨床家に心理療法を依頼しようとする時に，その心理臨床家が自分なりの心理アセスメントをしっかりとできる力量があるか否かによって専門家としての信頼感や評価が決定される。いいかえれば，心理アセスメント（心理査定法を含む）をきちんとできる“ほんもの”の心理臨床家は医師などとの臨床チームにおいて，主従関係ではない真に対等で相補的な連携を築きうるのである。

ともあれ，本稿では心理アセスメントや心理査定法の教育や研修については，紙幅の関係から残念ながら言及する余裕はなかった。しかし“ほんもの”の心理臨床家を志向する上ではこれらの教育と研修が鍵を握っているといえよう。

● 3-2 ● 心理面接によるアセスメント

1 心理面接によるアセスメントについて

面接によるアセスメントについて，実践的に次のように考える。①クライエントはなんらかの問題を抱えているが，問題を読む―問題を解くという過程にいきづまっている。②アセスメント面接は面接者とクライエントが共同で問題を読み直し，そこから解き方の指針を得るという目的をもつ。③クライエントは自らの問題を体験し，表現すると同時に，問題に関連する心理社会的事象を観察し，報告する。④面接者はそうしたクライエントと関わることで直接的に観察すると同時に，クライエントの内省，観察による情報を得る。⑤問題の読み直しの作業の中に，問題に関連する現象が現れたり，作業そのものが妨害されるような問題が生じ，なんらかの対応が必要となる局面もある。

以下，対象者をクライエントと表現するが，なんらかの問題をかかえて来談・来院した人物を指す。他の人物の行動や症状を問題とみなしている場合でも，その問題に困って，その相談に来た者をクライエントとして考えることにする。

2 アセスメント面接の進め方

1 場の設定

最初の出合いの場は，問題解決に向けて問題を理解し合い，その後の援助・治療関係の準備を行うものであるという目的にふさわしいものとなるように配慮する。まず，双方が話し合いに十分に集中できるように，一定の時間が確保され，ほどよい物理的条件が備わっていなければならない。

必要な時間としては，生理的条件や慣習から1時間くらいが一般的であろうが，ケースによってはもっと時間を要する事態が生じることもあるので，面接者の側には多少のゆとりが必要であろう（このゆとりの時間があると，かえって面接者は時間のやりくりなどを気にせずに当のクライエントとの面接に集中でき，予定通りに終えることもできる)。もちろん，クライエントにはあらかじめ時間を伝えておき，その時間内に面接を終えることを原則とする。この原則を心がけておくと，その通りにいかない時の意味が考えやすい（予定時間内に目的が達成されない場合には，説明して了解を得て，改めて面接の機会を設けてもよい)。

場の一般的な物理的条件としては，くつろげて安心でき，話し合いが妨害されないものでなくてはならない。そのためには，静かで，面接室の外部からの物理的刺激が少なく，プライベートな会話が外部にもれないことが必要である。また，室内は，ほどよく居心地のよいいす，不快でない装飾や物の配列なども配慮されてよいであろう。こうした一般的な配慮が，施設によっては困難な場合もあるかもしれないが，そのことをよく理解しておいて，配慮できない点がクライエントに及ぼす影響を考慮しておけばよい。もっとも，一般的な配慮，たとえば静かで外部からの刺激が少ないことが，かえって，無気味な密室のような感じを強めたり，面接者の存在を妙に際立たせることになって，クライエントの不安を高めることもある。こうした場合は，くつろげて安心できる場のあり方がクライエントの問題と微妙に絡んでいることもあるので，場の物理的設定に過度にこだわる必要はなく，可能なかぎり一般的な配慮を心がけつつ，そうした配慮に対する反応を理解するくらいのつもりでいるとよいであろう。

場を構成するものとして面接者の存在も大きな影響をもつ。あいさつ程度の通常の会話を一言，二言かわしてもよいが，はっきりと面接の目的，そこでの面接者の役割を伝えたうえで，それにふさわしい態度，雰囲気，身なり，言葉づかいで，まずは受容的，共感的に接することを心がける。

2　主訴あるいは問題を聞く

「相談にみえた理由を聞かせてください」「どんなことにお困りなのでしょうか」などと，クライエントが自由に問題を表現できるように問いかける。電話や，申し込み表の自己記載などで面接者にあらかじめ情報が伝わっている場合でも，面接者は情報として知りえたものを伝え，確認しつつ，改めて主訴や問題を尋ねる。

さまざまな場面や対象にまつわる不安や緊張，いらいら，抑うつ気分，無力感といった不快な情緒や，動悸，赤面といった苦痛な心身反応，さらには不登校，過食といった行動上の問題など，いろいろなことが訴えられる。面接者の中に，それまでの経験や学習によって蓄積された，「主訴・問題——それらに固有の心理的諸問題」に関する知識・情報体系があるかぎり，その中の関連するものをクライエント理解の準拠枠として援用することは避けられないが（それを「専門性」というのであるが），あくまでクライエントの訴えにそって，問題を理解することを心がける。訴えに耳を傾けながら，本人にとって何がどう苦痛なのか，クライエントの主観的世界における固有の悩み方や悩まされ方を理解し，共感する。たとえば，赤面恐怖として記述できるものであっても，その悩み方はいろいろである。自分の意に反して赤面するというコントロールできない苦痛はかなり共通するものであっても，ある者は，赤面を自己の性格的弱さを表すものとして，またある者は自己の性的関心のうごめきを表すものとして，他者によって受け取られる不安を訴えるかもしれない。その不安を，他者に映る自己像についての不安として一般化して理解することもできるが，その個人的な悩み方や悩まされ方の内容こそ理解しなくてはならないし，それこそ，当のクライエントの赤面恐怖に関わることになるのである。

3　主訴あるいは問題の周辺について理解する

問題およびその悩み方についての理解がひとまずなされると，解決の手がかりを得るために問題をいろいろな角度から読み直すことが必要となってくる。しかしその前に，問題に対するクライエントの取り組み方を理解することも忘れてはならない。一般に，問題が発生してつらさや苦痛が体験されると，私たちは意識的，前意識的になんらかの理由などを想定し，それに導かれて解決行動を図るものである。まず間違いなく，クライエントの体験領域の中心には，つらさや苦痛と，それをなんとかしようとする意図がもっとも切実なものとしてあり，そこでクライエントはなんらかの解決行動を試みている。それはある面では建設的なものであり，解決をになう主体の基本的な働きであるので，面接者はそこにまず注目し，問題に対するクライエントの説明を聞き，本人なりにどう対処しているかを尋ねる。

しかしいうまでもなくクライエントは，問題の読み方と解き方の不適切さゆえに問題や症状が持続したりこじれたりしていて，援助を求めているのである。そこで改めて，問題を読み直す作業として，その発生や持続などに関する要因が検討されることになる。必要な資料の具体的細目は他書にゆずるとして，ここではそのポイントを述べる。

①現在の心理社会的状況――援助を求めた直接のきっかけは何か。症状や問題のために現在どのような困難が生じていて，それにどう対処しているか（できずにいるか）。適応的な生活領域はどれくらいあるか。

②問題の発生に関する心理社会的要因――いつから，何をきっかけにしてそうした症状や問題が発生したか。きっかけとなる外的出来事は何か。クライエントはそれをどう受け止め，反応したのか。問題の発生に対して環境はどのように対処したのか。それらの点であまりにも不適切なものがあれば，クライエントのそれ以前のあり方や，環境との関係などについても尋ねる（生育歴）。

③発生後の軽快・増悪に関する心理社会的要因――問題の発生によって二次的にどのような困難が生じたか。その困難に対してどう反応したか。環境からの反応は。軽快あるいは増悪に関するきっかけは。いかなる援助を求め，どう体験したか。

④生育歴と人格形成――症状や問題のきっかけとなった外的出来事がなぜ本人にとって重大であったのか，なぜ不適応をもたらしたのかという点を生育歴における人格発達との関連で理解していく。症状や問題が発生した背後に，すでに特徴的な人格発達上の問題が認められることがある。

⑤人格的特性など――クライエントの人となりや，対人的パターン，知的能力や運動能力などの特徴，趣味・興味，生きがいのあり方などを理解して，症状や問題に直接的，間接的に関与する要因や，顕在的，潜在的な適応能力を把握する。

情報収集となると，どうしてもクライエントは受け身的になりがちだが，面接者は共同で観察して情報を得るという姿勢を保ち，問いを発する際にもその問いや問いかけの背景・文脈が多少とも共有されるように心がけることが大切である。一方ではクライエントの話の流れを尊重し，その一方では必要な情報を得るという二重の態度を維持することになるが，いろいろな条件によってその比重が異なるであろう。１回の面接でなんらかの判断を下さなくてはならない場合，面接者と援助・治療担当者とが異なる場合などは，後者の態度が優先されることになるが，その場合でも，共同で観察することが心がけられるとよい。

資料としては，クライエントの内省，観察による情報がなによりも重要である。本人と共有されていない情報（たとえば周囲の者から伝えられた本人の問題や秘密に関する情報）に基づくアセスメント，およびそこから導かれる種々の援助・治療的判断は，その後の援助・治療過程において役立てることが困難となることもあるので，本人からの情報を大切にすることが必要である。しかし実際には，周囲の者から情報を得なくてはならない事態も生じる。その場合でも，そうならざるをえない理由を十分に考え，慎重でなくてはならないであろう。もしも，本人から情報を得ることができない理由が，他者に心を開くことができない，秘密に触れられたくない，などクライエントの重大な問題に関わっているようにみえる時には，それだけで十分な情報となり，一般に必要とされる情報を型通り得ることを控えることがあってもよい。緊急に本人についての情報が必要なものの，本人からは得られない時には，周囲の者から話を聞かざるをえないが，そうすることの意味や影響を考え，またそこで得られた情報の評価や取り扱いにも熟慮を必要とする。本人の知らないところで行う情報収集にはいっそうの配慮がいる。

ところで，私たちの援助の対象のかなりの部分はこれまで精神医学がその対象として扱ってきた。心理学的援助に関する知識，学問のある部分は，先行する精神医学に負っている。また私たちは，心理学的な立場からのアセスメントと援助を行う者であるにしろ，医療の場において従事している場合が多い。そうした点からすると，実用的にも社会的にも精神医学に無関心でいるわけにはいかない。もっとも精神医学と私たちの立場は，その対象領域や問題の捉え方，援助の方法において，共通性だけでなく明白な違いもあり，私たちは私たちに固有のものを大切にしなくてはならない。しかしいずれもが万能ではないかぎり，両者があい補うことも必要である。クライエントにとってはいずれの方法であれ，有益な必要な援助であればよいわけであろう。私たちは精神医学の緻密な診断学を系統的に学んでいるわけではないし，またかならずしも精神医学的診断によって私たちの援助内容が一義的に決定されるわけではないが，精神医学の基本的知識を援用することによって，クライエントにとって望ましい可能な援助は何か，心理学的援助の可能性や限界，危険性などをしっかりと見定めることも必要であろう。

精神医学的な診断では，症状（通常の心理からの隔たりや，診断者の了解や共感の及ぶ範囲からの隔たりの程度，現実検討機能の水準など），心理社会的な機能水準（適応水準），発病後の経過，治療への反応（長期的な経過，予後）などを基準にして，障害の重さが判断されている。この判断は絶対的なものではないが，特に医療の場において心理学的な援助をする場合には，ある程度ふまえておくことが必要であろう。

正　常　訴えや問題がきわめて一般的なもので，生活にほとんど支障がない場合や，一時的ストレス状況に応じた悩みで，ストレスの消失とともにすみやかに悩みが解消する場合などである。

神経症水準　主訴の輪郭がはっきりしていて，了解可能。治療への合理的意欲が十分維持されている。心理社会的機能はほぼ適応的水準にある。投薬などの医学的治療で症状水準の苦痛の軽減がみられることが多い。発病に関する問題がすでに解消されていて，症状のみが自動化している場合には，医学的治療で十分な改善にいたる。また，症状水準の医学的な軽減によって，心理的問題への「自己治癒力」が発現されやすくなり，治癒に向かうこともある。しかし治療の重要な部分は，心理学的援助によってなされるものといえよう。基本的には予後は良好とみなされている。

境界例水準　神経症水準と精神病水準の中間の病態と一般的にみなされている。主訴や問題は深刻でありながらも，合理的な治療意欲がみられなかったり，また，他覚的な問題が重大であるわりには，本人は意外に無関心であったり，さらにまた，主訴や問題が漠然としていて捉えにくかったりする場合もある。生活のさまざまな領域で不適応が認められ，それらの背後には人格そのものの歪みがあると考えられている。表出される感情や欲求は了解可能とされるが，それらは，快—不快，あるいは愛情希求—攻撃の両極の間を激しく深刻に揺れ動くことが特徴的で，しばしば行動化に走る。そうした激しい感情や欲求が治療者にも向けられるので，治療者も心理的な負荷が大きくなる。治療は曲折をたどり，心理士による援助のみでの治療は困難で，危険な場合も多い。精神医学的治療が確保され，心理士自身が医療チームやそれ以外の場（たとえばスーパービジョン）においてなんらかの形で支えられないかぎり，心理士が関与することには慎重でなくてはならない。もっともその名が示唆するように，一般的に，伝統的精神医学の診断，治療の枠にも収まりにくい。

精神病水準　社会生活全般に支障をきたすほどの特有の症状が認められる。最悪の状態では，現実検討力は破綻し，現実と非現実の境界や自他の区別さえも障害されている。したがって，症状を自ら合理的に訴えることも困難で，家族や関係者から治療が要請されることも多い。急性期の激しい症状が消失しても，慢性的症状が持続し，長期経過の中で健全な人格諸機能全般が衰退するものとみなされている（近年では，そうした症状の軽症化が指摘されている）。長期にわたって投薬などの医学的管理が必要とされている。もちろん医学的にはその原因として身体因が想定されているが，心理社会的な援助が治療のさまざまな局面で必要とされることが多い。特に最近では，彼らの心理社会的諸機能の回復あるいは育成を援助し，いかにして社会復帰を促進するかが課題のひとつとなっている。

4　共有された情報から援助・治療方針の合意へ

問題解決という目的のために，その問題を読み直し，解決の手がかりを得る共同作業が理想的に進めば，得られた情報が多少とも共有され，何をどうしたらいいかがおぼろげながらもクライエントに感じられるであろう。それらをいっそう明確にするために，面接者は，短期的，長期的に何をどうしたらいいかについて，専門家として一応の方針を提示し，合意の成立を図ることになる。

何をどうするかという方針の立て方については（それにいたるまでの訴えの聞き方，情報の取り方，理解の枠組みについてさえも），面接者の拠って立つ理論や技法によって異なるかもしれない。しかし初期アセスメントでは，問題の性質，問題の背景をできるだけいろいろな角度から理解して方針を立てることも心がけられる必要があろう。問題をありのまま捉え，しかもさまざまな理論を自在に援用して，方針を立てるというのが理想的かもしれないが，実際には，面接者なりの理解の枠組みに基づいて，情報をできるだけ総合的に判断し，面接者の中で（あるいは施設において）選択，援用しうる技法から妥当なところを選ぶことになる（もちろん，説明したうえで，他の援助・治療施設に紹介することもあってよい）。具体的には，①問題の発生・持続の背後にあって，しかもクライエントの生き方を貫くなんらかの「ストーリー」（土居，1977）の仮定，②病理水準の評価，③短期的・長期的な目標の設定とそれぞれに応じた技法の選択，などの点を方針として定めることを目指す。

3　面接場面で発生するいくつかの問題と対応

援助・治療方針の設定と合意にいたるまでの上述の過程は，いうまでもなく，一般的に期待されるものであり，それに参加できるクライエントを想定したものでもある。この過程が順調に進むこと自体，クライエントのあり方を示している。つまり，問題解決への合理的な動機がほどほどにあり，面接者と適切な関係や役割を保って必要な作業に参加しうるだけの健康さを有していると一般的には考えられる。そうした意味で，上述の過程がどのように進むか，進まないかはアセスメントとして非常に重要なものとなる。また，進まないという事態があれば，そのことが，ひとつの社会的場面での本人の問題の発生として考えることもでき，アセスメントと同時に対応も迫られよう。以下，上述の過程に適応できない事態についての理解と対応のいくつかに触れておきたい。

先にも述べたが，ほどよく設定された場においても，時にはクライエントが不安や緊張を示す場合がある。精神病的不安のために援助・治療施設であるという現実さえ理解できなくなっている場合から，場の特定の要素が不安になっている場合，慣れない場所への通常の不安までさまざまなものがある。対話どころではない場合は，それをひとつのアセスメントとして，早急に対応を図ることになろう。なんとか対話ができれば，その場での不安やそれにまつわる問題を話題にするとよい。場合によってはその不安が，クライエントが問題として感じていることに関係することがあり，その不安について話し合うことが，中心的な問題を取り上げることにもなる。一般的には，この段階で適応困難なクライエントは，問題が重大と考えてもよいかもしれない。型通りに情報を聴取する前に，目の前の直接観察される情報からなんらかの対応を迫られることが多くなる。もっとも十分に対話ができれば，むやみに不安を軽くしようとはせずに，その不安を汲みながら，一方で必要な情報収集を行い，不安の推移を観察しておくとよい。

面接場面に適応できないケースでは，家族などが同伴してくることが多い。そうした場合，医学的立場からはたとえ本人が患者とみなされるにしても，本人に来院・来談の意志がない（相対的に少ない）場合には，クライエントは，その本人の治療のために援助を求めてやってきた同伴者自身と考えてよいであろう。面接者は，ひとまずその同伴者に，何に困っているのか，患者とみなされる本人の問題をどうみているか，どう対応しているかなどの点を尋ねることになろう。同伴者の気持ちを汲みながらも全面的に同調することは控え，ついで，同伴者の話に対する，患者とみなされる本人の反応を理解することを心がける。

つまり，中立的に接するのである。しばしば同伴者と「患者」との間にくい違いがみられるが，それは，「患者」の病識の欠如によるだけでなく，「患者」のかかえる問題に対する捉え方，解決策への期待のあり方などについての双方のくい違い，不安や心配の内容の違い，双方の情緒的関係のもつれなどと関係することが多い。それらが明らかになれば，初期アセスメントとして十分かもしれない。

こうしたことさえ困難な重篤例では，まず医療機関に来院する場合が多く，直接，医師などが対応するので，私たち心理士がアセスメントを行う機会は少ないかもしれないが，登校拒否や家庭内で問題を起こしているケース，夫婦関係に問題をかかえているケースなども，周囲の関係者自身が困って，本人を連れて（あるいは単独で）来談する場合がある。そうしたケースでは，面接の場に同席していても，その本人からいきなり情報を得ることは難しいことがある。時には面接者の前で本人と家族などの同伴者との間で対立が起こったり，その延長で面接者にも本人から否定的態度が向けられることさえある。本人が症状や問題行動を示していても，ここでもやはり，相談に率先してやってきた同伴者をクライエントとして捉え，まずその訴えに耳を傾ける。それから徐々に，双方に対して中立的に話を聞くことになろう。クライエントである同伴者に対しては，本人の何を問題としているか，それをどのように理解して，困っているのかという点などを聞き，問題をもつとされる本人に対しては，問題とされていることがらについての本人の理解や，本人自身が問題としている点，悩み（来談・来院それ自体への不満なども含まれよう）を聞いていく。その際，双方の間の力関係を判断して，いずれかを制止したり，あるいは力添えしたりしてもよいかもしれない（そうするほうが中立的であろう）。これらの作業はかなり骨の折れるものだが，もしもうまくいくと，同伴者が問題としていることと本人が問題としていることとの違いや，同伴者なりの「本人のための」対応が本人のためにはなっていないことなどが，多少とも明らかになる。それは，その後の援助・治療を，家族なども含めてやっていくかどうかを判断する重要な情報となる。

以上とは異なり，訴えや問題をはっきりと自覚して来談・来院し，自発的に情報が提供されるケースでも，必要な情報が十分には得られない場合や，情報収集に慎重にならなくてはならない場合がある。たとえば，特定の情報が語られすぎたり，問題の核心に触れるようなあまりにも「深い」話や秘密が語られる時など，その意味を面接者は理解しつつも，時には情報を得ることを控えることがあってもよい。特に「深い」話や秘密については，くわしく聞きたくなるものだが，収拾がつかなくなる危険性もあるので，初期アセスメントではそのあたりを判断するだけで十分であろう。また，ある特定の話題になるとクライエントが言いよどむということもあるが，それも，無理に聞き出そうとはせずに，問題のありかを示唆するものとして理解しておけばよいであろう。こうした情報の内容だけでなく，提供の仕方も，情報収集過程を特徴づけることがある。たとえば，面接者の意を汲んでよどみなく整った情報を提供するケースや，受け身的役割に徹して，質問に答えるという関わりしかもてないケースがある。この点も，クライエントのあり方として理解しておけば十分であろうが，場合によっては，そうした関係の固定化を防ぐために，自由に話してよい場であることを説明してもよいであろう。

このほかにも面接過程で生じる問題は実にさまざまなものがあるであろうが，紙幅の都合でいくつかを述べるにとどまった。またアセスメント面接そのものについてももっと論じなくてはならないことがらがたくさんありそうである。それらは文献で補っていただきたいが，筆者としては，アセスメント面接というものを，問題解決のためにひとまず問題を読み直すという目的のもとにクライエントと面接者が関わり合い，共同でその作業を行うものという実践的観点から論じた。

● 3-3 ● 心理テストによるアセスメント

1　はじめに

今日，心理テストによるアセスメントが実質的に重要視されている臨床の場としては，非行少年の矯正における鑑別診断や裁判における精神鑑定等の司法領域と，もうひとつは精神科病院や相談室における心理臨床実践の場を挙げることができる。しかし，この両領域においては，同じ心理テストでもその目的に関する重点の置き方はかなり異なっている。すなわち，前者の領域においては，より厳密な「診断」が重要視されているのに対し，後者ではむしろ，心理療法的な可能性の発見という目標が目指されている。これらの目標はともに，心理テストによるアセスメントがもつ意義の，重要な両側面であるけれども，この節ではとくに，後者の意義に即して述べていくことにしたい。

2　心理テスト実施をめぐる諸問題

1　心理テスト実施の意味

相手についての臨床的理解というものは，まさしく二人称的，共感的な「個別的理解」でなければならないが，本人とのカウンセリングや家族面接でさしあたり話されるのは，当の主訴や現病歴や家族関係等，本人や家族が今，直面している問題が主であって，この意味で情報は部分的であり，臨床家にとって不明な点も少なくない。この段階で，面接による接近とは違った角度から，面接では把握しにくい情報や相手のより全体的，構造的な理解が得られることは有益である。このような通路は，「面接エネルギーの経済学」という視点からも重要な意味をもつ。

こうしてさしあたり，臨床的な出会いの初期の段階で，心理テストが実施され，心理診断や臨床的人間理解，その後への見通しや処遇方針が得られることになるが，このほか，状態像が変化した時や退院や終結を前にした時などなんらかの節目の段階や，あるいは心理臨床家がそのような節目を意図的に導入したい時など，そのつど必要と判断される各段階で，心理テストが行われうる。

しかし，心理テストは，心理臨床家存立の根幹に関わるようなきわめて重大で微妙な問題を含んでいるので，その実施にあたっては，次のような留意点に十分注意し，決して安易に行うようなことがあってはならない。

2　心理臨床の基本的態度

まず，あらためて留意しておかなくてはならないことは，臨床の仕事に従事することの基本的態度についてである。というのは，この臨床における相手というのは，クライエント，つまり「お客さん」なのであって，お金を払って専門的援助を求めている当の相手のために，心理検査も実施されているということである。テストをするのは，あくまでも相手自身の利益，福祉のためであって，決してこちら側の利益や都合のためではないのである。これが臨床の原則であり，入社試験や入学試験のテスト等々の，もっぱら検査を実施する側の利便のためになされるものとは根本的に異なっている。このことは，病院臨床の場で主治医から，心理臨床家の専門性として，心理テストによるアセスメントを依頼されるような場合であっても，変わりはない。

3　実施目的の明確化

氏原（1974）は，「心理テストは，実施した方がしない場合よりも被験者の役に立つという見通しがない限り，やるべきではない。テストをする以上それなりの目的がなければ，百害あって一利なしである。何のためにするのか，そしてその目的に応えるだけの用意があるのかをたえず吟味しなくてはならない」と述べているが，この点こそがまず確認されねばならない。

臨床家はクライエントまたは患者の処遇をすすめるにあたって，さまざまな不明な点や疑問点に遭遇することになるが，それぞれの疑問に応じて，この心理テスト実施の目的やどういう種類のものを行うのかが決まってくる。たとえば，基本的に知能の程度が問題になるのであれば，知能検査をせねばならないし，性格特徴や病態水準や疾患名診断や基本的存在様式等が不明であって，それを明らかにすることが本人の役に立つと考えられるならば，それを明らかにしうる適切なテストを行う必要がある。

その際，検査結果はその後の処遇に生かされるべきもの，つまり，だからどうしたらいいのかが示唆されるものでなければならない。それゆえ，知能の問題にしても単に知能指数が分かるだけではなく，その構造的特徴が明示されなければならないし，病理的問題に関しても一般的にいって，障害や欠陥についての指摘だけではなく，なお失われていない機能や健康な側面についても明らかにされねばならない。

4　心理臨床家の主体性

以上の目的に沿って，具体的にどのテストをするかは心理臨床家が主体的に判断すべきことである。それは，心理臨床家が医師に処方すべき薬剤を指定して依頼したりすることが普通はないのと同じように，医師の専門性と同様の心理臨床家の専門性として保障されねばならないことがらである。

もちろん，それは原則であって，特定のテストについての所見が求められることもありうる。その場合でも，なぜそれが必要なのかについて十分に話し合い，合意することが前提であって，無条件に心理臨床家が医師や経営者の単なる「下請け」になることは，厳に戒められなければならない。

5　職業倫理

以上の心理臨床家の専門性ともあいまって，その責任，ないしは倫理性の問題も忘れてはならない。たとえば，次のようなことである。まず，実施しようとするテストがそもそも何をねらいとして，どこに焦点を当てて，どのように構成されているのか，得られる結果はどのような基準や枠組みの中でいかなる意味をもつのか，といったことについて実施者は知悉し，やり方についても十分習熟していなければならない。あるいは，心理テストの限界や問題点，被検者の心理や応答傾向特性等々についても理解し，それにもかかわらずなお，得られる結果が正確に十分活用しうるという見通しがある場合に限って，正規の検査状況を設定して実施するのでなければならない。また，被検者のプライバシー保護と守秘義務に関わる諸側面も重要である。さらに，テストというのは多かれ少なかれ，相手を客体化し侵襲するものであるから，その影響について十分配慮する必要がある。実施に当たっては，かならずよく説明をした上で被検者の同意を得ねばならず，決して無理強いなどをしてはならない。

3　心理テストの種類

種々の心理テストは，基準によってさまざまに分類されうるが，ごく一般的には測定の目標と方法によって，次のように整理されることが多い。

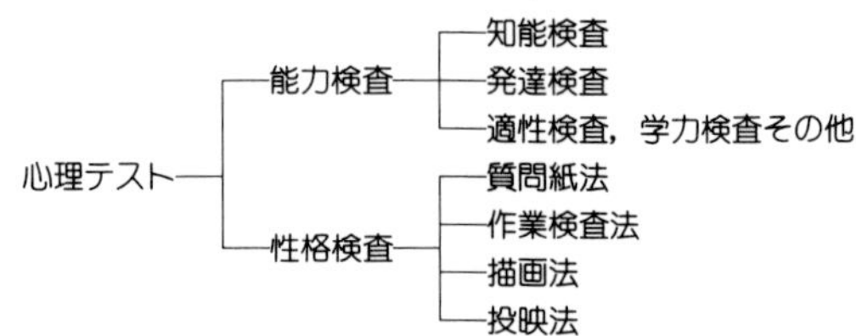

以上の主要なものについて，簡単に説明していこう。

1　知能検査

知能検査は，実施の仕方として集団式と個別式に分けることができるが，集団式には現在，百数十種類のものがあり，個別式の場合には，単に知能の程度だけではなく，知能の構造や質的特徴について，さらにまたその投映的側面に注目することにより，性格や自我機能の特徴についても明らかにされうる。伊藤（1976）が述べるように，知能検査は「その人の発達上のつまずきや自己実現の阻害条件を正しく発見し，その人が外界に主体的にはたらきかけ，自己変革する過程を支援する知見を提供するためにある」のである。

(1)ビネ式知能検査　実用的な知能検査はフランスのビネ (Binet, A.) によって創始された（1911）が，これは「一般的知能」を「精神年齢」によって表されるようになっていた。アメリカのターマン（Terman, L. M.）はこれを改訂し，結果を「知能指数」によって表示できるようにした。この方法にしたがって，わが国で作成されたものとしては「実際的個別的知能測定法」(鈴木・ビネ法),「田中・ビネ式知能検査法」(田中・ビネ法）が代表的である。

(2)ウエクスラー式知能検査　ウエクスラー（Wechsler, D.）は，知能とは純粋に知的な因子だけではなく，動機や誘因など性格的因子も関与している総合的な能力だと考え，合計11の下位検査からなる動作性と言語性の検査によって，知能を構造的に把握する方法を作成した。これにより知能水準だけではなく，さまざまな臨床的症候群との対応の検討が可能となった。わが国では今日，WPPSI—Ⅲ（幼児用），WISC—Ⅳ（児童用改定版），WAIS—Ⅳ（成人用改訂版）が用いられている。

2　質問紙法

パーソナリティを評価するための質問紙法（questionnaire）は，人格目録法（personality inventory）ともいうが，これは自己報告によって人格特性の構造を測定する技法であり，臨床診断の補助手段として広く用いられている。主観的な自己報告によるだけに，意識的，無意識的に歪曲されやすいので，それを克服するための種々の工夫がなされている。

今日，わが国でよく用いられているものとしては，MMPI（Minnesota Multiphasic Personality Inventory），矢田部・ギルフォード性格検査，NEO-PI-R，EPPS，MPI，TEG等がある。

3　投 映 法

(1)投映法とは　投映法（投影法：projective technique）についての定義は，斎藤ら（1979）のまとめが意を尽くしているので，以下それに即して紹介しておこう。すなわち投映法とは，新奇で構造化されていない多義的な刺激と，自由度の高い反応を求める教示とが作り出す全体としてあいまいな刺激状況を提供する方法である。ここで被検者は，客観テストなど明確な刺激状況で限定された答え方をする場合のように，特定の人格機能を頼りに正解を選択するわけにはいかず，人格の全機能を動員して内的資質を盛り込んだ個性的作品を生み出さざるをえなくなり，「私的世界」が明らかにされる。質問紙法のように反応の意図的歪曲が起こりにくいこと，自己内省力や知的，動作的な課題解決の特定能力を必要としないこと，時間制限がなく被検者自身のペースでじっくり取り組める個人テスト，すなわち「特殊な面接法」であること，などにその特徴がある。それゆえ，実施者との人間関係が重要な要因となる。また，被検者の私的反応は，標準検査のように集団基準に照らして位置づけられるよりは，「解釈」を通じて個人的な特徴が読み取られるため，実施者の面接能力とテスト法の熟練度や背景理論，反応分析や解釈法の習熟度が重要となる。反応は被検者の人格の諸特徴が複合的に濃縮された資料とみられるから，その読み取りには鋭い感受性と理論的枠組み，中でも精神分析的人格理論と現象学的接近法へのなじみ込みが必要である。

(2)投映法の分類　投映法をはじめて本格的に理論化したフランク（Frank, L. K., 1939）は，投映法を「反応の仕方」によって（安香，1992），次の5種類に分けている。

①構成法――ロールシャッハ法，雲模様検査，フィンガー・ペインティング等，未分化で未構造的な事態の中で，ある構造ないしは形態を構成させるもの。

②構築法――モザイク・テスト，色彩ピラミッド検査などのように，与えられた材料である組み立てを行わせるもの。

③解釈法――主題統覚検査 TAT，その児童用 CAT，文章完成法 SCT，PF スタディ等，多義的な解釈が可能な刺激に対して，その人なりの意味づけを求めるもの。

④浄化法――自由画，心理劇，人形遊び等，自由な表現を通して情緒的発散が行われるもの。

⑤屈折法――筆跡，しぐさ，言い間違い，誤字脱字等の失策行為等に被検者の内面的特質が表されるもの。

投映法の種類としては以上のほかにも，ソンディ・テストやさまざまな描画法（たとえば，人物描画法 DAP，樹木画 Baum Test，家・人物・樹画 HTP，家族画法 DFA，動的家族画 KFD，風景構成法，スクイグル等々）などを挙げておかなければならない。

(3)投映法の治療的意味　上に挙げたフィンガー・ペインティングや心理劇，人形遊びや描画法等において明らかなように，投映法は診断的意味と同時に治療的意味を含んでいる。かつて「世界テスト」と呼ばれていた投映法は，今日では「箱庭療法」という純然たる治療技法になっている（安香，1992）のである。ロールシャッハ法やTATに関しても，その治療的側面について多くの検討がなされている。こうして臨床家が相手との関係の中で「特殊な面接」として，全体的構造としての人格を内面から理解し，同時に治療技法として用いうるという特徴が，投映法に心理臨床実践における特別の位置を与えている。ここに，はじめに「心理臨床家存立の根幹に関わる」専門性の問題として述べたことがらが，もっとも大きくクローズアップされてくることになるのである。

4　テスト・バッテリーと結果の総合

以上みてきたように，心理テストにはいろいろな種類があり，得られる知見も対象となる人格機能の側面や水準に応じてさまざまである。しかし，知能検査においても性格的側面の検討もでき，また投映法においても知的側面の検討ができるなど，たがいの関連もある。そこで複数の検査を有効に組み合わせれば，より全体的，統一的な人格理解を図ることが可能となる。この組み合わせを「テスト・バッテリー」というが，その内容は①検査目的，②検査対象，③検査者の習熟度，④時間や料金などの現実的条件等によって決まってくる。当然，目的によって異なるが，一般的な用い方としては，検査者が自信をもって使えるもので総体的な自我の構造と機能，私的世界を捉える投映法，たとえばロールシャッハ法やTATを中心にして，SCTや質問紙，描画法などの中から2，3を組み合わせることが多い。

最後に，こうした組み合わせによって得られたさまざまな知見は，検査以外から知られた情報ともつきあわせて，総合的な人格像としてまとめられ，記録または報告されることになる。その際，検査者は各検査を有機的に関連づける包括的な理論をもつ必要があり，それに基づいて，各検査による知見を単にモザイク的に並列するだけではなく，首尾一貫した全体的構造として統合的にいきいきと描き出さねばならない。

● 3-4 ● 行動観察によるアセスメント

1　行動観察とは

行動観察とは，文字通り，クライエントの行動を観察することである。したがって，クライエントの行動をセラピストが観察する機会がある場合，そのすべてが行動観察の場面であるといえる。その中には，心理面接の場面や，心理テストの場面も入るだろう。それどころか，そうした場面では，対話の内容や，テストへの反応内容だけではなく，クライエントの行動観察がアセスメントに重要な役割を果たすことにもなる。したがって，本書の他の箇所で述べられる面接や心理テストによるアセスメントにおいても，行動観察について触れられるかもしれないが，ここではアセスメントの一方法として，独立して述べることにする。

ところで，ここでいう行動とは具体的には何のことを指すのだろうか。行動という言葉は日常語であり，誰にでもなじみのある言葉である。しかし改めて，行動とは何か，と考えてみると，ふだんなにげなく使っている言葉なのに，あるいはそれだからか，定義が難しいことに気づく。どこまでを行動の範囲内に含めればいいのか明確ではないのである。こうした不明確さは日常語だからである，という説明も有りうるだろう。われわれは日常，言葉を定義してから使うことはない，というわけである。その反対に，専門用語といわれるものは，明確な概念に基づいて使用されることになる。その正否は今は問わないとしても，行動のような日常語が専門用語としても使用された場合，その定義は難しい。まして臨床場面で実際に用いられる言葉は，その専門用語としての定義が，臨床場面での使用法とあまり離れないようにしたい。かといって，ここで定義にこだわっていては，先に進まない。そこで話を進めるために，行動観察という場合によく用いられる定義を仮に述べておこう。つまり「行動」とは「非言語的」なことである，というものである。この定義から明らかなように，行動観察では，行動を言葉と対比させて用いるわけである。

2　非言語

ここまで，行動観察とは人の非言語的要素を観察することである，と仮定した。もちろん観察とはいっても，何の働きかけもせずにクライエントを観察だけする，というようなことは実際の臨床では普通生じない。対話と並行して，あるいは対話しながら観察するわけである。そしてその際，非言語的要素を観察するのであるが，具体的には何を指すのだろうか。菅野純は一般的な行動の諸側面として，以下のようなものを挙げている。

①時間的行動——予約時間，打ち切り時間，反応時間など

②空間的行動——距離，座る位置など

③身体的行動——視線，表情，姿勢，身ぶりなど

④外　観——体型，服装，髪型，化粧など

⑤音　声——声の大きさ，音調，話すスピードなど

セラピストは対話と並行して，あるいは対話しながら，こうした点に注目して観察し，クライエントについての印象をまとめ上げていくことになる。

ところでここで大切なことを述べておこう。それは先ほど述べた，行動と言葉の対比，ということと矛盾するようだが，言葉にも非言語的要素がある，ということである。菅野のいう⑤の音声がそれに当たる。これは考えるまでもなく当然のことである。言葉が発せられる時の，声の大きさ，語調，あるいはアクセントやイントネーション，そしてまたどこで話が区切られるか——句読点——などは，言語そのものというよりは，言語の中に含まれる非言語要素である。たとえば，まったく抑揚のない，本の棒読みのような発語でさえ，それ自体がひとつの非言語的要素である。したがって先ほどの行動と言葉の対比というのは，実は，行動と話される言葉の内容の対比，である。このように言語自体の構造を追求していくことは，言語学の領域に踏み込むことにもなるが，余

裕があれば言語学の文献に目を通すのは，臨床にも有益だと思う。

さて，実際に日常の臨床でセラピストがクライエントと対話する場合，クライエントの言葉の内容と非言語要素とを厳密に区分けして聞いてはいない。両者は不可分であり，われわれは同時進行的にクライエントの言葉を聞いている。ただ，区分けしておくのはアセスメントにおいて重要なのである。たとえば，悲しい内容の話なのに，非言語的要素がそれにふさわしくない場合や，内容がありふれたことなのに，非言語的要素が際立っている場合など，両者の一致，不一致は重要な情報をもたらす。またさらに両者を区分けしておくことは，セラピストの発言のあり方を考える上でも大切である。セラピストが，自分の発言の与える効果や影響について考えを練っていくために必要な，思考実験になる。本来はひとつのものを分けて考えてみるのは，思考のための枠組みである。

3　行動観察の流れ

行動観察の始まりは，クライエントとセラピストの最初の接触からである。そして終了は，その時の別れの時である。ある回の面接では，セラピストがクライエントを見た瞬間が始まりであり，時間が来てクライエントが視界から去った時が終了である。心理療法が継続された場合には，このサイクルが繰り返されることになる。セラピストは，始まりから終了まで，行動観察の流れの中にいる。流れが絶えず一定していることはない。川の流れのごとく波がある。つまり観察，傾聴が主になり，発言が従になることも，あるいはその逆になることもある。ただその流れの中にいることには変わりはない。その時間中，絶えず行動観察のセンサーが働いているのである。最初の接触が電話による問い合わせの場合もあるだろうし，直接出会うこともあるだろう。電話の場合はクライエントが見えないぶん，観察の情報源が少ない。しかしかえってそのことが，行動観察の技術をみがくチャンスでもある。語られる内容だけではなく，口調，語調，アクセント，感情などからできるだけ情報を得ようとすることが大切である。この場合，観察は，視覚によるものではなく聴覚によるものとなる。そしてこのことは電話だけに限られるものではなく，面接の場面でもそうであって，要は行動観察というのは，五感を十分に働かせることなのである。五感が行動観察のセンサーである。

4 全身が目になる

以上のような流れに乗りながら観察をする上で，わたくしがいつも行っているひとつの姿勢，態度のようなものを述べてみる。それは，あたかも自分の「全身が目になったようになる」，ということである。ヒントになったのは神田橋條治の「耳になる」技法である。神田橋は，『精神科診断面接のコツ』の中で，「耳になる」という方法について次のように述べている。「自分の全身が，巨大な耳になったと空想する。そして，自分の両眼と口とを含む領域が穴になっていて，話し手の言葉がその穴へ流入してくるというイメージをつくるのである」。こうしたイメージを保ちながら話し手に対面していると，聞き取りの量が格段に増加する，という。耳になるのは話を聞くためである。したがって先述の電話による行動観察では，この技法が用いられる。では見る時にはどうすればいいだろうか？　むろん，臨床の実際場面では，見るのも聞くのも同時進行である。ただ観察に限って考えてみると，耳ではなく目になるといいのではないか，と思われた。しかし目になるというのは，目になるというイメージをもつ，ということではない。そこが耳になる技法と異なる。イメージではなく，視覚の態度とでもいうべきものである。たとえば，われわれが椅子に座っている自然な姿勢には，さまざまな姿勢がありうる。深く腰をかけてゆったりとした姿勢や，浅く腰かけて背筋を伸ばした姿勢，などさまざまである。ところでわれわれが人やものごとに目を凝らす時，われわれの身体は，自然と心もち前向きになってはいないだろうか。そしてその姿勢の時に，われわれの視野に入ってくるのは，外界だけである。自分の身体で視野に入ってくるのは，鼻の先端部分だけである。まして人を出迎えるためや，挨拶のために立ったままの姿勢では，なおさらそうである。つまりその時自分の視野というスクリーンは，自分以外のクライエントを含めた外界を写すものになっている。そうした姿勢で観察していると，わたくし自身がスクリーンになり，クライエントのすべてを映し出すことになる。そしてクライエントの微妙な表現にも，五感のセンサーが働きやすくなるようである。

5　行動の相互作用と相互の行動観察

対人場面における行動は，相互作用である。したがってクライエントの行動も，セラピストの行動による影響のためかもしれない，と考えてみることは有益である。言葉を交わす前のクライエントの態度や様子も，セラピストを見たことによる影響があるのかもしれないのである。まして対話中の行動は，セラピストの言葉に反応した結果である可能性も高くなる。さらに，クライエントもセラピストを行動観察しているのであり，その結果がクライエントの行動に現れている可能性もある。したがって今のこの場のクライエントの行動は，今のこの場がもたらしたものではないか，と考えることは，行動観察の精度を高めることになる。

4

臨床心理学的援助の方法

●　4-1　●　個人へのアプローチ（ごく一般的・代表的なもの）

●4-1-1●　環境調整・ガイダンス

1　不適応の構造と援助観

われわれが日常生活の中で体験する悩みや不適応状態は，単純化すれば，欲求不満の構造で考えることができる。個人のある欲求（願望）がなんらかの要因（障壁）でその充足もしくは達成を阻止されている時の情緒的反応が，悩むという行動である。その欲求が当人の中で価値比重が大きい場合ほど，悩みは深刻で切実なものとなろう。欲求充足の障壁となる要因には，まず物理的・環境的条件，身体的条件，人間関係や社会生活上の慣習，子どもの場合には大人による禁止や非承認などが考えられる。いずれも悩む当人からすれば，外在（客体）化された障害といえる。また，価値観，偏見などといった認知・態度の準拠枠特性，葛藤，さらにそれらの背後にあるパーソナリティ発達上の問題など，ある意味では，当人の体験様式もしくは行動システム自体に内在する障害が結果的に欲求の充足を妨げることになっている場合も多い。

したがって，これら欲求充足の障壁となっている要因をもし除去したり，回避，修正することができるならば，悩みや不適応は解消・改善されるはずである。実際，われわれはそのように期待し，独力で，あるいは援助者を得て問題に取り組もうとする。また，カウンセリングあるいは心理療法などに総称される心の専門家による臨床心理学的援助も，アプローチの仕方こそさまざまであるが，この点においては基本的に共通している。

以下に述べる環境調整やガイダンスと呼ばれる援助方法は，こうした援助観をより直接的に実践するものであり，クライエントの不適応の構造（病理）が比較的単純（軽度）な場合に用いられる。換言すれば，当面の問題の解消や軽減に主眼を置き，それまで適応してきた能力の回復と維持を可能にするための援助であり，クライエントの人格構造に深く触れたり，その変容（発達や成長）を特に期待するものではない。しかし，現実には，各種相談機関でのカウンセリングにおいて，それらは単独の援助活動として実践されるだけでなく，他の援助技法とも大なり小なり並行して用いられることが多い。その意味では，カウンセリングの技法としてもっとも一般的なものといえよう。

2 環境調整（environmental manipulation）

悩みや問題行動が当人を取り巻く環境（社会的生活条件）に起因もしくは強く影響されている時，ストレスや心理的負担を除いたり軽減する方向に環境を変化させることで，適応の回復を援助する方法をいう。特に，子どもであったり，自分の力でそうした環境に働きかけ，操作することが困難な自我の弱いクライエントの場合には効果的である。具体的には環境の物理的転換（転地，休学・転校，入院など），日常の人間関係の改善を目的とした指導・介入などが考えられるが，心理学的援助としては後者のものが一般的であろう。

子どもの場合，通常，当人に対する援助（遊戯療法など）とともに親の面接を行うことが多いし，場合によっては，親だけの面接ですまされることもある。また，学校生活に関わる問題となれば，教師をはじめ学校関係者との連携も必要となる。いずれも子どもの問題の消長に関わる環境変数としてもっとも重要な意味をもつ人物（significant others）であり，これらの人びとが子どもの問題もしくは症状の機序や意味を正しく理解し，自身の態度変容を含めて，問題改善の戦力になることを期待しての働きかけである。

もっとも，たとえ親や教師の側に改善すべき点があっても，それぞれに相応の理由や事情があってのことである。単に非難したり，否定するだけで性急に改善を求めても協力は得にくい。そうした事情をよく理解し，むしろ，この間の彼らなりの努力を肯定的に受け止めつつ，なおその問題性について彼らが納得し，改善を実行しうるような指導・助言を心がける必要がある。

3 ガイダンス（guidance）

悩みや不適応の成り立ちには，外的環境条件だけでなく，上述したとおり，クライエント自身の日常生活における認知・態度の歪みや生活技術の未熟さなどが関係していることが多い。また，物理的・身体的条件などは，直接的にそれらの問題を除去したり変化させることが事実上不可能である場合が少なくない。少なくとも，カウンセリングなどの心理的援助にそれを期待するのは無理である。むしろ，そうした障害や困難に対する当人の感情や認知・態度を変えたり，より適切な対処法を指導するなどして適応増進への援助を試みる方が現実的であろう。

ガイダンスとは，こうしたクライエント自身にアプローチする援助方法の1つであるが，ジョーンズ（Jones, A. J., 1963）はガイダンスを「個人が賢明な選択と適応をなすために与えられる援助」と定義し，「当人に代わって（援助者が）選択してやるのではなく，あくまでも当人の自己決定による選択ができるように助ける」ことにその意義を強調している。元来，アメリカにおいて青少年を対象とする職業指導の中で重視・発展してきた援助法であるが，わが国では学校の生徒指導や教育相談における児童・生徒の自己理解と自己コントロールの促進を図るための指導原理となっている。

カウンセリングとしてのガイダンスの内容や具体的技法は多様であるが，おもなものを挙げてみる。

(1)情報提供　クライエントの不安や悩みが情報不足や事実の誤解に基づくものであれば，正確な情報や解答を与えることで，問題解決が期待できる。また，問題の具体的解決に有効な社会資源や専門機関に関する情報，あるいは参考になりそうな図書等を紹介することもある。

(2)保　　証　クライエントの立場や気持ちを支持しつつ，問題（症状）の原因と意味，対処の方法などをよく説明してよけいな不安を取り除いたり，励ましたりすることで，二次的障害を防いだり，適応力を回復させる方法をいう。なお，身体症状についての不安が強い場合には，専門医の受診を勧めることも必要となる。

⑶指導・助言 自意識過剰，予期不安（失敗恐怖），劣等感，世間体へのこだわり，生活技術の未熟さなどがクライエントの問題の背後に強く働いている場合には，そうした当人の認知や態度の特性と問題（悩み）との関連性を明確にし，自己理解を促したり，現実吟味能力を高めるための指導や助言を行う。クライエントの認知や態度における歪みが改まることで，問題に対する具体的な対処方法が見出されたり，問題に取り組む意欲や勇気も沸いてくるかもしれない。そもそも問題が当人にとって問題でなくなることもありうる。

また，「どちらがよいか？」という選択をめぐって気持ちがあれこれ揺れ動く葛藤状態に対しては，いずれを選ぶにしても，その結果として起こりうるさまざまな事態を良悪両面について冷静に検討し，それぞれの場合の対処の仕方をあらかじめ見通すことを可能にすることが，クライエントの自己決定を促すのに効果的であろう。

⑷危機介入 ガイダンスの機能は，電話相談機関などで実践される危機介入（crisis intervention）の技法にも生かされている。危機とは，個人が日常生活の中で解決困難な問題に直面した時，「それまでうまくいっていた順応を崩壊させ，個人の対処資源を圧倒してしまう可能性のある脅威が存在する状態」（Korchin, J. S., 1976）をいう。この状態にある人は，激しい苦悩とともに，救助のためのいろいろな情報を求めながらもそれらを有効に使えず，自己拡散しやすい。危機状態にある人に対し，本人およびその周囲への物理的・心理的機動力（速さ，近さ，有能なスタッフ等）をもって対応し，当面の危機を回避させるとともに適応を推進させる援助方法が危機介入と呼ばれる。

スレイキュウ（Slaikeu, K. A., 1984）は電話による危機介入の方法を次のような段階に整理している。

①精神的接触――まず何よりも危機状態からくる不安・動揺を軽減し，安心して話せる状況を作りだす。混乱したクライエントの話に巻き込まれずに，受容的傾聴・共感的理解に努める。

②問題要因の検討――危機の打開策を立てる準備段階で，適切な質問を交えながら，問題の緊急度や関与している変数等を査定・分析する。

③打開策の探求――思い込み，先入観などから自由になって，さしあたり行うべきことと後回しにできることを整理しつつ，さまざまな可能性と現実とを調整しながら危機打開の実行案をつめていく。

④実行への援助――問題の緊急度，生命の危険度，他者・外的資源との接触や連携の可能性などに照らして，危機打開の具体的方法を指示・提供する。

⑤事後の吟味――危機介入の目的が達せられたかどうかを確かめ，次のステップにつなぐための準備をする。クライエントとの再接触の約束を取りつけ，もし危機脱出につまずいていれば，再度，②段階に立ち戻る。

以上，いずれの場合も，相談員の学識と経験に頼った人生相談や，単なるハウ・ツー的な情報提供とは違う臨床心理学的援助となるためには，カウンセラーは心の専門家としての安定感と，クライエントの自尊心を尊重する態度を一貫してもちつづける必要がある。自分がうけいれられ，大事にされているという実感があるからこそ，クライエントは内面を率直に語ることができるし，カウンセラーの助言や指導も実際に生かされるようになるのである。

●4-1-2●　精神分析療法

フロイトに始まる精神分析学の基本的立場は，人間のこころや行動を無意識概念の導入によって，できるだけ合理科学的に解明しようとしたところにある。フロイトは症例を通して，症状というものはふつうのやり方では体験されなくなってしまっているこころ，すなわち抑圧された無意識のこころの代用的表現であることを発見した（フロイト，1896；1926）。このことは，こころの内奥に抑えこまれ，忘れ去られている心的外傷体験を想起させるならば，結果的に症状が消失するという事実によって立証されたのであった。こうした見解は「今，ここ」のこころを無意識が規定しているという意味で無意識決定論とよぶこと

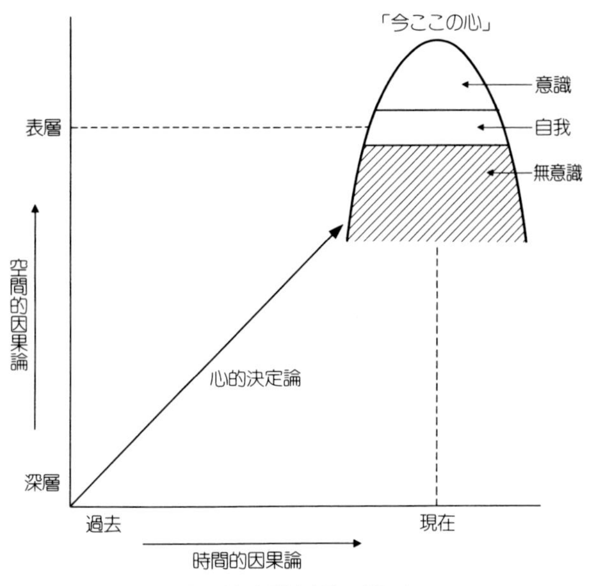

図5　無意識決定論の考え方

ができるが，分かりやすく図示すると図5のようになる。無意識の世界は深層に秘められたこころ，忘れ去られた過去のこころによって成り立っているということを示しているが，これは文字通り，物理的時空間論の枠組みに従っており，それゆえ，過去の体験はこころの深層に宿り，深層のこころは過去に根拠をもつという思考が自明に認められているのである。制止された衝動，欲求がのちの不安の源泉となり，その不安に対する防衛機制の組織化が自我となるという人格形成論は今ではよく知られているところであるが，こうした考え方は，本来的にはここに示したような物理的時間軸と空間軸に支えられた合理的因果論によって構想されたものなのである。

フロイトの方法は，こののち催眠から夢，そして自由連想法へと発展していくが，こうした展開に沿って治癒転換に関する見方も修正されていった。無意識の想起，カタルシスといったところから無意識の言語化，知性化そして理性による自己の再構築といった観点に移行していったのである（フロイト，1914)。そして，同時に，神経症発症に直結する無意識内容の解明も行われていく。そ

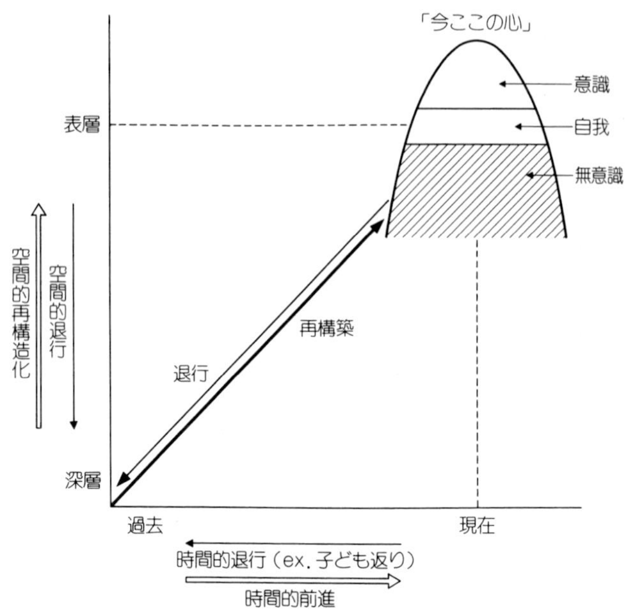

図６　精神分析療法の基本的考え方

の結果，無意識の意識化という基本的方法は，エディプス期に罪悪感を伴って抑圧された無意識に向けて，自我の中心が退行し，象徴的再体験化を通して自己の再構築に向けて前進するというモデルに転換していくことになったのである（図６，図７参照）。空間軸に沿った技法としては「あなたの気持ちの裏側にはどんな心が潜んでいるのでしょう」ということになり，時間軸に沿った技法としては「あなたの現在は過去のどんな経験によって影響されているのでしょう」ということになるのである。ただ，ここで，こうした目標に向かって自己の探索を試みようとする被分析者の心的状況を想像してみるならば，深層にさかのぼり，そして過去にさかのぼってその実相を言語化しようとすることは決して容易なことではない。そうした営み自体に不安や苦痛を覚え，ちゅうちょしたり，依存的に身を任せたりといったことが起こっても不思議ではない。こうした点に着目し，前者を抵抗と呼び，後者を転移と呼んで，逆にそれらを無意識的固着点の反映とみようとしたのが抵抗解釈，転移解釈の観点なのである

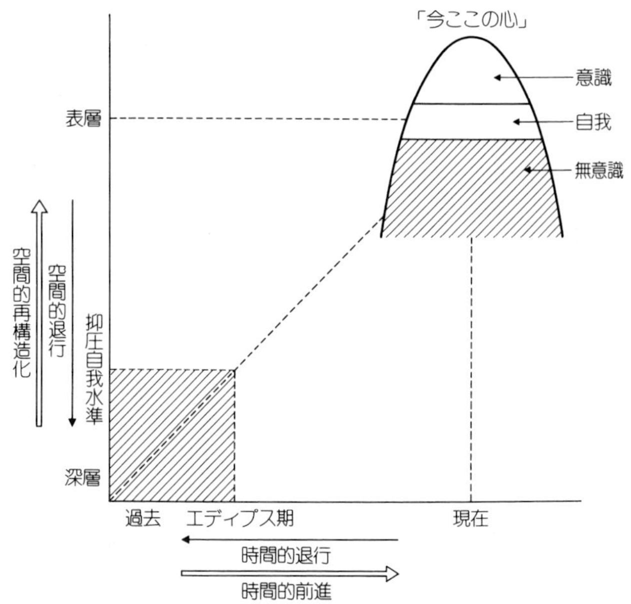

図７　エディプスコンプレックスを中心とする心の見方

（フロイト，1937）。

ところで，神経症発症の起因となる無意識の形成過程はフロイト以来のオーソドックスな系譜ではエディプス期段階ということになっているのであるが，そののち，精神分析的精神療法の対象が境界例人格や精神病にまで広げられるようになってくると，そうした病理の背後に潜む無意識世界を明確に把握する必要が生じてきた。こうした流れにおいて重要な役割を果たしたのがクライン（Klein, M.）である。彼女は精神病水準の患者の治療や子どもの治療を通じて，心の奥底には，エディプス期以前の段階に経験した一者関係，二者関係，三者関係の世界が潜んでおり，成人してからも幻想（fantasy）的にはそうした経験の痕跡が活発に機能しているということを明らかにしていったのである（Segal, H., 1973）。いわば，早期母子関係の水準で無意識の世界は確固とした組織化が行われるという見方に立つわけであるが，こうした観点の延長上に，今日，幅広く精神分析家に影響を与えている対象関係論の思考が繰り広げられることに

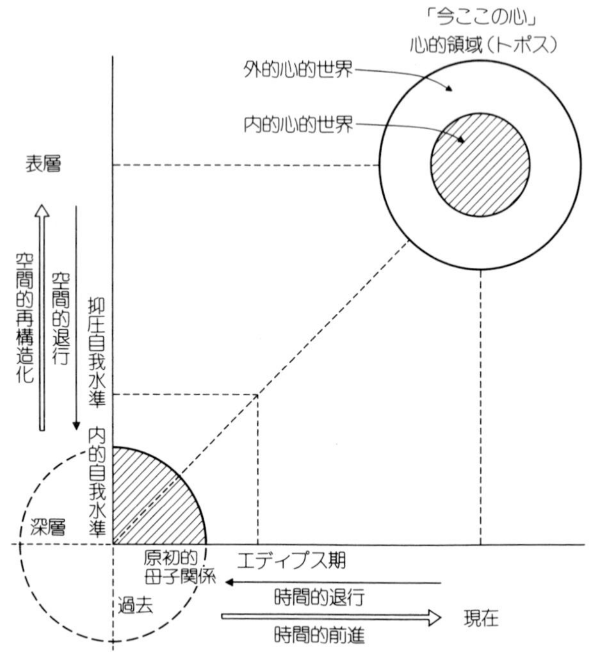

図8　メラニー・クラインに始まる対象関係論の心の見方

なったのである。実際，1歳半くらいまでの乳幼児の心的生活をつぶさに観察してみると，フロイトが明らかにしてきたエディプス期における現実世界との角逐というテーマをすでに乳幼児期段階の子どもたちが活発に経験しており，自覚的意思に基づいて人格の体制化を図っていると認められるのである。こうした認識に基づいて，現在，クライン派や対象関係論の立場では，図8に示されるように「今，ここ」の心の内面に原初的母子関係体験に相当する無意識世界が秘められているという見方をとっている。そして，治療の実践においては，フロイトの方法にならって，そうした原初的な体験世界が自覚され，理性による納得が可能になるよう，自我の退行から前進といったモデルが志向されている。ただ，考えてみれば，早期母子関係の体験はそもそも認識言語によって体験されているとはいいがたいうえ，オーソドックスな言語的交流場面において意識化過程がスムーズに進行するとはいえない面がある。このような点に留意

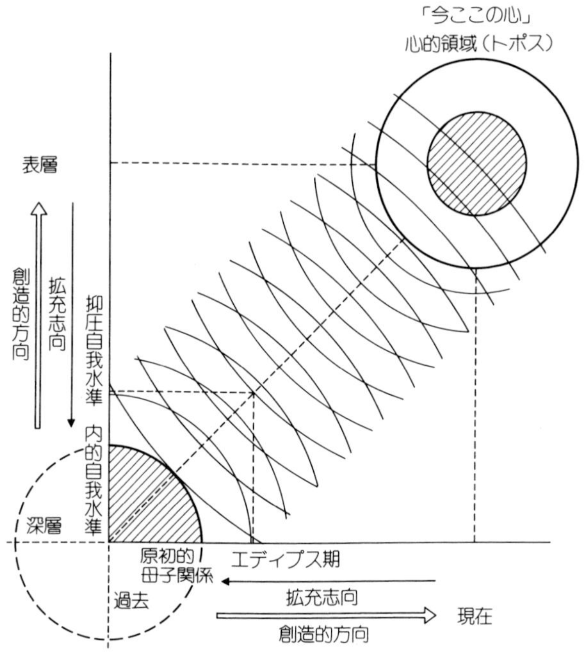

図９　対象関係論的精神療法の新しい展望

して，最近の対象関係論学派では，言語的直接解釈よりも共感的理解の伝達の方を重視したり，原初的体験水準に心が開かれやすくするために治療場面での感覚感情的な交流を積極的に活用したりといった工夫が行われるようになってきている（Casement, 1985）。こうした流れに多大な影響力を発揮してきたウィニコット（Winnicott, D. W.）の臨床論（1971）を参照しながら，現代的精神療法の目指すところをモデル化してみたのが図９である。実践経験の裏打ちがなければ受けとめにくいかもしれないが，精神分析的精神療法が知的な洞察体験をその実践の糧とするところから，治療的人間関係の豊かな展開を通して患者その人の創造的生き方を志向するといった方向に動いていることを示したものである。

〈まとめ〉

精神分析療法の軸となる考え方をフロイトからの歴史をなぞる形で紹介して

表6　行動療法の歴史（[　] 内は著書）

1900年初頭	パブロフ：実験神経症（条件反射）
1920年	ワトソン/アルバートの動物恐怖症（行動主義）
1924年	ジョンズ動物恐怖症の治療（漸次的接近）
1938年	マウラー：夜尿症の治療（bell-pad 方式）
1950年	ダラードとミラー：[人格と心理療法]
1958年	イエイツ：[負の練習]（チックの治療）
1958年	ウォルピ：[逆制止療法]（恐怖症の治療）
1960年	アイゼンク：[行動療法と神経症]
1962年	アイロン：[オペラント条件づけ]
1969年	バンデューラ：[行動変容の原理]（モデリング）
1976年	ベック：[認知療法と感情障害]（うつ病）
1977年	エリス：[論理情動療法]
1977年	マイケンバウム：[認知行動療法]
1985年	ベラックとハーセン：[行動療法事典]

みた。合理科学主義に貫かれた精神分析学の多くの蓄積は臨床心理学の諸局面において常に機軸を成してきている。オーソドックスな精神分析的思考から対象関係論思考まで，その味わいの幅は広いが，臨床心理の基礎学として理解を試みてほしいものである。

●4-1-3●　行動療法

1　行動療法の定義と対象

行動療法（Behavior Therapy）は，「条件づけ療法ともいい，不適応行動を変革する目的で，実験上確認された学習諸原理を適用し，不適応行動を減弱，除去するとともに，適応行動を触発，強化する方法」（Wolpe, 1969）と定義されているように，科学としての心理学が，観察可能な「行動」を研究対象として実験的に検証してきた「行動の原理」，特に「学習理論」を応用し，不適応行動を操作，変容するために開発されてきた治療法で，客観性，科学性をその特徴としてきている。

表6の歴史にみられるように，行動療法はパブロフ（Pavlov, I. P.）以来，学習心理学とともに発展しており，特に，行動主義の時代を反映したアイゼンク（Eysenck, H. J. 1960）の「行動療法と神経症」は，バイブル的な役割を果たし，行動療法の発展に貢献している。

その後，バンデューラ（Bandura, A.）が人間の模倣学習における認知過程の役割を強調した頃から，認知の変容を図る治療法が発展し，行動療法の枠は外顕行動から内潜行動にまで拡がってきている。この行動療法の発展に伴い，治療対象も拡大され，夜尿，チック，吃音，発達遅滞，自閉症，各種習癖，不登校，摂食障害，各種心身症，不安，恐怖，強迫，うつなどの神経症，さらに，統合失調症や慢性疾患のリハビリなど，今日ではほとんどの問題領域にまで適用され，治療法の客観性と即効性が評価されている。

たとえば，何年間も乗り物に乗れなかった人が，徐々に不安を軽減していく「系統的脱感作法」によって，3～4カ月で治癒に至り，何年も続いた手洗い強迫も，汚れを回避する行動を抑制して，不安刺激に直面させるフラッディング法によって数カ月で解放されるのである。

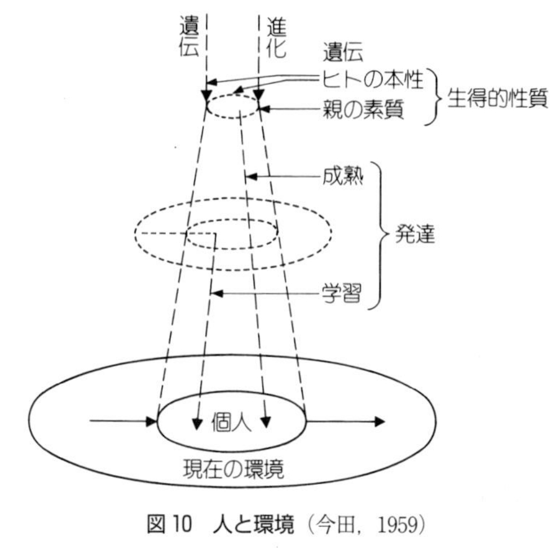

図 10 人と環境（今田，1959）

2 学習理論と行動療法

今田（1958）が図示しているように（図10），人は，生得的性質を基礎に，環境との交互作用を通じてその多くを学習することによって現在像を構成している。この学習という生後の経験により，種族から遺伝された反射的本能的行動の枠を越えて，より柔軟な行動パターンを習得し，環境の中から，自己の文脈に関わるものを見分け，聞き分け，感じ分けることによって，有効な行動の手がかりを体得し，開発刺激を待たずに新しい状況に適応した行動を可能にしている。

この学習を成立させるもっとも基本的な原理が条件づけのメカニズムであり，レスポンデント条件づけとオペラント条件づけが見出されている（表7）。行動療法では，問題行動の多くは，誤って学習された習慣もしくは未学習とみなし，この学習の原理を使って，消去もしくは再学習することによって問題行動の直接的な操作，変容を図っていくのであり，それぞれに，さまざまな技法が開発されている。

表7　条件づけの型

レスポンデント	オペラント
CS ―― r UCS ―― UCR（CR）	S^D ---- R ---- S^R feedback
信号学習	報酬学習
刺激と刺激の関係	行動と結果の関係
近接原理	強化原理
（対呈示の効果）	（効果の法則）
自律神経系	体性神経系
不随意反応	随意反応

1　レスポンデント条件づけ

レスポンデント条件づけは，パブロフの唾液の条件反射に端を発し，情動反応や不随意的な自律反応系にみられる学習の原理である。ワトソン（Watson, J. B. et al., 1920）が報告したアルバート坊やは，はじめは白ネズミを見ても不安など示さなかったが（中性刺激），白ネズミ（条件刺激：CS）に手を伸ばしたとたんに大音（無条件刺激：UCS）を鳴らされて（近接の法則），びっくり仰天（無条件反応：UCR）。この操作が繰り返されると（強化：CS-UCS の対呈示），白ネズミを見たとたんに不安や恐怖反応（条件反応：CR）を示し，白い毛皮にさえも恐怖反応を示すようになり（般化現象），刺激と反応との新しい連合関係としての白ネズミ恐怖症が形成されるのである。これが乗り物恐怖症などの不安，恐怖症や頻脈，過敏性大腸症などの心身症発症の基本モデルとなったのである。

ジョーンズ（Jones, M. C., 1924）は，動物恐怖症の子どもを，不安に拮抗する反応として，お菓子を食べさせながら，恐怖対象を徐々に近づけていく，漸次的接近法によって治療し，ウォルピ（Wolpe, J., 1958）は，それを「逆制止療法」として整備した。この「逆制止療法」は「系統的脱感作療法」として知られている。たとえば，乗物不安の場合，まず，筋弛緩を訓練し，十分な弛緩状態を逆制止要因（拮抗反応）として，乗り物に乗ろうとする時に生じてくる不安場面を強さに応じて階層化しておき，低い不安場面から順次段階的に不安が生じなくなるまで，イメージ練習しながら，実際に乗り物に近づき少しずつ乗れるように練習していく方法で，不安，恐怖症に対して驚異的な治療成績を得ている。

このレスポンデント条件づけの範疇に属する行動療法は，パニック障害や不潔強迫症などに対して，不安場面にどっぷり浸すことによって治療するフラッディング法や，過食，拒食，肥満，喫煙などの行動に対して，電撃などを与える嫌悪条件づけ法，肥満症の好物のケーキに，こみ上げた嘔吐物を浴びせるイメージで食欲を抑制する潜在感作法，また，不安な状況で，有効な自己主張や行動を実行できる練習を行うことで，状況を変容させる主張反応法などを挙げることができる。

2　オペラント条件づけ

オペラント条件づけは，ソーンダイク（Thorndike, E. L., 1898）の猫の問題箱による試行錯誤学習に端を発している。彼の「満足をもたらす行動は強化される」との「効果の法則」は，ハル（Hull, C. L., 1943）の「動因低減をもたらす道具的行動は強化される」を経て，スキナー（Skinner, B. F.）の「自発するオペラント行動のうち，報酬を伴う強化随伴的行動はその生起頻度を高め，罰などの負の強化随伴的行動は生起頻度が低くなる」との「強化随伴性の原則」，「オペラント強化」として整備されてきた。

人の行動の多くは報酬や満足，注目や賞賛などを得，非難や罰を避けるために維持強化されている。人間関係や治療関係においても望ましい行動傾向に対して，注目し，うなずきや感心，賞賛などの正の強化を随伴させていくことが良好な社会的関係を維持するための重要な要因となっており，社会性の貧困な人たちに対して社会技術訓練法なども行われている。

また，最近では報酬や社会的評価などの外的強化から内的強化，自己強化などにまでその適用が拡がってきている。たとえば，頻尿症にその頻度と量などを毎日記録するセルフモニタリングを実施するだけでも頻尿が軽減するのである。また，対人緊張や筋緊張性頭痛などの筋電バイオフィードバック法などによるセルフコントロール法も最近の流れといえよう。

もし，先のアルバート坊やが，この不安な白ネズミ（CS）のいる部屋（S^D）に近づくうちに，大泣き（CR）によって，部屋へ連れていかれずにすんだ（S^R）としたら，不安刺激を回避する道具的な回避条件づけが成立することになる。マウラー（Mowrer, O. H., 1960）はこれを「２次動因特性をもつ不安の習得と，不安低減による回避行動の維持」との２要因による解説を試み，この回避条件づけは今日の不登校や出社拒否，あるいは不安や心身症を介しての現実回避行動などの基本モデルとなっている。

治療のポイントはその回避行動をどのようにして崩していくかであるが，不登校児に毎日数歩ずつ学校に近づき，保健室登校を経て復学させる漸次的接近法や，うずくまり状態を強化する介入や登校刺激などを撤去し，自由で自発的な社会的行動を多面的に強化し，社会的交流を経て，登校へとシェイピングしていく拮抗反応法や，クラスみんなで迎えにいき，登校を求めるような強制法などさまざまな工夫がなされている（上里，1993）。

このオペラントに属する行動療法としては，正と負の強化弁別特性を明確にしながら強化していく弁別強化法，罰金制度のように正の強化子を取り上げるレスポンスコスト法，正の強化の機会を一時退去させるタイムアウト法，急速喫煙法などのように好きな煙草をどんどん吸わせることによって喫煙の抑制を図る飽和操作法などが挙げられている（祐宗他，1984）。

3　認知学習

刺激と反応との連合関係を基本とした条件づけモデルに対して，トールマン（Tolman, E. C., 1932）は，経験による期待（手段と目標の意味関係）の形成という認知的媒介仮説を提出していた。その後，バンデューラ（1969）は，人の学習過程における認知的一象徴的過程の役割の重要性を強調し，モデリングや代理学習，自己効力感，自己強化などの概念を整備し，今日のベック（Beck, A. T.）やマイケンバウム（Maichenbaum, D. H.）の認知行動療法への発展の流れを生み出している。特に，モデリングによる行動リハーサルは再学習を図るうえで不可欠な要素となってきている。

認知行動療法はうつ状態などの問題行動の背後に，自動思考などの認知の歪みを想定し，その歪みに気づき，それを変容していくことが問題解決につながると考えている。今日では，ストレス免疫訓練法とか不安管理訓練法など，リラックス法や行動リハーサル法，セルフモニタリング法，認知療法などの複数の技法を組み合わせたパッケージ療法がさかんになってきている（山上，1987）。

表８　行動療法の特徴（Kazdin, 1982）

行動療法の特徴
１）行動の歴史的因子より現在の因子を重視
２）治療効果を外顕的行動の変化に求める
３）治療法を心理学の基礎研究から求める
４）治療法は客観的操作的で反復可能なもの
５）標的行動や結果の評価を明確にする

表９　行動療法の治療過程

行動療法の治療過程
評定：問題行動の明確化と要因の分析
１）行動分析（症状形成過程と強化因分析）
２）標的行動の決定と技法選択
介入：治療技法の教示と実行法の具体的練習
１）教示：必要な行動の実行法の情報提供
２）モデリング：訓練者が具体例を呈示
３）リハーサル：実際に練習してみる
４）フィードバック：経過を伝える
５）ホームワーク：日常生活で実行
評価：治療効果のモニター
１）問題行動の変化の客観的数量的評価
２）行動分析および技法選択の適否の評価

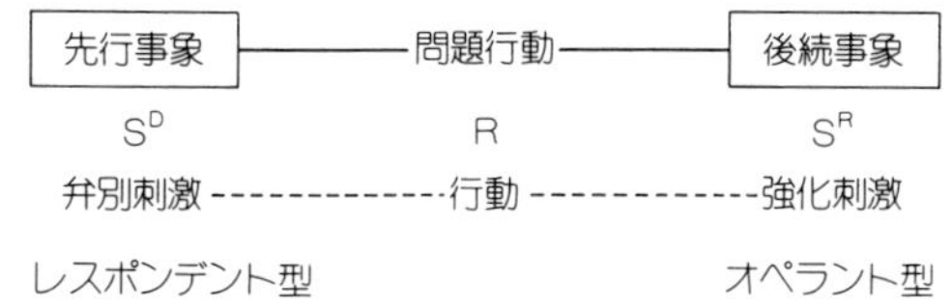

図11　行動分析の視点

3　行動療法の方法

現在の行動療法の特徴として，ケイジン（Kazdin, 1982）が表８のようにまとめている。

行動療法の治療者は，問題解決法や適応法の学習の援助者となり，その条件を整備し，患者が望み，治療者が同意する行動の直接的な変容を試みていく。その治療過程は，評定，介入，評価の３段階（表９）で，特に，評定は治療の成否を決する重要な過程で，症状や問題行動形成プロセスと強化因の分析に基づいて治療計画を立て，技法を選択する過程である。

行動療法の基本コンセプトは，治療の対象とする行動は，それに先行，あるいは後続する環境事象との関連で捉えられ，その行動を制御するには，影響を及ぼしている諸条件を制御することであるという点にある（図11）。

したがって，行動分析は，まず問題行動を客観的に把握し，それがどんな刺激状況において発生し，その問題行動に随伴して何が起き，強化因は何かを，

表10　行動に対する刺激の効果

1　中性的効果 行動に随伴して行動の増減効果を持たない 2　促進効果 a）行動に随伴して行動の頻度を高める b）行動の結果，苦痛や不安を逃れられる 3　抑制効果 行動に続いて起きると行動の頻度を低める 4　弁別刺激 刺激の機会設定効果（行動のための機会設定） 先行刺激は後続刺激と共に行動を統制する 例：母の笑顔→接近行動，しかめ顔→回避行動 5　誘発効果 レスポンド行動を引き起こす 例：反射　本能行動　不安　情動反応

現在の環境の中から，確かな情報に基づいて調査し，標的行動と関与要因を仮定し，治療的介入の過程で検証していくことである。

たとえば，妹の誕生以来，夜尿が再発したお兄ちゃんは，夜尿後におかあさんに着替えなどの世話を受けており，それによっておもらしが強化，維持されている可能性がある。母親からの情報で，その可能性が強い場合は，母親の夜中の世話をやめ，放置させ（強化撤去），失敗の時は自分で後始末と着替えをさせ（負の強化），おもらしなしの朝は即座に玩具引き替えシール（トークンエコノミー）をカレンダーにはり，みんなでほめ（正の強化），寝る前には笑顔のおかあさんを独占させ，夜尿の世話よりももっと楽しく遊べる（拮抗反応法）機会を与えることによって治療することができる。

表10は行動に対する刺激の効果を示している。たとえば，外出時によくぐずつく子を叱っても，ぐずつきが減らない場合，その叱りは抑制効果をもたず，むしろ，ぐずつきを強化している別の要因が作用している可能性がある。たとえば，叱られて泣き続けているうちに「後でなにか買ってあげるから」など母親がささやいていたとすれば，外出やぐずついて叱られることが後の報酬の弁別刺激と手段反応になっていた可能性がある。強化要因が不明確な場合には，当面，叱ることをやめるなどの強化撤去法を試みながら要因を検証し，さらにステップアップする方法が望ましい。患者行動の変容を図る時，問題行動の前後の刺激がどういう効果をもっているか，特に周囲の人の発する刺激の効果について配慮していく必要がある。

治療的介入は，行動分析の結果を伝え，必要な技法を検討しながら，十分な話し合いの中で，ともに治療計画を立てていくことが望ましい。言語教示に比べてモデリングや行動リハーサルは具体的な動きを含むがゆえに，新鮮で，治療雰囲気も和らぎ，治療の動機づけを高める効果ももっている。行動的介入の秘訣のひとつは小さな行動変化を積み上げていくスモールステップにある。表11は，未学習や再学習時の行動の生じさせ方を示しているが，症状行動の消去に際しても段階を追って変容していくやり方は有用かと思われる。

表11　行動の生じさせ方

1　シェイピング（shaping） ：段階を追って標的行動を形成強化する。
2　教示（instruction） ：適切な処置法を説明，指示し，強化する。
3　模倣（modeling） ：実演ー模倣。他人のやり方を模倣。 相手に注目し，正しく模倣すると強化。
4　ガイド（guiding & fading） ：導き，標的行動，強化因を明確にする。
5　結合（chaining） ：各行動要素を強化し，最後に連鎖を強化する。 small step：ストレスを最小にする効果。

治療効果の評価は問題行動の客観的数量的評価が望ましいが，現実的にはデータ化にエネルギーを注ぐよりも治療の成否要因の検討を厳しく行っていくことが，今後の行動療法の発展にとって必要であろう。

●4-1-4●　認知行動療法

1　認知行動療法とは

認知行動療法（Cognitive-Behavior Therapy：CBT）とは，問題や疾患のメカニズムを学習理論や認知理論などの視点から理論化し介入する心理療法である。認知行動療法は保健医療，教育，福祉，司法矯正，産業領域のすべての領域で適用可能だが，ここでは主に保健医療領域の認知行動療法を中心に解説する。

2　認知行動療法の特徴

認知行動療法には以下の特徴がある。

1　問題や疾患症状を科学の枠組みで捉える

認知行動療法の基礎理論である学習理論や認知理論は科学の特徴を持っている。科学は①客観的（現象を捉える人の感情や価値判断によって左右されない方法で事実を扱う），②反証可能性（科学的理論や主張は証拠を示して反論できるように

表12　うつ病の認知療法・認知行動療法マニュアル
（「うつ病の認知療法・認知行動療法治療者用マニュアル」より改変して引用）

第1-2セッション	症例理解，動機付け
第3-4セッション	目標設定，活性化
第5-6セッション	気分・自動思考の同定
第7-12セッション	自動思考の検証（対人関係の解決，問題解決技法）
第13-14セッション	スキーマの同定
第15-16セッション	終結と再発予防

作られていなければならない），③再現性（ある研究結果について別の研究者が同様の研究を行って同様の結果が得られるなど）という特徴がある（Eysenck, 2000 白樫他監訳 2008）。

2　問題や症状に対する問題解決を行う

認知行動療法は問題解決志向である。クライエントの問題や症状がどのようにして発生維持されているかをケースフォーミュレーション（事例定式化）によって分析して問題解決を支援する。

3　構造化されている

認知行動療法は面接が構造化されている。最近は面接回数が事前に決められており，面接毎の介入内容もマニュアルによって詳細に決められている構造化された介入プログラムの開発が増えている（例えば表12）。

4　心理教育的な特徴を持っている

認知行動療法は心理教育的な特徴を持っている。心理教育とは心理療法と教育的介入を統合した介入方法のことで（小堀，2016），疾患についての情報や症状への対処法教育という目的で広く実施されている。

5　エビデンスベースト・アプローチである

エビデンスベースト・アプローチ（evidence-based approach）とは実証的なデータ（エビデンス）に基づいた臨床実践のことである（杉浦，2016）。認知行動療法はエビデンスベースト・アプローチであり，介入の効果を科学の方法論を用いて証明し，効果が証明された介入法を臨床実践に生かそうとする指向性がある。認知行動療法はうつ病や不安症への有効性についてエビデンスの蓄積がある（Layard & Clark, 2014 丹野監訳 2017）。エビデンスベースト・アプローチは特に医療分野で発展し，根拠に基づいた医療（evidence-based medicine：EBM）と呼ばれる。イギリスではEBMは医療経済と結びついてエビデンスに基づく医療政策（エビデンスベースト・ヘルス・ポリシー）として発展した。

6　近年保険診療の対象になっている

わが国において2010年よりうつ病に対しては一定の条件を満たせば認知行動療法は保険診療で治療を受けることができるようになった。2016年にはパニック症，社交不安症，強迫症，心的外傷後ストレス障害（PTSD）に保険診療の対象が広がり，2018年には神経性過食症が加わった（日本認知療法・認知行動療法学会，2018）。

3　認知行動療法の３つの世代

認知行動療法には第一，第二，第三世代という３つの世代がある（熊野，2012）。第一世代は行動療法とも呼ばれ，問題行動を行動という視点から理論化する学習理論（行動論）を基盤として開発された。第二世代は行動に加えて認知の役割を強調した理論（認知理論あるいは認知論）に基づく介入法である。第三世代はマインドフルネスや受容（アクセプタンス）を強調した理論を基盤に持つ介入法である。マインドフルネスとは自分の認知や行動，気分などに客観的な視点を保って気づいていることである。受容（アクセプタンス）とは問題や症状を変化させるのではなく，そのまま受け入れる態度のことである。

認知行動療法という用語が意味するものはさまざまである。①認知行動療法という用語が第一，第二，第三世代すべてを指す場合，②第一世代を行動療法として区別し，第二，第三世代をまとめて認知行動療法と呼ぶ場合，③第二世代のみを認知行動療法（狭義の認知行動療法）と呼ぶ場合がある。ここでは①の用語法を使用している。

1　第一世代の認知行動療法（行動療法）

第一世代の認知行動療法は行動療法である。**4-1-3**を参考にしてほしい。

2　第二世代の認知行動療法

第二世代の認知行動療法はクライエントの問題や症状に対する認知の役割を強調した認知理論をその基盤としている。ベックによるうつ病の認知理論（Beck et al., 1979 坂野監訳，2007）が有名である。うつ病の認知理論ではクライエントのうつ症状は否定的な認知，行動，身体症状の相互作用によって持続すると考え，特に否定的な認知（非機能的認知）がうつ症状持続に大きな役割を果たしていると想定する。例えば，「自分はだめな人間だ。」，「このまま自分は治らない。」などの否定的認知がうつ症状を維持させると仮定する。ベックの認知理論ではクライエントの認知について，クライエントが容易に意識化できる浅いレベルの自動思考，普段は意識することがないがクライエントの心の奥底にあって自動思考に影響を与えるスキーマというように，認知の階層構造を仮定している。

うつ病の認知行動療法では認知を修正してうつ症状を改善させようとする。その際よく使われるのが認知再構成法である（図12）。図12は架空の症例であるが，うつ病が何度も再発している復職中のクライエントに対する認知再構成法の実施を想定している。

第二世代の認知行動療法には認知の修正によって改善をもたらす認知的技法が含まれているが，実際の臨床では第一世代の行動的な技法と第二世代の認知的な技法を組み合わせて介入する。

第二世代の認知行動療法はうつ病や不安症（パニック症，社交不安症など），摂食障害，統合失調症，慢性痛などに対するエビデンスがある（Layard & Clark, 2014 丹野監訳 2017；慢性痛治療ガイドライン作成ワーキンググループ，2018）。

3　第三世代の認知行動療法

第三世代の認知行動療法はマインドフルネスや受容（アクセプタンス）を強調している（有村，2015）。問題や症状を受容しようとするのが特徴で来談者中心療法の考え方と似ている。第一世代，第二世代の認知行動療法は変化を志向し，症状除去や問題解決を強調する。第三世代ではむしろ症状や問題の受け入れが特徴で，否定的な認知を変えずに，そこから距離をとるようにする（脱中心化）など認知の取り扱い方も第二世代とは異なる。

マインドフルネスとは「今この瞬間において，次々と生じている体験に，価値判断をしないで意図的に注意を向けることによって得られる気付き」（Kabat-Zinn, 2003）である。マインドフルネスの状態では抑うつなどの否定的感情の受

1 状況 いつ　どこで 誰が　何を	2 気分 どう感じたか一言で 気分レベル (0-100%)	3 自動思考 そのように感じたときに頭の中に何が思い浮かんだか 特に不快な気分を誘発する思考に○をつける	4 根拠 自動思考を裏付ける事実	5 反証 自動思考と矛盾する事実 自動思考と反対の事実	6 客観的考え 様々な視点からの考え 全く別の視点からの考え	7 今の気分 2 で記録した気分をまた評価
		以下の質問をしてみる。 何が頭の中に浮かんだか？ それは自分がどうだということか？ こんなことが起こったら恐ろしいということは？ 最悪なことは何？	○のついた思考について根拠を探す。 事実のみ書く。 推測や解釈は書かない。			
5 月16日夜 7 時，自宅でテレビを観ている。	ゆううつ60%	ゆううつになってやる気がおきず，テレビを観ている。	去年秋に復職したときは 3 ヶ月後にまた休職した。	3 年前に鬱になったときは休職しないで復帰できた。	一人でがんばったときは休職してしまったが，人に相談しながらだと，治って復帰できる。	ゆううつ40%
		テレビをみるくらいしかできない。				
	不安40%	いつもやる気がでない。でも，がんばらなければならない。	休職したときの気分と同じだ。	上司や産業医の先生に相談しながら治療したときは仕事をやすまないですんだ。		不安20%
		こんなことでは出社しても仕事はできない。				
		○復職してもまた休んでしまうだろう。		うつでないときは仕事はやれていた。		

図12　認知再構成法の例

け入れが進み，それらは結果的に弱まっていく。

第三世代認知行動療法にはマインドフルネスストレス低減法，マインドフルネス認知療法，弁証法的行動療法，アクセプタンス&コミットメント療法などがある。マインドフルネスストレス低減法は慢性痛や乳がん患者のQOL改善にエビデンスがある。マインドフルネス認知療法はうつ病の再発防止を目的に開発されたもので，反復性うつ病の再発防止，慢性うつ病の改善にエビデンスがある。弁証法的行動療法は境界性パーソナリティー障害へのエビデンスがある。アクセプタンス&コミットメント療法は様々な問題や疾患へのエビデンスがあるが，特に慢性痛への有効性が近年よく報告されている。

●4-1-5●　クライエント中心療法

1　はじめに

臨床心理学という言葉が使われる以前からのこの領域を歴史的にみれば，原始治療からメスメルの動物磁気・催眠を経て現代の精神分析へとつながる一連の流れがある。その流れの中で20世紀に至ってフロイトが精神分析をひとつの理論体系として構築した。精神分析は，フロイト以降古典的な生物主義・本能論・リビドー論への執着を修正し，より現実的で普遍的包括的な治療関係における対人関係を見直す方向へと発展してきた（**1-2**，**4-1-2**参照）。

ロジャーズ（Rogers, C. R.）の創始したクライエント中心療法は，この治療関係そのものの科学的・実践的解明に多くの努力が向けられたといってよいだろう。そして，その際彼はまったく新たに，治療関係における「クライエント中心」すなわち治療場面での方向はすべてクライエントの自由で自主的な決定にゆだねられ，この方針が十分に実現する時にクライエントの自己実現が生ずると主張したのである。これに関連して彼は，自分の考えを述べるに際して病める人を意味する「患者（patient）」という言葉が不適切であると判断し，法律の相談をするのと同様に専門的な援助を求めにきた人という意味で「来談者（client）」という言葉を使った。こうした考えがそのまま彼の立場を表す名称

（＝クライエント中心療法）として使われている。

もちろん，精神分析においても被分析者の自律性について言及されなかったわけではない。しかし，一方で分析者の主導的な立場が自明のものとして認められていたことも事実である。こうした従来の医学モデルと同一線上にあるいわば縦の治療関係に対するアンチテーゼとして「クライエント中心」＝より対等な横の関係を目指すことを強く打ち出したのがロジャーズの思想であると考えられる。

2　思想としての人間観

クライエント中心療法の基本的な考え方の中心にあるものは，人間の中に主体的な自己実現傾向を認める点であろう。ロジャーズは，人間が自らの基本的潜在能力を最大限に発展させようと努力する存在であると捉えている。つまり，きわめて楽観的に人間を基本的に良（善）いもの・能動的なものと考えており，この点精神分析や行動理論のような受動的決定論的見解とは一線を画している。同時に，人間の全体性・統合性の強調という点でも，人間を葛藤や行動（反応）へと分析する精神分析や行動理論と明らかに異なっている。したがって，クライエント中心療法は，精神分析や行動理論に対するアンチテーゼとして登場し，それがゆえに実存分析などとともに第３勢力と呼ばれている。

こうした考え方は，基本的に人間に対する見方＝人間観ともいうべきもの，すなわちひとつの哲学（思想）であり，カウンセリング実践において（ないしは援助に限らず人間に関わるすべての領域において）根底となる基盤を形成する。

3　セラピスト（治療者）の基本的態度

こうした考え方を基盤としてロジャーズ（1957）は，治療的な援助関係について公式化を行い，セラピストの基本的態度として，純粋性（genuineness）・無条件の積極的関心（unconditional positive regard*）・共感的理解（empathic understanding）の３つの条件をあげた。これらは，上に述べた人間観（思想）を具現化するセラピストのあり方にほかならない。以下，ロジャーズのほかの論文も引用しながらこれらについて解説していく。

＊一般には「無条件の肯定的配慮」と訳されているが，本小論ではその真意を理解するためにロジャーズ（1980）において畠瀬が訳したこの言葉に統一する。

1　純粋性

ロジャーズ（1967）は「純粋性」を「自分の体験しているいろいろな感情を自分自身に否定しないということ，および彼（セラピスト）が進んでその関係において存在するどのような感情でも透き通って見えるほどそれらの感情でいて，もしも適当ならば彼のクライエントにそれらを知らせるということ」と簡潔に説明している。すなわち，セラピストが面接中に自己の体験過程*への照合作業をしつづけることを意味すると考えられる。

われわれは面接中，ふつうに考えれば望ましいあり方から遠い体験をすることがある。たとえば，「今私は自分のことに注意が向いていてクライエントの話を聴くことができない」あるいは「この人が恐ろしくていっしょにいたくない」といった体験である。しかし，こうした体験を自分の意識に否定しないでいられるならば，この条件は満たされていると考えてよいだろう。

当然のことながら，セラピストがその生活全体においてこのような純粋性を示す模範的人間であることが要求されているわけではない。もとよりそれはまったく不可能なことであろう。この条件は，面接中のクライエントとの関係の，今この瞬間瞬間において，自分の統合がなされているよう努力することを要請しているのである。

＊本人に気づかれてはいるが，言語や象徴になる以前の有機体的な心身未分化な感じ（村瀬，1981）。

2　無条件の積極的関心

無条件の積極的関心についてロジャーズ（1980）は，次のように述べている。「それは，受容について何も条件がないことであり，あなたがかくかくである場合にだけ，私はあなたが好きなのです，というような感情をもっていないことである。それは，デューイ（Dewey, J.）がこの言葉を用いている場合と同じように，人間を高く評価する（prizing）ということである。それは，選択的な評価的態度（a selective evaluative attitude）――あなたはこういう点では良いが，こういう点では悪いというような――とは正反対のものである。それは，クライエントの“良い”ポジティヴな，成熟した，自信のある，社会的な感情の表現を受容するのとまったく同じくらいに，彼のネガティヴな，“悪い”苦しい，恐怖の，防衛的な，異常な感情の表現を受容することであり，クライエントの一致している（consistent）やり方を受容するのとまったく同じくらいに，彼の一致していない（inconsistent）やり方を受容することである。それは，クライエントに心を配る（care for）ことであるが，所有的（possessive）な，あるいはセラピスト自身の欲求を満足させるためだけの心配りではない。それは，クライエントを分離した（separate）人間として心を配ることであり，彼に自分自身の感情をもち，自分自身の体験をもつように許すことである」。

すなわち，セラピストは，クライエントの話すどのような内容に対しても，クライエントが感じつつあるどのような感情に対してでも，またクライエントの示すどのような態度に対しても，決してその一部だけを取り上げたり，その一部を否定したり歪めたりすることなしに，まったく同じように理解し，受け入れようとする。面接中のクライエントの態度が，どんなに否定的であろうと肯定的であろうと，あるいはどのように以前の態度と矛盾していようと，そのこととは関係なしに，その瞬間瞬間の相手を受け入れようとするのである。そしてこの際には，クライエントをひとりの価値ある人間としてまるごと受け取ることが要請されているのである。

3 共感的理解

共感的理解についてロジャーズ（1957）は次のように述べている。「セラピストが，クライアントが自分自身の体験の何をどう意識しているかを，正確に共感的に理解していることを体験していることである。クライアントの私的世界を，あたかも自分自身の私的世界であるかのように感じ取ること，しかし決して『あたかも・・・・かのように』という感覚を見失わずにそうすること，これが共感であり，治療に不可欠と思われる。クライアントの怒りや恐れや混乱を，あたかも自分自身のものであるかのように感じ取ること，しかし決して自分自身の怒りや恐れや混乱と混同しないこと，これが，われわれが述べようとしている条件である」。

これは，クライエントの体験しつつある過程に，セラピストが正確な共感的理解を体験しようと努めることにほかならない。漢字で「きく」という場合，何通りかに表記できるが，このうち共感的理解とは「聞く＝音が聞こえる」や「尋く＝こちらの尋ねたいことを尋く」ではなく，「聴く＝耳で聴いたことを心で受け止める」ことを指すといえよう（平木，1989）。つまり，相手に焦点を合わせ，その人のあり方・感情・思考・態度すべてを含むその人の存在そのものに耳を傾けるきわめて積極的な行為である。したがって，この共感的理解の度合いが広くかつ深くなり，正確さと精密さが増すならば，クライエントが体験しながらほとんど意識できていない意味をも，言語化して伝えることができるようになっていく。

4　クライエント中心療法の位置づけ

ロジャーズ（1957）は，これらの条件が「それぞれの連続線（continuum）上に，いろいろな度合で起こるもの」であり，「その度合が大きければ大きいほどクライエントの建設的なパーソナリティ変化はそれだけ顕著なものになるであろう」と明確に公式化したのである。このロジャーズの主張は，セラピストとクライエントの関係こそが治療の成否を分かつ要因であることを明らかにした点で，きわめて意義深いものといえよう。そして，それはもはやクライエント中心療法においてのみならず，広く臨床の各学派においても重要な，本質的な考え方として受け入れられているといってよいだろう。

しかし，その一方でロジャーズのいっていることは理想論にすぎないという批判があることも事実である。特に，このセラピストの基本的態度としての3条件に対して，「ロジャーズのいっていることはまちがっていないが，これだけではどうしていいかわからない」（河合，1970）との批判がある。そもそもロジャーズの提示したこれらの条件は，精神分析における自由連想法のような固有の具体的な技法とその展開をもたないセラピストの基本的なあり方（姿勢）を示すものであると考えられる。つまり，ロジャーズの提示したものがきわめて基本的なレベルにとどまっているがゆえに，各学派を越えて広く受け入れられたともいえよう。したがって，技法的展開は各学派のスタイルに，さらにいえば各個人のスタイルに任せられていると考えることができる（佐治・岡村・保坂, 2007)。

●　4-2　●　個人へのアプローチ（やや特殊なもの）

●4-2-1●　遊戯療法

1　遊戯療法とは

遊戯療法（play therapy）とは，遊びを媒介手段とした心理療法である。遊戯療法の対象となるのは子どもである。遊戯療法は子どもの心理療法を行うために考えられた方法であるといってもよい。

遊戯療法の標準的なやり方は，子どもと治療者が１対１で遊ぶ場面として観察することができる。その具体的な例をみることにしよう。Ｃは小学校１年生男児で，友達を攻撃するなど集団内でのトラブルが絶えないことを主訴として，ある心理相談機関に連れてこられた。Ｃには男性の治療者Ｔが週１回，約50分のペースで定期的に会うことになった。以下に示すのは，約10カ月におよぶ治療のうち，比較的初期の段階の遊びの１場面である。場所は遊戯治療室（play room）である。そこにはさまざまな玩具や遊具が準備されており，砂場や水遊び用のプールも設備されている（図13）。

【事例】

Ｃ（砂場に入り）「ここに動物園作ろう！」Ｔ「よっしゃ，作ろうか」（Ｃの動きを見守り，どんな流れで遊びが展開しようとするのかに注目している）Ｃ（砂場の中にサッカー競技場のような形の平坦な領域を作っていく）「先生，動物取ってよ」Ｔ「ここにあるのでいいかな？」（棚に並べてあるさまざまな動物のミニチュアを指して言う）Ｃ「うん，強い動物」Ｔ「へー，どんなのが強い動物？」Ｃ（砂場

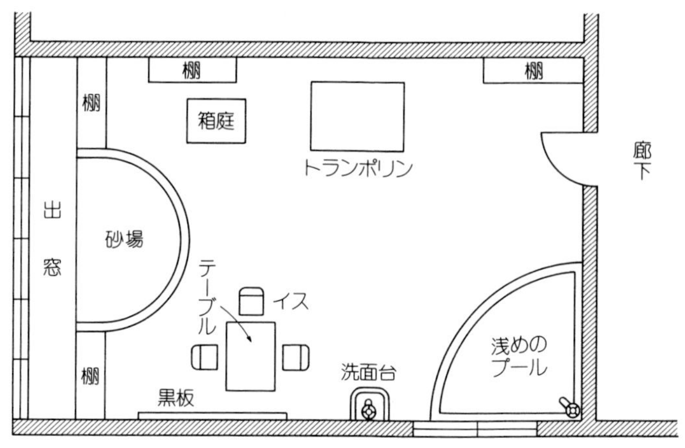

図13　遊戯治療室例（約40 m²）

から出て棚の方に来て）「ちょっと待って，僕，選ぶから。先生，砂掘って，動物のいるところ作ってよ」T「オーライ」（Cが棚から次つぎと動物を選び，砂場の縁に運んでくる。TはCがやりかけていた動物の飼育場を作っていく）

C「へへ，このライオンかっこいい！　ガオーッ！」（威嚇するようなポーズのライオンのミニチュアを突然，Tの目の前に突き出す）T「おお！」（Tは思わずのけぞる）T「くそっ，負けるものか」（Cが運んできた動物の中から，立派な角をもった水牛を手に取りライオンに歯向わすが，ライオンの攻撃にこてんぱんにやられてしまう）C「へへ，このライオンに勝てると思っているのか！」T（感心したように）「そのライオン，いちばん強いんだね」C（意を得たりと，誇ったように）「そう！　いちばん強いの」

C（急に思いついて）「そうだ，もう1つ別のオリを作らなくっちゃ」（Cは砂を平坦にならして飼育場の面積を広げ，もとの飼育場との境に砂を帯状に盛って2つの領域に分ける）T「これ（砂の境）は何だい？」C「塀に決まってるじゃん！」T「へー，塀か」C「こっち（最初に作っていた飼育場）は，強い動物たち，こっち（後から作った飼育場）は，弱い動物たち」T「うーん」（感心して見ている）C「これは強い動物，これも強い動物，これは弱い動物………」（歌うように拍子をつけながら棚のミニチュアを分類しては，砂場へ投げこんで山積みにする。分類が終わるとCとTは“強い動物”と“弱い動物”をそれぞれの飼育場に並べていく。やには，Cが2つの飼育場の境を補強する。塀は万里の長城のようにどっしりと2つの場所を分け隔てる）

C「あのね」（ちょっと真面目な口調でTに話しかける）T「うん」C「どーしてこんな風にするかというと，強い動物と弱い動物を一緒にしておくと，強い動物が弱い動物を食べてしまうから」（Cは自分にとってはあまりにも分かりきった真理をせっかくだからTにも教えてやろうという態度で，もったいを付けて言う）T（Cの表現にとても大事なものを感じながら）「あ，そうかー，強い動物が弱い動物を襲って食べてしまうので危ないんだー」C「そうなの」（2人はできあがった動物園を感慨深げに眺める）

これはひとつの例であり，遊戯治療の展開，やりとりの実際は，子どもにより，治療者により千差万別であることは言うまでもない。また，遊びはごっこ遊びの時もあるし，絵を描く時もある。ゲーム遊びになることもある。しかし，子どもと治療者が遊びを通じて関わり合う点では一致している。

2 遊戯療法の原則

遊戯療法において治療者が守らなければならない治療原則を示すものとして，ロジャーズの考え方に立つアクスライン（Axline, V.）の「8つの基本原理」がよく知られている。それは，子どもと暖かく友好的な関係を結ぶこと，子どもの状態をあるがままに受け入れること，子どもが自由にふるまえるような許容的な雰囲気を作ること，子どもに共感的に接すること，子どもの主体性を尊重し子どもの自己治癒力に信頼をもつことなどである。そして，第8の原理として治療の場を現実世界に繋ぎとめるための制限の必要が挙げられている。ここに示されているのは，一口にいって，治療者が最少限の制限のルールをきちんと守ることを前提に子どもを最大限に受容することの治療的意義である。

ロジャーズの人間観・治療観が色濃く反映されているとはいえ，「8つの基本原理」は，遊戯療法に携わる治療者が理論的立場の違いを超え，おおむね実践している基本的な治療原則といってもよいであろう。

受容と制限の相補的な関係について若干述べておきたい。治療者は，ふつう受容的な態度で子どもに接し，子どもが自分の感情や欲求に従って自由に遊ぶことを援助する。その結果，相当にアグレッシブな遊びが行われることもあるし，深い象徴的な遊びが展開することもある。ところで受容とは，黙認や追随と同じではない。受容とは子どもを尊重し，信頼し，共感的に理解することを含む暖かい受け止めである。治療者との関係の中で自分の存在が認められ守られていると感じる時，子どもは何の脅威や罪悪感も感じることなく真に自由にのびのびとふるまうことができるのである。

しかし，遊戯療法の場は，際限なく受容的であればよいわけではない。現実（常識）を過度に逸脱した受容は，かえって子どもを不安にさせたり，治療者が子どもを受け止めきれなくなって子どもに対するネガティブな感情を無意識のうちに引き起こしたりする。そこで，最少限の制限のルールが導入されることになる。そのルールの範囲であれば，治療者は迷うことなく子どもを受容することができるのである。際限のない受容は決して真の受容ではない。

標準的な遊戯療法では，ふつう，時間・場所の制限，過度の攻撃の禁止などのルールがもちこまれる。もちろん，ルールの適用・運用の実際は，子どもの特性ないし子どもの抱えた問題の特性によって，また治療者の特性，治療方針，個人療法か集団療法かの形態の別などによっても微妙に異なってくる。重要なことは，どのような遊戯治療を行うにもきちんとしたルールがあり，それはいい加減な事情で変更されるべきではないという点である。

3　遊びの治療的意義

ここで，なぜ遊びを利用した心理療法が行われるのか，遊びを用いるとどのような治療的な意義があるのかについて考えてみよう。

もともと心理療法は，言葉を媒介として人の心理的な問題にアプローチしようとする。ところが，子どもの場合，言葉で自分の気持ちを表現したり整理することが十分にはできないので，大きな壁にぶつかってしまう。言葉だけで子どもに接近しようとしても，治療の場は子どもにとって退屈であったり，苦痛であったりして，そもそも継続した治療関係を結べない危険性が高い。

子どもの心理治療を試みる人たちは，遊びを媒介手段として用いることによってこうした問題が乗り越えられると考えたのである。まさに，遊びは子どもの内的な世界を表現するのにもっとも適した方法なのである。

遊びがもつ治療的な意義を次のように整理することができるであろう。

①関係の絆としての遊び——子どもは大人と違い，心理治療の導入にあたって来談意欲をもたない。つまり，自分が何のために治療を受けるのかを認識できないし，あえて治療を受けようと思わないのである。しかし，遊びを媒介にすることによって，子どもはその楽しさを求めて来談するようになる。そして，何よりも治療者との間にポジティブな関係を結ぶことができる。

②表現の手段としての遊び——すでに述べたように，子どもは言葉の代わりに遊びを表現の媒体に使うことに長けている。しかし，遊びは単に言葉の代わりとして用いられる以上の働きをすることがある。言葉ではとても表現しつくせないような感情が，むしろ遊びの表現の中では生き生きと象徴的に表されるからである。

③カタルシスとしての遊び——遊びはうっ屈した感情を発散させて，それだけで精神的な健康を回復させる働きをもつ。大人にとっての遊びは多くはこの場合である。

④体験としての遊び——遊びを通じて子どもは自我成長に必要なさまざまな体験を直接ないし擬似的に得ることができる。たとえば，ゲーム遊びの中でズルをやってでも治療者に勝とうとしていた子どもが，次第に対等に張り合うことの面白さに気づくことは，その子どもが社会的なスキルを身に付けたことを意味するだろう。たとえば，傷つきやすく，何事にも引っ込みじあんの子どもは，治療者から自分の存在を尊重され，認められる体験を通じて，能動的に人と関わる自信を獲得するかもしれない。たとえば，母親との関係に困難をもつ子どもにとっては，深い母性的なものに触れる象徴的な遊びは，何か大切なものが発見され，修復され，統合されるような強いインパクトを伴う体験となるだろう。

先に例示した遊戯療法の場面も，こうした遊びのもつさまざまな機能の観点から理解することが可能である。

●4-2-2●　芸術療法

1　はじめに

“芸術療法”という言葉は誤解を与える。自分は芸術なんて無縁だと思っている人も多いであろう。実は筆者もその１人である。たしかに芸術と呼ばれるさまざまなジャンルの方法―文学，絵画，彫刻（粘土），音楽，舞踊（ダンス），書道など―を使用するが，目的とするものが違うということができる。美的な完成を目指すということは第二義的で，それよりもその人の心の中がいかに十分に表現されているのか，癒しにつながるかに焦点が合わされている。もちろん，そのうえでさらに美的に洗練された作品であればすばらしい。

芸術活動を心理療法の分野に持ち込んだのは，ユングであるといわれている。フロイトは自由連想法という言葉によるコミュニケーションを重視した。クライエントは寝椅子に横たわった状態で心に浮かんでくることを言葉にして語る。描画などを実践に取り入れることができなかったのであろう。しかし，ユングはフロイトと異なり，芸術療法を重視した。ユングは８歳から11歳までの間，たえまなく，戦争の絵などを描いて遊んでいた（『ユング自伝』）。30歳台に，フロイトと意見の違いが明らかになり，互いに別の道を行くことになる。ユングはその時，精神的混乱が生じたが，絵や彫刻などで自己治療を行った。その時に描かれたマンダラの描画はよく知られている。

その違いは，たとえば，フロイトの『精神分析入門』と，ユングの『人間と象徴』を比較すると一目瞭然である。フロイトは言葉ばかりで，ユングは絵や写真などビジュアル表現であふれている。

2　芸術療法の実際

芸術療法としては，何を使用するのか決められたものはない。あらゆる表現

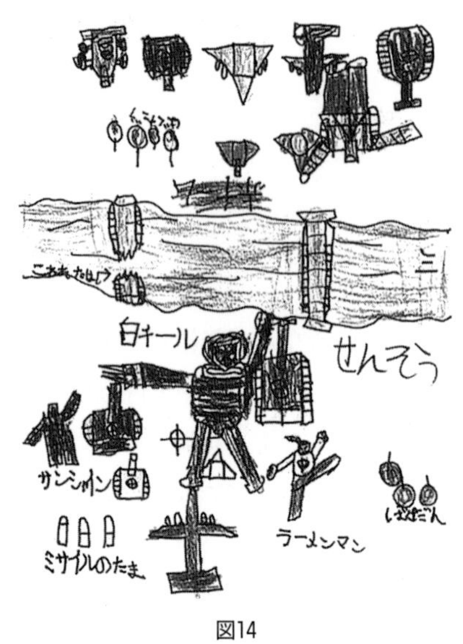

図14

行為が芸術療法の中に含まれる。その中で一番よく利用されるのは，絵画療法である。

「心の中に思いついたものを何でも自由に絵にして下さい」と教示する。この教示は，フロイトの提唱した「自由連想法」に根拠がある。描画を通して自由連想法を実現する。

図14は，小学３年生男子で，まばたきや「アッ，アッ」などの声を不随意的に出す症状（チック）のために相談に来た際に描かれたものである。子どもの場合，また，とくに心身症の場合には，症状を言葉で表現することがむずかしい。このために周囲の人たち（家族，友人，教師など）は，子どもを理解できないでいる。そこで絵画などを導入することによって，子どもの内面を推測することができる。彼は，毎回のように熱心に描いてくれた。子どもにふさわしい方法が見つかると，それまでは無口なであったにもかかわらず非常に豊かな表現を生みだし，セラピストを感激させる。

図14は第９回目の面接の時に描かれたものである。これから戦いが始まろうとしている。絵から判断すると，見かけは大人しそうな子どもの心の中にはかなり激しい感情が動いていることが分かる。絵画は視覚的表現であるが，音イメージとして受け取ることもできるだろう。この戦争画には，激しい運動と大きな音が飛び交っていることが想像される。ロボットの硬い動きは，チック症状の不随意運動と音声チック（アッ，アッ）とも関係していることが推測される。すなわち，描画の中から症状の意味を読み取ることもできる。

このように意欲的に描いてくれるクライエントの場合なら，セラピストは大変ありがたいと感じる。しかし，多くの場合，クライエントは無口で，描画も嫌がることが多い。しばしば「絵は苦手で，何を描けばよいのか分からない」と拒否される。そのためには工夫が必要である。

何か課題を与えた方が取りつきやすいことがある。よく使われる課題画として，家族画，自画像，自然，風景画などがある。また，観察能力を養う場合は，写生がよいだろう。

なぐり描き法（スクリブル，スクイッグル）

もともと子どもの遊びであり，ナウンバーグ（Naumburg, M.）やウィニコット（Winnicott, D. W.）によって臨床場面に利用されるようになった。両者ではやり方が少し異なる。たとえば，前者（スクリブル）では目を開けて，体操し体をほぐし，パステルなどの筆記具で大きな台紙に伸び伸びした流れるような一筆書きで描く。後者（スクイッグル）では目をつむり，鉛筆を使用するために，こぢんまりとした線が描かれる。また，前者は自分一人で線を描くのに対し，後者はセラピストとクライエントが相互になぐり描きをする。

しかし基本的には同じ発想と考えて差し支えないだろう。方法は「何も考えないで，自由に手を動かしてなぐり描きをして下さい」と教示する。画用紙には結果，意味のない線が描かれる。次に「この描かれた線から何か形が見えてこないでしょうか」と尋ねる。クライエントは何気なく引いた線を改めて見直してみると，そこには思いがけない図柄が浮かび上がってくることに気づく。これを投影と呼ぶ。それをクレヨンなどで絵として仕上げる。そしてこの絵をもとにして連想を広めたり，深めたり，また，物語を作ってもらう。

九分割統合絵画法

筆者は，1983年に中井の枠づけ法（中井，1974）とマンダラからヒントを得て，九分割統合絵画法（Nine-in-One Drawing Method；NOD 法）を開発した（森谷，1995）。それはＡ４判画用紙に黒色フェルトペンで枠づけした後に，さらに3×3に分割する。９つの小さな枠に，絵，文字，記号など心に自然に思い浮んできたイメージを掬い取るようにメモ書きする。描画の順序がやや変則的（“の”字のように中心から右下か，その逆）であるが，これはマンダラの考え方に由来する。しかし，順番にはこだわる必要もない。バラバラな順番に描くことでも差し支えない。絵を上手に描く必要がないので，気分が楽になる。また，9つ全部描く必要もない。この方法は，9つに限定された形での自由連想法が根拠になっている。自由連想の流れが描画に現れる。いろいろな課題（自己，家族，私の将来など）を指定することもできる。

コラージュ（Collage）療法

コラージュとは糊（にかわ collagen）による貼り付けの意味で，もともとは1912年ごろピカソやブラックによって始められた。現代美術の重要な技法のひとつである。

日本においてコラージュを心理療法の手段として計画的，積極的に取り入れるようになったのは，1987年からである（森谷，2012)。森谷は，表現意欲の乏しいクライエントにも手助けできる技法を求めていた。発想の出発点となったのは箱庭療法である。箱庭は市販の玩具を砂の上に並べるだけで，幼い子どもにも大人にも心理療法ができるし，その効果も高い。適用範囲も広い。しかし，砂箱などの設備が必要である。その準備がむずかしい環境でもできる方法，たとえば,「持ち運びのできる箱庭」のようなイメージである。1987年5月に友人と雑談中に箱庭とコラージュの関係に気づいた。すなわち，箱庭は立体の玩具を使うが，平面の絵や写真を使っても同じような効果をもたらすのではないか，と発想した。その時，コラージュ療法が頭の中で生まれた。

図15

方法は単純明快で，雑誌やパンフレットなどから，何か心惹かれる絵や写真，文字などを何でも自由に切り，台紙に貼りつける。幼児から高齢者まで，精神病者にも健康な人にも幅広く適用できる。

図15はある健康な大学

１年生女子が心理学実習として作ったものである。彼女は「さわやかで落ち着いた感じを表現したかった」と述べている。おそらく自己像に相当する若い女性とそのまわりに花や食べ物，クッションなど，ファッションセンスのよさを感じるものがバランスよく配置されている。青年期の発達課題である「自分とは何か」，すなわちアイデンティティの確立がテーマとなっている（**2-2-3**青年期参照）。これから女性としての自己を確立し，社会へ出て行く。その時，服装は重要となる。しかし，異性との出会いは今後の課題として残っている。時間次元で考えると，過去よりも，現在から未来の時間が表現されている。空間次元で考えてみると，外国，大自然などの家の外の広い世界よりは，部屋の内部の世界が，また，空よりは，地面の方が重視されている。心の準備を整えて，外の社会に向かって出て行く。青年期の出立の課題でもある。

その他にも，いろいろな方法が有効である。粘土などの造形療法，音楽，詩歌，ダンスムーブメントなど多彩なプログラムが開発されている。

●4-2-3●　箱庭療法

1　箱庭療法の歴史

箱庭療法の始まりは，ローウェンフェルト（Lowenfeld, M.）の世界技法からとされる。彼女は，1930年頃，ウェールズ（Wells, W.）の床遊びにヒントを得て，箱の中で遊び，箱の中に作品を作ることを重視して，世界技法を作った。今まで，床で遊ばれていたものをある大きさの箱の枠の中に入れたのである。この箱の大きさは後述する箱庭療法の箱と比べ，少し規格が小さい。

この世界技法をもとに，アメリカで，診断を重視して，ビューラー（Bühler, C.）が世界テストとして発展させた。一方，スイスでは，カルフ（Kalff, D.）が治療を重視して，分析心理学を加味して，箱庭療法とした。

河合隼雄は，カルフから紹介された箱庭療法（Sand spiel）を箱庭療法と訳して，1965年にこれを日本に導入した。箱庭療法と訳したのは，彼自身が小学校１年生で習った国語の教科書に載っていた箱庭遊びを連想したからだと思われる。

図16　50歳台の女性のマンダラ作品

奥平ナオミ（1988）は日本における箱庭療法の類似のものを調べ，３つを発見した。１つは，洲濱であり，２つ目は，盆石であり，３つ目は箱庭遊びであった。これらが日本に古くから存在していたことは，日本で箱庭療法が爆発的に普及していった素地があったことの証であろう。また，目幸黙僊は，「日本人は動作しながら考える傾向があり，これが箱庭を作りながら，内省することとぴったりあてはまることから箱庭療法は日本人に合っている」と講演で話したと聞く。日本人の感性が箱庭療法に適していたこともあり，箱庭療法は，外国から移入された形を取っているが，もともと日本に存在した技法とも考えられるし，日本人に適したものといえよう。

2　箱庭療法とは

箱庭療法の用具

箱庭療法は，縦，横，高さが57 cm ×72 cm × 7 cm の箱と，その中に入っている，こまかい砂と，棚などに並べられた，人間類，動物類，植物類，乗り物類，建造物類の５種類のミニチュアの玩具の３つよりなる技法である。その作品の１例を示したのが，図16である。

箱の前に立ったクライエントに，「ここにある玩具を使って，この砂箱の中に，何か作ってください」と教示する。箱の底は青色に塗られ，掘ったら水が出てくる感じになっている。このことを教示に入れるか否かは，治療者によるが，筆者は教示していない。というのは，クライエントが，自ら砂を掘っていく自発性や，底の青色を自然に発見した時の驚きを重視しているためである。

箱は，中井久夫の枠づけ法にみられるように，枠を与える役をする。部屋という枠に加えて，箱による枠によって，クライエントはより守られるから，クライエントは制作しやすくなると考えられる。また，砂は，その感触の良さから母性との関係が考えられるとともに，退行を促すと思われる。大地の土のように砂は，あらゆるものが立脚する土台的役割りも果たしていると思われる。ミニチュアは，現実との関係も保持しつつ，リラックスした雰囲気を与え，遊びの世界へいざなうと思われる。

このような用具が箱庭療法の大きな特徴であり，遊びながら自分をみつめ，自分の内界へと歩むのである。

カルフの考え

カルフは，ローウェンフェルトから世界技法を学び，ユングから学んでいた分析心理学の考えに基づいて，これを箱庭療法へと発展させた。

カルフは，次の２点を重視した。①母・子一体感　②自由で保護された空間である。

母・子一体感は，クライエントと面接者との間に，乳児期に体験するような，母子一体感が必要であるという。これは両者の治療的人間関係をもっとも基本的な母子関係である一体性に求めているといえる。この技法でも，箱と砂と玩具の助けを得て，あらゆることの起こりのもとである母子一体性の大切さを強調しているのである。自由で，保護された空間は，箱という枠と，クライエントと面接者との間で作られる場の雰囲気を示したものである。心理的な問題のあるクライエントは，どこか抑圧し，束縛されていて，自由さを失っていることが多い。こういう時，保護された空間であることが，クライエントを自由にさせやすいであろう。自由で，保護された空間にこそ，無意識から湧き出てくるものが，作品に投影され，制作されると考えているのである。

3　箱庭療法の見方

イメージとして

箱庭療法の作品は，イメージ（心象）と考えられる。イメージとは，ここでは河合隼雄が（1967）「意識と無意識の相互関係に成立するもので……」と述べている考えに準拠する。箱庭は確かに，意識的に制作しようと思えばできる。しかし，制作を体験すると理解できるが，制作し終わると，「どうしてこの玩具を置いたのか」「知らないうちにマンダラになっていた」「この部分は何か分からない」などと意識以外のものがいつの間にか忍び込んできていることがある。

河合は，イメージの特徴を，①集約性　②直接性　③具象性　と述べている。筆者は，さらに，④力動性を加えたい。集約性とは，１つのイメージは，１つの意味を示すというよりはむしろいろいろな意味が重なっているということである。直接性とは，言葉で表現するより，より直接的にその人の心をうつことである。たとえば，「父親は殺したいほど憎い」と述べるよりも，「父親らしい玩具に制作者らしい玩具がおそいかかっている」作品の方が，具体的であり，迫力があり，真に迫ってくるものがあるということである。具象性とは，直接性でも述べたように，よりじかに，具体的に示していることである。力動性とは，作品は，ある停止した１点を示しているのであり，その作品ができるまでの過程があるし，作られた後も，それは次へと変化し続けていることをも含んでいると主張したいのである。作品が変遷するのとともに，作品自身のもつ動きをも含んでいる。

治療過程

箱庭療法が，治療のために使われる時，カルフは，次の段階を踏むと主張している。それは，①動物・植物的段階　②闘争の段階　③集団への適応段階　である。動物・植物的段階とは，本能的，衝動的，無意識的なものが表現されていることを示す。分析心理学では，心理的な問題行動と無意識的なものと関連づけて考えているから，問題行動が消去するためには，無意識的なものの一部が整理されることが必要である。それは，作品や夢などによって，意識化されることと考えられる。動物・植物的段階では，このような無意識的なものが表現された作品となり，作品自身も動物や植物が多く使用された作品といえよう。闘争の段階は，戦いや動きが表現された時である。戦いなしでは，新しい秩序は生じてこない。また，意識化される時や無意識的なものが整理される時，そこには動きが生じる。こういう動きをも含んでいると考えている。作品としては，アメリカ兵とドイツ兵の戦いやカウボーイとアメリカインディアンの戦いなど，戦いで示される。集団への適応の段階は，新しい秩序づけられたことを示すものである。この時の作品は，公園や町など静かなものが多い。資料収集などで正常者が制作した時に多く出てくるテーマの作品である。この3つの段階がストレートに順序正しく制作されることはまれであり，むしろ，この3つが入りまじりながら作られる。大きな流れとして，この3段階に分けられるということである。また，面接過程を，初期，中期，終結期と3期に分けるならば，動物，植物的段階は，初期および初期から中期にかけてが多く，闘争の段階は，否定的な感情の表現や，対決などいろいろなことが生じてくる中期に対応し，集団への適応の段階は，終結期に対応するといえよう。

いろいろな特徴

よく質問されることに,「面接者の位置はどこがよいか」がある。これは箱庭のセットがどのように配置されているかによって，面接者の位置は決まってくる場合もあろう。筆者は，だいたい，制作者の斜め後に位置している。後から見られているのを嫌う制作者の時には前へ，逆に，前から見られるのが恥ずかしい制作者には後にと，位置を臨機に変えている。

「適応年齢は」と尋ねられることもある。別に決まっているわけではなく，2歳半ぐらいから92歳の人の作品まで筆者は見たことがある。どの年齢層にも適応できる。中・高校生など言葉で表現しにくい問題を抱えている人には，箱庭は特に適しているかもしれない。

筆者は，オーストラリア人の作品やアボリジニの作品を収集してきている。文化差比較にも使えると考えている。文化差によって，作品における共通性と差異性が発見できるのではないかと考えたからである。

また，今日，心理面接者の訓練が大きな問題となっているが，そのためにも利用できる。たとえば，箱庭療法における物語作り法やグループによる制作などが考えられている。

●4-2-4●　催眠・自律訓練法

1　はじめに

催眠療法はウィーンの医師メスメル（Mesmer, F. A.）によって18世紀後半に始められた。その後，催眠に対する研究が進み，フランスに19世紀後半，2つの学派が出てきた。一方のサルペトリエ学派は催眠の意識状態に焦点を当て，催眠状態は人工的に作り出されたヒステリー状態であると考えた。もう一方のナンシー学派は，催眠の暗示現象に焦点を当て，催眠の本質は暗示であると主張した。

フロイトは，もともと催眠療法を行っていた。催眠療法の中から精神分析を作り出していったのである。

2　他者催眠療法

催眠状態に入るには，大きく分けて2つの方法がある。1つは，催眠をかける人と催眠にかかる人が別々の場合である。一般に催眠と呼ばれる時は，このようにかける人とかかる人が別々である。これは他者催眠と呼ばれる。それに対して，自分で自分に催眠をかける場合がある。これは自己催眠と呼ばれる。

他者を催眠状態に誘導する具体的方法は，催眠者が被催眠者に暗示体験をするようにリードする。一般にはやさしい暗示内容から難しい暗示内容へとリードしていく。被催眠者が暗示内容に反応をしていくうちに，被催眠者には催眠状態という意識状態が生じてくる。

従来の心理療法に用いられる催眠療法の内容を筆者は3つに分類している。暗示が中心の催眠療法。催眠の意識状態の代表的特徴であるリラックス状態が中心の催眠療法。イメージが中心の催眠療法である。

1　暗示催眠療法

暗示の利用を中心とする催眠療法である。

暗示には，直接暗示と間接暗示がある。直接暗示とは，目的とする心的状態を暗示文として直接与える方法である。たとえば，痛みの問題などでは，「痛みがなくなる」という暗示文である。

それに対して，間接暗示と呼ばれるものは，目的とする心的状態を暗示文としては直接与えない方法である。間接暗示としては，さまざま考えられる。たとえば，痛みの問題として，痛みの現象のためにある特定の意識状態が役立つと考えられる時，その意識状態を求める暗示を与える。そして，その結果痛みが減少するとすれば，最初の暗示は間接暗示ということになる。さらに，言葉を用いないで行動言語や態度言語，象徴言語で影響を与えることも間接暗示に入る。

暗示催眠療法の代表的な人としては，エリクソン（Erickson, M. H.）がいる。エリクソンは間接暗示技法が中心であった。彼の間接暗示技法は非常に巧妙である。象徴言語的暗示，行動言語的暗示，そして流れを重視した暗示などがある。

催眠療法というとクライエントへの働きかけが中心のように理解されがちであるが，エリクソンの観察の細かさは筆者からいわせると凄まじいという言葉がぴったりである。この細かい観察結果をもとにして彼はさまざまな間接暗示をケース・バイ・ケースで工夫していった。

エリクソンが亡くなった（1980）あと，彼の考え方，技法を受け継ぐエリクソニアンがアメリカを中心として増加している。

2　リラックス催眠療法

リラックス催眠療法とは，催眠の意識状態を中心として利用する技法である。催眠状態に入ると，普段感じていたストレスから解放される。すなわち，自分を脅かす気持ちから解放される。

この意識状態を利用することによって，治療していく方法である。栗山（1971）は，催眠状態に入れ続けるという持続催眠法で多くの胃潰瘍を治療している。

筆者は，リラックス催眠療法を不安発作状態のクライエントに用いたりしている。たいていの不安発作状態のクライエントは，リラックス催眠によって催眠性睡眠や自然睡眠に入っていく。そして，睡眠から目覚めた時には，不安発作と呼ばれる恐怖状態から解放されている。

3　イメージ催眠療法

最近の催眠療法の中では，イメージを用いたものが多い。大きな枠組みでイメージを捉えると，催眠現象はすべてイメージ現象として理解できる。

催眠（暗示）現象をおおざっぱに捉えると，催眠にかかった人が，暗示として言われたことがまさに自分に起こっているかのごとく思いこんでしまう現象である。この現象はイメージ体験そのものである。

しかし，イメージ催眠療法におけるイメージは，催眠にかかっている人の主体が，イメージ内容に対して，それなりの心的距離を置いていることがほとんどである。たとえば，目の前にイメージが見えるとか，身体感覚としてのイメージを感じるとかである。これらはすべて，イメージを知覚する主体はかなり冷静な状態を維持している。

このようなイメージを用いて，精神分析的考え方で進めていったり，ユングの分析的心理学の考え方で進めていったり，ロジャーズのクライエント中心療法で進めていったり，行動療法的考え方で進めていったり，さまざまな用い方がなされている。

さらには，イメージの中に表現されている象徴とそこに登場しているクライエント，あるいは眺めているクライエントとのやりとりを中心に進めていく方法もある。たとえば，怖いものに追いかけられているイメージが見えたとしよう。その時には，怖い気分に振り回されるのではなく，怖いものの正体を知るために，あの手この手の試みをイメージの中で行うことによって，怖いものとの関係調整をするといった具合である。筆者はこの方法がもっとも従来の催眠療法の流れをくむ方法だろうと考えている。

3　自己催眠療法

心理療法というと悩んでいる人がいて，治療者がいるという構図を思い浮かべがちであるが，人は悩みをもつとまず自分で自分の悩みを解消しようと努力する。自分で悩みを解決することが不可能となった時に，まず専門家の助言を求めようとする。助言だけで悩みが解決しなかった時にはじめて専門家の治療を受けるということになるのである。

このように考えると，悩みをもってはいるが，専門家に治療を受けるほど困っていないという状況はたくさん存在する。そのような時には，専門家が悩みの解決方法の技術や考え方を指導し，それを悩んでいる人が実践するという考え方が成立する。また，健康人であってもさらに自分の人生を深めるための技術を習得し，考え方を習得するという考え方が成立する。これらはすべて，心理療法の延長線上に位置する。

筆者（1993）は，他者催眠を用いず，自分で自分に催眠をかけることによって，催眠状態に入り，その意識状態によって自己解放される方法を追求した。方法は他者催眠技法の導入の部分を催眠者なしで行う方法である。

自律訓練法も一般的には自己催眠のひとつと考えられている。自律訓練法では，リラックス催眠状態に通じるような意識状態が追求される。

4　自律訓練法

自律訓練法は，ドイツのシュルツ（Shultz, J. H.）が考え出した方法である。

自律訓練法は，方法が明確に決められている。重さを感じる重感，暖かさを感じる温感，心臓調整，呼吸調整，額の涼しさを感じる方法が，標準練習である。そこまで習得すると，時には次の段階の特殊練習，黙想練習に進んでいくこともある。これらの訓練には，それぞれどのようになることがその段階を習得したということになるかという，明確な目標が定められている。

具体的方法は，安静閉眼状態で，言語公式と呼ばれる決められた自己暗示文を心の中で繰り返す。そして，求められる身体感覚が生じるように練習するのである。この方法を一人で習得するのには，かなりの根気と時間が必要である。

自律訓練法や自己催眠法での効果は，確かにその技法によって生じてきた意識状態の効用がある。しかし，それ以外に大きな効果を生み出すものとして，それを習得しようとする人，あるいは習得した人が，その意識状態に入ることを定期的に繰り返すという主体的努力の側面があると筆者は考えている。

5　まとめ

催眠という言葉を聞くと，催眠にかかった人は催眠をかけた人の言う通りになってしまうと一般には想像されることが多い。そして，催眠療法という言葉を聞くと，催眠療法家のもとをたずねれば，催眠療法家が自分に催眠をかけてくれて，その中ですぐに治してくれると思いがちである。

しかし，そのように催眠療法はクライエントの依存性を強化するものではなく，またおまかせという形で悩みが解消されるものでもない。催眠状態という意識状態の中で，クライエントは主体的に努力することが求められる。また，繰り返される催眠療法の中で，クライエントにとっては能動的主体的催眠である自己催眠に，クライエント自身が入っていくようになる。他者催眠を多く経験していくと，実は外見は他者催眠ではあるが，内容的には自己催眠状態に入るという形に変わっていくのである。

● 4-3 ● 個人へのアプローチ（日本で開発されたもの）

●4-3-1● 森田療法

1　はじめに――森田療法のなりたち

森田療法は，神経症の治療法として1920年頃，森田正馬（もりた・まさたけ，1874～1938）によって創始された日本独自の精神療法である。森田正馬は幼少期より病弱で，自ら神経症様症状に悩み克服した経験をもつが，その闘病体験を礎に，およそ20年間の試行錯誤の末，本療法を生み出した。森田は元来非常に探求心が旺盛であり，当時効果的といわれていた治療法，すなわち安静療法，作業療法，説得療法，さらには種々の薬物療法から催眠療法，民間療法のたぐいまであらゆる方法を試みたが，神経症に対する効果的治療法を見出すには至らなかった。森田は，説得療法や催眠療法を用いることにより不安神経症の治療にはある程度成功したものの，強迫性を帯びた赤面恐怖や強迫神経症だけはどうしても治すことができず，ほとほと手を焼いていた。そんなおり，知り合いの看護婦長が長く神経症に悩んでいることを知り，転地療養のつもりで自宅に下宿させたところ，思いがけず症状が軽快する経験を得た。森田はこの経験から，自宅を解放して入院治療を施す家庭療法を思いつき，現在の森田療法の原型を確立したのである。

2　森田療法の治療観（人間観）

森田療法の治療観の根底にあるのは，心身自然一元論である。森田は精神を自然の一部として捉え，精神は常に流動変化し，自然な調節作用をもつものと

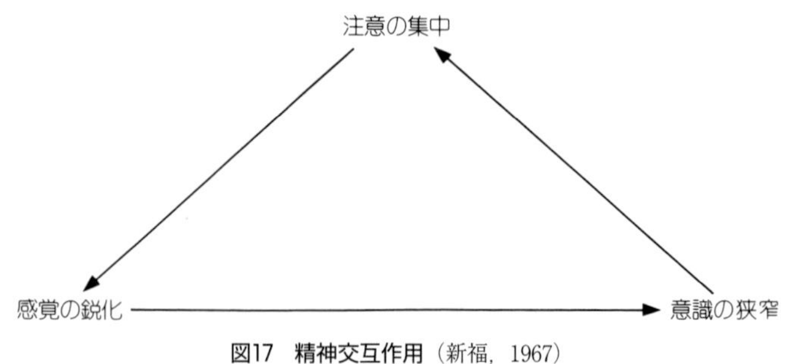

図17　精神交互作用（新福，1967）

理解した。そこで森田は，人間に内在する自然治癒力への信頼を精神療法の基本的姿勢とし，人間が元来もっている自然な欲求を現実の生活場面に発揮させ，それを育成していくことに治療の主眼を置いた。さらに基本的姿勢のもうひとつは，内的な問題（心）はその人間の身体的行為，すなわち生活全般に現れるという理解である。ゆえに，身体的行為を通した体験は内的体験に通じ，内在する自然治癒力を増進させると考えた。こうした治療理念に基づき，臥褥期，軽作業期，作業期と時間的・空間的に展開する治療の場のセッティング，および不問といった森田療法の治療構造と技法が成り立っているのである。

3　森田療法の精神病理仮説

森田は神経症の成り立ちを，とらわれやすい素質（ヒポコンドリー性基調）×誘引×病因（精神交互作用）とした。神経症の発症に必須なものは森田が素質と呼んだヒポコンドリー性基調であるが，その症状の発展に決定的な重要性をもつのは精神交互作用と思想の矛盾である。図17は精神交互作用を図式化したものである（新福，1967)。精神交互作用とは，「ある感覚に対して，それに注意を集中すれば，その感覚は鋭敏となり，この感覚の鋭敏さは，さらにますます注意をそれに固着させ，この感覚と注意とがさらに交互に作用し，ますます感覚を過敏にする精神過程である」（森田，1960)。すなわち感覚と注意が相互に賦活し合い，症状が発展固着する悪循環過程である。また思想の矛盾とは，人が自然や自然の現象である心身を支配しようとする万能感にとらわれることであり，具体的には不安を排除し，それと抗争する心的態度を指す。この思想の矛盾により，不安を知的に解決しようと構えれば，さらに精神交互作用が強まり，「なくそうとすればするほど，そのことが気になり，ますますとらわれる」といった堂々めぐりの袋小路に陥るのである（『とらわれ』と『はからい』の悪循環パターン）。森田は患者のとらわれている感情，観念は自然なものと肯定し，それを排除しようとする心的態度こそが問題だとした。したがって治療では，あくまでもこの心的態度（形式）に焦点を当て，症状そのものは直接取り扱わず，またその意味内容も探求しない（不問）。森田療法における治療目標とは，悪循環を生み出している心的態度の修正と，健康な欲求の気づきとその育成を図ることである。

4　治療の時間的・空間的セッティング

治療過程では，あらかじめ治療の場を設定し，そこでの患者の生活体験に焦点を当てる。すなわち患者の病理（心的態度）を，作業，集団など治療の場への関わり方に置き換えさせていくのであり，治療の場そのものが『治療の舞台』となるのである。

森田療法の治療構造は，時間的・空間的にセッティングされており，『遮断的環境』に置かれた患者の生活空間が時間的経過とともに広がり，それと並行して患者に課せられる役割や責任が段階的に重くなるよう作られている。この構造が，各段階における患者の病理と遂行課題を浮き彫りにする上で重要な役割を果たす。図18は治療の流れの概要を示したものである。入院期間は症例によって違いがあるが３～６カ月である。まず治療導入期では，数回の面接や森田療法室の見学を通して，あくまでも治療の主体は患者自身にあることを明確にし，治療目標の設定と治療への動機づけを行う。多くの患者は，森田療法の本などにより，治療に対して幻想的な期待を抱いているため，導入時のこうした介入を行うか否かは入院後の治療経過に大きく影響を及ぼす。絶対臥褥期（原則的に７日間）は食事，洗面，排便を除いては一日中臥床するよう指示され，いわば自らと向かい合う時期である。ここで体験される退屈感と行動への欲求が

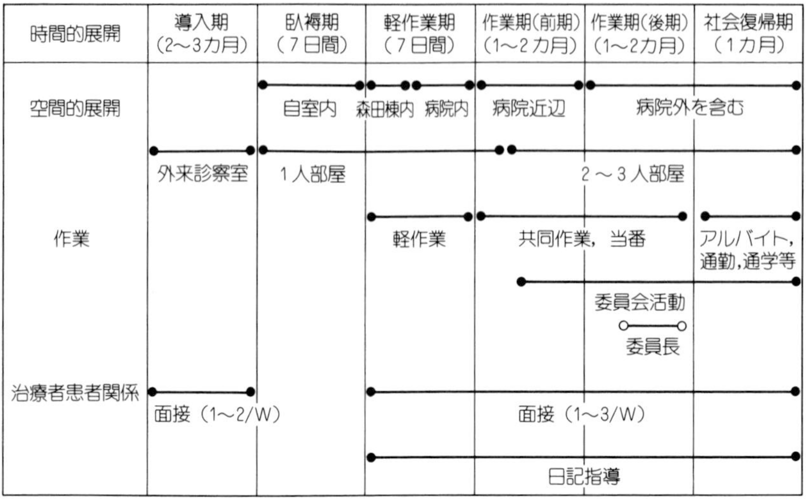

時間的展開	導入期（2〜3カ月）	臥褥期（7日間）	軽作業期（7日間）	作業期(前期)（1〜2カ月）	作業期(後期)（1〜2カ月）	社会復帰期（1カ月）
空間的展開		自室内	森田棟内　病院内	病院近辺	病院外を含む	
	外来診察室	1人部屋			2〜3人部屋	
作業			軽作業	共同作業，当番		アルバイト，通勤，通学等
					委員会活動	
					委員長	
治療者患者関係	面接（1〜2/W）			面接（1〜3/W）		
				日記指導		

図18　森田療法における時間的・空間的セッティングと治療の流れ

心身の自然治癒力の芽生えとなり，起床後の作業へと引き継がれるのである。軽作業期（起床後１週間）になると，周囲の観察とともに木彫りなどの個人作業が始まる。この時期患者ははじめて集団と出会うことになるが，他の患者との関わりは最小限に制限され，まず生活に慣れることが目標となる。治療者との関わりでは，週に１〜２回の面接に加え毎日の日記指導が始まり，起床間もない患者は治療者より返されるコメントを支えに，この場にとどまり生活に取り組んでいく。作業期に入ると集団への関わりや行動の制限はなくなり，森田療法室の日課に則って，作業に取り組むよう指示される。作業とは，いわゆる食事の配膳，病室の清掃など日常生活に即したものから，動植物の世話，新聞作り，行事の企画などの委員会活動まであり，患者は起床後１カ月ほどでいずれかの委員会に所属し，その運営に携わる。この作業期が治療上もっとも重要な時期であり，ここで担う役割が見習いから中堅，委員長へと変化するにつれ，作業および集団への関わり方を通じて患者の取り組むべき課題と不適応を引き起こす心的態度（『とらわれ』と『はからい』のパターン）が浮き彫りになっていく。治療者は面接や日記による個人的関わりに加え，作業委員会のリーダーシップを取ることで患者集団に関与し，患者の病理を把握していくのである。社会復帰期（約１ヵ月）は各症例によって設定の仕方が異なるが，社会復帰に向けてそれぞれの課題を遂行していくことになる。

5　治療技法

森田療法における技法上のポイントは，以下の３点にまとめられる。まず第１に治療者が行うことは，森田療法理論に則った心理的教育である。これは患者の訴えを『とらわれ』と『はからい』の悪循環モデルに翻訳し，症状そのものが問題なのではなく，その心的態度こそが不適応の要因であることを繰り返し患者に伝えるものである。治療者がこの悪循環パターンを提示した際に患者がピンとくるか否かは，森田療法適否の判断の材料の１つになると同時に，治療への動機づけや治療目標を明確にする上で重要である。第２のポイントは，作業および集団によって構成される治療の場の運営である。治療者は，時間的・空間的に展開する治療構造を作り，患者にとって作業や集団が治療的に働くようさまざまな関与をしながら，治療の場を維持していく。第３として，患者の病理を作業および集団への関わり方に置き換え，浮き彫りにする『治療の舞台』が治療構造であるとすれば，患者を『治療の舞台』に乗せていく鍵となるのが不問である。不問とは，前述したように症状の意味を問わないことであり，治療者患者関係における転移感情を取り上げないことである。しかしその一方で患者の作業や集団への関わり方については面接や日記のコメントを通して積極的に反応する。これは治療の場に再現された患者の『はからい』の指摘と『踏み込むべき課題』の明確化である。そしてその背後にある健康な欲求や行動に向かう姿勢を評価し，促していく。こうした治療者の一貫した態度が要となって，患者は徐々に現実の課題に踏み込み，心配すべきところを心配することが可能になっていくのである。

森田療法の治療プロセスは，治療構造と治療者による不問が相互に関連し合うことにより展開する。治療者は症状を不問に付す一方で，治療の場での「今，ここで」の体験に介入することにより，患者が自分のあり方を体験的に理解し，修正し，深化させていくのを援助するのである。

付記：なお，最近は外来森田療法が主流となっているため，森田療法に関心のある方は，巻末の参考文献（北西・中村，2005；中村・北西・丸山他，2009）を参照して頂きたい。

●4-3-2● 内観療法

1 内観療法とは

吉本伊信（1916～1988）が開発した内観療法は，わが国独自の心理療法のひとつである。もともと内観法は自己探究法であったが，時とともに健康な人びと（学生，会社員，医師，看護婦，教師，カウンセラーなど）の自己啓発法として活用されるようになった。さらに，さまざまな精神的なトラブルをもった人びと（非行，不登校，うつ状態，夫婦の不和，アルコール依存，犯罪，心身症などに苦しむ人びと）の心理療法としても，その価値が認識されるようになってきた。

内観の治癒機制や適応などを多角的に研究するため，精神医学や心理学の専門家が中心になって1978年に日本内観学会が発足している。今日では，日本全国で30以上の内観研修所があり，ドイツ・オーストリア・アメリカなど欧米にも広がり，1991年には東京で第１回内観国際会議が，1994年にはウィーンで国際内観学会が発足した。2011年に日本で国際内観療法学会が発足し，中国・韓国・スリランカ・アメリカ・フランスなどの参加がある。

2 治療構造

内観法の基本的形態としては，クライエントが研修所に１週間宿泊して内観する「集中内観」と，日常生活で短時間内観する「日常内観」がある。

ここでは，筆者が主宰する奈良内観研修所での集中内観の治療構造を紹介しよう。

1 場　面

①場所的条件――クライエントは，静かな部屋に座る。そこは日常生活の

わずらわしい刺激から遮断され，静かに自己を見つめることのできる保護された空間になる。

②身体的条件――内観中は，楽な姿勢で座る。足が痛ければいすに腰かけてもよい。3度の食事，入浴，就寝という規則正しい生活が生理的リズムの調整となって，心身によい影響を与えていることも見逃せない。

③時間的条件――1日目の午後2時に集合してオリエンテーションを受け，内観を始める。そして，翌日からは午前6時に起床し，洗面や掃除をした後，午後9時までの約16時間内観する。7日目は終了の座談会の後，午前9時に解散する。

2　内観のテーマ

①どのような目的で内観する人も，無理のない限り，母親（または母親代わりに育ててくれた人）に対する自分を，

⑴世話になったこと，⑵して返したこと，⑶迷惑をかけたこと

という3つのテーマにそって調べる。とくに迷惑をかけたことに時間をかけて想起する。

②小学校低学年，高学年，中学校時代……というように年齢を区切って，過去から現在までを調べていく。

③母親に対する内観がすめば，父親，配偶者，友人など身近な人に対して同様の観点から調べていく。ひと通り終われば，また母親に戻る。

④その他，内観では養育費の計算，嘘と盗みといったテーマもある。

3　カウンセラーとの面接

面接は1～2時間ごとに1回3～5分あり，1日8回程度ある。クライエントは内観した結果を簡潔に報告する。テーマから逸脱した報告をした時は，カウンセラーはそれを指摘し，苦しくともテーマにそって過去のありのままの自己を見つめるよう励ます。それ以外は静かにクライエントの話に耳を傾ける。カウンセラーとクライエントの間に信頼関係が必要なことは，他の心理療法と変わらない。

3　薬物依存の女性の事例

Mさんは大学時代に仲間と法律で禁止されている薬物に耽溺した経験がある。結婚後，専業主婦の寂しさのあまり向精神薬に親しむようになり，交通事故や万引き事件を起こし，ついに精神病院に入院した。1カ月後，退院したが翌日に再発し，堪忍袋の緒が切れた夫からの離婚話に驚いて，医者のすすめで内観を研修した。

Mさんは妹と比較して，両親から愛されていないと思っていた。しかし，内観研修の2日目，両親から多くの愛情を注がれていたことを実感した。そして3日目には，小さい頃から親に嘘をついて勝手なことをして，ついに薬物依存の世界に入った自分の姿が明らかになった。

5日目に，彼女は朝日のきらめきや草木のそよぎに生命の輝きを実感した。そして，それらが感じられるのも母親のおかげだと感謝した。彼女は研修日記に「食事をおいしいと感じられるのも，自然に対する感激もすべて母が私をおなかにいる間から大切にいつくしんでくれたからこそ，この心身があったからこそ，それゆえにこの感動を体験できたのです。産むだけでなく，今日までこんな私を見放しもせず，いつも支えてくれた両親や回りの人たちの愛によって私は今日を迎えることができたのです」と記している。

そして，薬物依存の世界への逃避は母親への反発と自己嫌悪からであったことを洞察した。

6日目には，夫への謝罪と感謝の気持ちでいっぱいになり，許してくれるなら，もう1度やり直したいと決心している。

その後のカウンセリングの効果もあって，内観後，彼女は薬物依存の世界から解放され，夫と幸せに暮らしている。

4　内観療法の人間観

内観のテーマは，「世話になったこと，して返したこと，迷惑をかけたこと」であるが，そこには，内観療法の次のような人間観が反映されている。

①人間は他の人びとと支え合い，動物や植物や川や海などの自然と相互に依存

して生きている（私たちは荒野でひとり生きているのではない。内観すれば，多くの世話になった事実が浮かび上がり，支え合って生きていることが分かるであろう）。
②人間は自己中心性（エゴイズム）という根源的傾向をもっている（私たちは自分に都合のよいように行動し，自己中心的な見方で世界を見る。内観すれば，迷惑をいっぱいかけてきたことを発見するであろう）。
③多くの世話になっていたことを知り，それにもかかわらず迷惑をかけていたことを発見するならば，感謝の気持ちと謝罪の気持ちが強くなり，自分からも相手にして返したいという積極的な意欲が湧いてくるであろう。

5　内観療法の治療機制

内観療法では，「多くの世話になっている自己，して返したことの少ない自己，迷惑をかけたことの多い自己」の発見と，それに伴う自己像や他者像の再構築が，治療機制の中核である。

1　世話を受けてきた自己の発見

この発見によって，自分は愛されていなかったという被害者意識が解消し，愛情を再体験して寂しさが解消する。そして，人間や世界への基本的信頼感と自己存在への基本的安定感が生まれ，新たに生きる意欲が向上する。

2　して返したことの少ない自己の発見

この発見によって，今までの消極的な生き方を改めて，自分も人の世話をし，この世界に寄与したいという積極的な姿勢へと転換する。

3　迷惑をかけたことの多い自己の発見

この発見によって，迷惑をかけた相手の苦しみや悲しみを共感し，以前より相手の立場を理解できるようになる。また償いの行動を起こしたり，自己反省するようになる。そして，迷惑をかけたにもかかわらず，多くの世話をしてくれた人びとの愛情の深さに感謝の気持ちが強くなる。

4　自己像や他者像の再構築

村瀬孝雄（1989）は心理療法の本質を論じて，「心理療法の真に治療的変化を引き起こすのは，自己像とそれへの関わり方が，硬化し限定され，しばしば歪められている状態が，より柔軟で自由かつ的確なあり方へと変容していく過程なのである。それは，存在のしかたの変化，情緒と認知の両面のさらにより根源的な層での変化とでも呼びうるものである。……行動療法は別であるが，他の大多数の療法では，方法や治療的改善に違いがあっても，そこに生ずる変化の本質そのものには，この点でかなりの共通性が見られるのである」と結論づけている。内観療法でも，上述のような発見をもとにして自己像や他者像も再構築され，精神的健康が向上する。Mさんの事例にもその一端がうかがえるであろう。

内観療法は精神分析などの心理療法に比較して，実践が先行し理論化が遅れている。しかし，シンプルな方法であるが奥が深く，適応対象が広く，1週間という短期間で治療的効果を上げる可能性をもつ内観療法は，今後の心理療法の世界でも大きな役割を果たすのではなかろうか。

●4-3-3●　動 作 法

1　動作法の由来と基本的な考え方

こころの問題を解決・治療するのに，なぜからだ（動作）なのだろうか。動作法という言葉をはじめて耳にした人の素朴な疑問でもあろう。それでは，わが国独自の方法である動作法は，どのようにして確立されてきたのであろうか。

動作法の源流は，脳性マヒの子どもたちの動作不自由を改善するために成瀬（1966）によって開発された動作訓練の手法がその出発点である。

ところが，動作を道具として用いることによって，動作それ自体の改善が得られるだけでなく，心理・行動面の変容をももたらすということが，大野・今野ら（1972）の報告から明らかになった。その前後から，カウンセリング場面はじめ，いろいろなところで実験的，臨床的にその有効性が報告されるに及んで，わが国を代表する新しい臨床治療法として確立されつつある。

成瀬の基本的方法論は，「いつも，自分の目で見つめ，からだで感じ取り，状況をあるがままに把握していくという現場中心の臨床」に原点を置き，一貫した現場活動に徹している。諸外国からの単なる借り物を厳しく戒め，わが国独自の方法論の確立に心血を注いでいる。その独自性は，以下の具体例の中に如実に示されている。

身体性を手がかりに主体的活動に基軸が置かれている動作法の中で，一見，矛盾するかのようにみえる言葉のひとつに「おまかせ脱力」なる技法がある。主体性の究極の活動様式とでもいえる絶対的おまかせ，すなわち，クライエントとセラピストの絶対的信頼の世界である。身体性を通した人間関係ということで，関係の構造をより明確化し，訓練関係という用語を用いている。したがって，動作法では，関係の作り方は，厳しく検討され，時としてクライエントのペースに巻き込まれているのではないかという推測も，具体的な訓練場面での身体を通した対応の仕方から考察される。

もうひとつの例として，形を整えて，魂を入れるという言葉もしばしば用いられる。さらに「離すぞ，離すぞ」という言葉も動作法の中では，頻繁に使用されている。

ややもすると，セラピストに依存的になりがちなクライエントに，ハッと目を見開いて自分の力で自分が今立っているという能動感を身につけさせるためにも，セラピストは，それまでは密着的な援助をして，クライエントが安心・安定した状態で，いつでも自律に移れるように用意をする。

クライエントの変化していく状態像をよく見極めていないとタイミングを逸してしまう。自分で立つほかはない，と覚悟を決めさせるのであるが，むやみに，離すのではないことは無論である。

2　動作法への導入と手順

多くのクライエントは，それまでの心理面接には慣れているが，動作法はイメージが沸きにくいと思われる。したがって，動作法への導入の仕方が，治療効果の大きなポイントになる。

症状，問題の成り立ちや背景についてのインテークはくわしく説明するが，このクライエントは，動作法からのアプローチが適切で有効ではないかという見立てがなされたら，クライエントの症状や問題内容に応じて，動作課題を設定する。基本的には，座位，膝立ち，立位，歩行，という課題動作であるが，腕挙げ動作や，やりとりのあるギッコン・バッコン課題等，臨機応変に対応する。軀幹ひねり動作課題などが有効という報告もある。

自分は心理的な悩みの相談に来ているのだから，からだの動きに働きかけても，少しも自分の問題解決にはつながらないと拒否，抵抗を示すクライエントは，筆者の経験ではほとんどいない（もし，内心抵抗があれば，ドロップ・アウトという中断の型で表現されるかもしれない）。

50分の心理療法のうち，はじめの40分ぐらいは動作法のみ，終わりの10分位を，動作法実施中の気づきや受けとめ方，あるいは症状や日常生活の対処の仕方に何か変化はないか等々話し合う。経過を追うごとに，心理的問題も顔を出すようになってくる。それに応じながらも，どこまでもひたすらに動作に主軸を置く。

なぜ動作法は有用なのだろうか。次の説明に耳を傾けてみる。

クライエントが自体への能動的な働きかけを通して，自己統制的体験様式を身をもって体得する。臨床場面で得られた自体を操作しているという体験様式は日常生活のすみずみで，生活の仕方に変化をもたらすようになる。

自分が大地をしかと踏みしめているという実感は，自己軸の形成といわれ，動作法の中では重要な概念として位置づけられている。別言すれば，それまで，ヨコ方向へ逃げたり，誤った力の入れ方をしていたのが，訓練を通して，上手に統合され，タテ方向に力が入れられるようになる。自分というのが体軸の中心に据わっているという身体性に裏打ちされた体験こそ，繰り返し述べるように重要な体験様式である。動作法の中では，人が空間の中で，地球の重力に抗して大地を踏みしめ，タテになるということは，自己確立感を保持する重要な体験様式とみなされている。

3　動作法の適用の拡大と効果

動作法が動作の改善と同時に行動の変化にも効果があるらしいということで，

障害児のための発達臨床動作法をはじめ，スポーツへの適用例や，乳幼児から高齢者に至るまでの生活コース全般にわたる応用，クリニックや病院臨床における神経症や統合失調症者への治療動作法（動作療法），よりいっそうの健康増進を求める健康動作法，今，学校カウンセリングで児童・生徒の臨床のあり方が問われているが，そんな局面における教育臨床法，なかには，歯のかみあわせを姿勢との関係で捉えたり，これから，いろいろなセラピストがいろいろな適用の仕方を模索していくだろう。拡大すれば良いのではなく，有用有効であってこそ意味をなすことは当然なことである。

諸外国でも，動作法を試みてみようというセラピストが出てきており，文化的な違いを含めて，本法の世界的有効性に関心が集まっている。

動作法の中でも，キャンプ方式での一週間の宿泊集団集中訓練における，動作面および行動面における変容は大きい。

動作現況や動作評定票など，動作の尺度化されたチェックリストが用意され，あるいはボディ・ダイナミックスが図示されるように工夫されている。訓練前後の比較検討は，容易にできるようになっている。さらに，予診の状況や，効果測定の課題に対する変化などそれぞれ写真やビデオにとって参考資料として保存することが多い。

キャンプ方式に限らず，動作法は動作や行動の変化という結果のパフォーマンスと同時に，むしろ，動作努力の仕方の体験様式こそ重視され，動作課題への努力の仕方と，現実の行動の変容ぶりから，クライエントの内面の体験様式をうかがい知ることができるし，より確かな行動科学的推測の方法が採用されている。

4　動作法におけるセラピストの課題

成瀬（1994）は，セラピストの課題として

①相手の絶対的な受け入れ

②密着的共感的援助

③相手への根源的信頼

④責任ある能動的働きかけ

を挙げ，さらに援助の要領として，次の項目を挙げている。

1．相手に介入し，働きかけながら対応をよく見る

2．適切に課題を選んで確かめる

3．現状で変化できるところ，変化しやすいものに働きかける

4．変化はできるだけ確実にしていく

5．相手に分かるように，できるように援助する

6．言葉の説明や眼での理解はごくごく補助的に

7．動作は，動作レベルで，からだの感じで

8．相手のできること，できるはずのことを適切に見定める

9．相手の体験は，プロセスと文脈において推測・理解

10．壁を越えるには，強力な介入・援助が必要

11．壁へのチャレンジは状況とクライエントのやる気で

12．絶対的保護・援助や共感的理解をしていることが態度や動作で相手に示せること

13．相手のペースにはめられないようセラピストは独立客観的に

以上のように動作法では，動作に課題を設定するだけでなく，セラピストにも厳しく関係課題を設定しているのが特徴である。

からだが変わると，こころが変わるという動作法を体験した多くの人が，動作法は奥が深いと感想をもらす。

今ここでの体験を尊重し，今よりわずかでも可能な変化を求め，必要に応じて，セラピストとして積極的に介入し，動作という現実課題を設定し，その解決のために，セラピスト・クライエントがともに汗を流す。クライエントは自分のからだや動きへの働きかけを通してからだを味わい，己れの現実と真正面から向かい合う。もし，クライエントに荷がかち過ぎる場合は，援助の手を加減したり，あるいは見直したりする。

セラピストは臨床的により望ましい方向へ変化するようにいつも具体的に課題を設定し，その現実へ向けてのクライエントの内動を感じ取り，細心の注意

を払いながら，一瞬も怠らない動作的援助の努力をする。やりとりを通した動作法は，クライエントの側にのみ変化をもたらすのではなく，セラピストの側をも活性化させるものである。

人間生活の経験や体験が希薄になっているわが国の現状において，それに応えるべく動作法は一層の積み重ねが要求されるだろう。

● 4-4 ● 個人へのアプローチ（最近人気のあるもの）

●4-4-1● フォーカシング

1　カウンセリングの成功・不成功事例の研究から

クライエント中心療法が発展していく背景には，その創始者カール・ロジャーズ（Rogers, C.：1902-1987）らによる精力的な研究努力が挙げられる。とくに，一連のカウンセリングの成功・不成功事例の比較研究は多くの成果を生み出した。**4-1-5**にあるように，ロジャーズらはカウンセリングが成功する場合，カウンセラーが自己一致しており，クライエントに対して無条件の積極的関心と共感的理解を経験している，とクライエントによって認知されていることが重要であることを見出した。

しかし，これらカウンセラー側のいわゆる「中核条件」とは別に，クライエント側にも条件があることをユージン・ジェンドリン（Gendlin, E.：1926-2017）は見出した。ジェンドリンは哲学者であったが，ロジャーズとともにクライエント中心療法に取り組み，後にロジャーズの考えに大きな影響を及ぼした。クラエイントが握っているカウンセリング成功の鍵はクライエントがどのように，気持ち，気分などの体験に触れ，それらをどのように語っているかという側面である。すなわち，クライエントがまったく気持ちに触れず，ただただ出来事や愚痴のような内容を話す場合，カウンセリングは成功しにくい。反対に，気持ちによく触れ，それらを観察し，それらについて考え，言葉を試すように語る場合，カウンセリングは成功しやすい。

このような観察を基に，クライエントが何を話すか，といった内容よりも，

表13　体験過程様式の評定（EXP スケール評定基準早見表）（三宅他，2008；池見他，1986）

池見他（1986）	三宅他（2008）	評定基準（概要）
1段階	Very Low	自分が関係していない出来事を語っている
2段階	Very Low	自己関与がある出来事の描写や抽象的発言
3段階	Low	出来事への反応としての感情表明
4段階	Middle	出来事への反応としてはなく，自分自身を表すために気持ち，気分，フェルトセンスなどを用いている
5段階	High	問題提起，仮設提起，自問自答 「～かな？」
6段階	Very High	気づき，声が大きくなる，笑い，ひらめき，はっきりした変化が見られる
7段階	Very High	気づきの応用・展開

どのように体験に触れるかという，体験過程様式（manner of experiencing）が注目され，それを評定するためのスケール（体験過程尺度：EXP スケール）が開発された（Klein et al., 1970；池見他，1986；三宅他，2008）。このスケールの概要は表13に示すが，このスケールを利用して，心理療法面接を評定し，研究を進めていった結果，成功するクライエントは成功しないクライエントよりも，面接の初期からすでに EXP の値が有意に高いことが観察された（Kiesler, 1971）。また，統計上平均3.5以下では，成功事例が少ないことも観察された（Gendlin, 1969）。どのように体験に触れ，それを言語化するかは自己理解やカウンセリングの成功に関わる重要な要因であることが分かってきた。しかし，それはどうしてなのだろうか。ジェンドリン（Gendlin, 1973）の「体験過程理論」を基に考えてみよう。

2　体験過程

哲学者ジェンドリンは人の体験がどのようにあるのかを探求していった。次のような例で考えてみよう。ある友人を思い起こしてみよう。その友人をどのように体験しているだろうか？　単純に「優しい」とか「好き」といった感情は体験の一部でしかなく，その友人についての全体の体験は複雑で言葉になりにくい性質をもっているだろう。体験は言葉として概念化される以前であるから，それは「前概念的」である。その友人は「優しい」だけではなく，「頑固」な一面もあり，「紳士的」でもあり，といったようにいくつもの概念をそこから言い表していくことができる。しかし，その源泉は言葉ではなかなか汲み取れない“…”という感覚である。

その“…”という感覚は「からだ」で感じられている。ここでいう「からだ」は身体生理学的な身体ではなく，「胸が熱くなるような感じ」だったり，「胸に何かが詰まっているような感じ」といったように体験される。これらは実際に胸の温度が上昇したり，胸に何かが詰まっているのがレントゲン上確認できるような生理学的現象とは異なる。人は「からだ」で状況を生きている。何かの問題に直面したときは，「すっきりしない」感じが体験されていたり，「もやもや」していたりする。「その問題には，このような対応はどうでしょうか」と言われても，「いや，それでは気が重い」といったように，難しい状況ではとくに「からだ」の体験が顕著である。このように「からだ」で実際に体験される前概念的な“…”をフェルトセンスと呼ぶ。

フェルトセンスは「次なるものを指し示している」(implying)。スーパーでの一幕を思い起こしてみよう。「今夜何を食べようか」と迷って買い物しているとき，「カレーライス」ではすっきりしない，「とんかつ」でもすっきりしない，何かのフェルトセンスがそこにある。そのフェルトセンスは「次なるもの」，すなわち，からだに感じられ，未だ認知的にわかっていない“…”を暗に指し示している。「白身魚のフライ，あぁこれだ！」とフェルトセンスにピッタリくるものを見出すと，フェルトセンスは変化し，次にどう行動したらいいのか，何を買って帰ったらいいのかがスッキリと分かるのである。このように，体験が言葉や象徴（「白味魚のフライ」という象徴）と相互に作用しながら変化するさまを体験過程という。

このように，フェルトセンスが本来，求めている事象が環境に起こると，ピッタリきたり，スッキリしたり，次にすべきことが明確化されたりする。この体験はフェルトシフトと呼ばれている。人は瞬間，瞬間，世界の中で，どう生き，どう選択したらいいのか，などの本来的な生の可能性（authenticity）を推進（carry forward）しながら生きている。いかなる体験も変化の可能性であり，人は体験を推進しながら生きている。ゆえに，体験は「過程」，体験過程（experiencing）なのである。臨床でみられる，変化しにくい不安や緊張などは，なにかの理由で「静止してしまった体験過程」であると考えることができ，臨床の課題は，この静止状態を解き，ふたたび過程として，本来的な方向に向けて，人が生きることを可能にすることである。

3　フォーカシングの実際

1　リスニング（傾聴）

カウンセリングで成功するクライエントはフェルトセンスに触れ，言葉を選び，意味形成しながら語っている。これはEXPスケールでは5～7段階（三宅の5段階EXPスケールではHigh level以上）である。これを自然に行っているクライエントはフォーカシングをしている。フォーカシングはクライエントがすることなのである。このような場合，特別にフォーカシング指導をする必要がない。丁寧にリスニングすることがもっとも効果的であろう。リスニングの具体的な方法については池見（2016）に譲ることにする。次の例をみてみよう（L＝聴き手，S＝話し手）。

L 3：やりたいことをやれたらいいなって思われているけど，やりたいことが何なのか自分でもわからない。なんかそこに，なんか私が思った感じなんですけど自分に対する不信感みたいなものがあるのかなぁって思ったんですけど，どうですかね。

S 4：うーん…不信感…不信感…不信感。うーん…でもなんか不信感はあんまりピタッと来ないっていうか…

L 4：不信感はあんまりぴたっとこない。

S 5：うーん（14秒沈黙）。うーん。何なんやろ。ちょうどいい言葉が思いつかない。うーん（8秒沈黙）なんか，いつからなんかなって，（Lあー，はい）いまちょっと考えてみたら…先々週ぐらいは全然やる気いっぱいの私やったから…

S4は彼女が感じているフェルトセンスを「不信感」という言葉を参照して吟味している。この瞬間，彼女はフォーカシングをしている。S5でも，彼女はすぐに言葉で表現することができない前概念的なフェルトセンスに触れている。聴き手は特別なフォーカシング指導をする必要がない。

2　フォーカシング指導法

ジェンドリンの著作*Focusing*（1981/2007）ではフォーカシングをひとりで，あるいはペアで，自己理解を深めるためのセルフ・ヘルプ・スキルとしても利用できる指導法として書かれている。また，臨床場面でクライエントのフォーカシングに注目した心理療法を「フォーカシング指向心理療法」（Focusing-Oriented Psychotherapy：Gendlin, 1996）という。これらの方法の詳しい紹介は池見（2016）に譲ることにする。

フォーカシング指導法（教示法）として日本ではジェンドリンによる方法のほかに，アン・ワイザー・コーネル（Cornell, A. W.）（1999；2014）の方法もよく知られている。そのほかにも様々な方法があり，日本で実践されている31の方法を紹介する著作も出版されている（村山，2013）。また，フォーカシング及びフォーカシング指向心理療法の研究動向や臨床実践については，アメリカ心理学会発行のハンドブック（Krycka & Ikemi, 2016）が詳しい。

4　理論的展開

池見（池見，2016；Ikemi, 2017, 2019）は近年，追体験と交差に注目してフォーカシングに限定されない体験過程の理論的展開をはかっている。人の体験は聴き手の追体験と暗黙のうちに相互作用している。そのため，話し手の体験を言い表していくなかで話し手と聞き手が交差（crossing）していく。また，フォーカシングなど，自らの体験を言い表している行為は，自らの体験の追体験である。「あのとき，私が感じていたのは寂しさなのかな」と語る場合，人は「あのときの体験」を今，追体験しているのである。そして，その体験を「寂しさ」という言葉と交差させて意味付けている。聴き手が「僕は寂しさだけではなくて，悲しさも感じるよ」という場合，聴き手の追体験が「悲しさ」という言葉と，そして話し手の体験と交差していく。このような間主観的な体験のあり方に注目して心理面接で生起している事象を理解していきたい。

●4-4-2●　ゲシュタルトセラピー

1　アメーバと神経症

図19　何が見えるか

アメーバは，内部の栄養不足を感じ，外部の栄養を求めて，身体の一部分を偽足として伸ばし，右が毒物なら偽足を引っこめて左へ伸ばす。左に栄養があれば後半身を引き寄せて栄養を取りこむ。五感や頭脳があるわけではないが，実に見事に適応行動を取っている。アメーバにノイローゼはないといえよう。ところが，人間は感じることすら過去の経験に基づく学習によって歪められている。たとえば，もし図19に三角形２つ，あるいは山２つを見る人があれば，その人の認知は学習によって歪んでいる。図は三角形１つと変形四辺形がくっついているにすぎない。脳の後頭部にある視野では，眼に写ったものをあるがままに感じているのだが，その情報が左側頭部に送られ，蓄積された過去経験に照らし合わせて，見たものが何であるかを認知する段階で，三角形という概念が，見え方を規定しているのである。

人間はこのように学習性の認知をするから，経験の積み重ねによって，適応能力が増す，ともいえるが，また，間違った経験によって不適応行動が増すともいえる。食器洗いをして母親にほめられた子が，ほめられようとして食器洗いをしている時，そんなことをしている暇に勉強しなさい，と父親に叱られると混乱してしまう。動物実験では，これを実験神経症という。Ｔ型迷路のつきあたりを右へ行けば餌，左へ行けば電気ショック，という学習をした動物に，突然，左右反対の条件を与えると，Ｔ型のつきあたりでうずくまって動けなくなってしまうことがある。これをフローズン＝凍ってしまう，といい，これをもって神経症が実験的に構成されたという。

実験神経症は，学習心理学，行動療法の考え方であるが，ゲシュタルトセラピーも，神経症や心の不健康を五感の使い方や認知の歪みに起因するものと考える。その神経症的認知の方法を，歪みの元に立ち返って本人が気づき，あるがままに感じて生きるように援助するのがゲシュタルトセラピーである。

2　ゲシュタルト心理学とゲシュタルトセラピー

ゲシュタルトセラピーはパールズ（Perls, F. S., 1893-1970）によって開発されたものである。

彼は元ユダヤ系ドイツ人でドイツで医者となったが，ナチスを逃れて，オランダ，南アフリカ，アメリカ，カナダと転々としている。その複雑な個人史の中からゲシュタルトセラピーは誕生した（倉戸，1991）。ゲシュタルト（Gestalt）はドイツ語で，形，まとまりをあらわす言葉である。

心理学は19世紀の終わりから，科学として人のこころを研究すべく始められた。はじめは，すでに科学として確立されていた物理学の手法に学び，人間を科学的に研究しようとして精神物理学なる手法によって，音の高低の聞き分け，重さの弁別能力など，人間の五感の能力を詳細に研究した。しかし，それでは説明のできないことにぶつかった。すなわち，人間はＣの音とＤの音を聞き分けるだけではなく，同じ曲を転調しても，長調の曲を短調に編曲しても，同じ曲だと聞き分けることや，物理的には顔の違う親子でも親子と類推することができることが説明できなかったのである。そこで出てきたのがゲシュタルト心理学である。すなわち，人間は個々ばらばらな感覚で生きているのではなく，常に曲なら曲，顔なら顔をまとまりをもって認知しているのだという法則を見つけたのである。そのゲシュタルト心理学の中から見つかった法則には，近接の要因，閉鎖の要因，類同の要因，良い連続の要因，共通運命の要因，共通運動の要因，経験の要因，図地反転や錯視などがある（相良，1960）。

たとえば，図20は有名なルービンの黒白図地反転図である。黒を図として見れば顔が２つ向き合っている。その場合，白部分は背景の地となる。反対に白を杯と見れば，黒部分は背景の地となる。そして，白図と黒図の２つは決して同時には見えないのである（倉戸，1983）。健康な人は顔も杯も見えるが，心の固い人はなかなか反対の図が見えない。これを臨床心理学にあてはめると，たとえば不登校の生徒は学校の楽しい面は決して図にならないで，嫌な面，恐怖すべき面だけが図として思い浮かんでいる状態だといえる。このような生徒に学校の楽しい面を強調して，意図的に楽しくさせようというのは，かえって逆効果となる。むしろ，嫌な面ばかりを徹底してみた時に，ふっと認知が反転して，楽しい面もみえてくることがある。

図20　ルービンの杯

ある不登校の中学生は，「学校にけしからん理不尽な教師がいる。あの教師が反省するまでは，抗議行動として学校を休んでやる」と言っていた。珍しく，学校恐怖ではない不登校である。2カ月ぐらい休んだ後，セラピストがふっと「あとどれぐらい休んだら，納得できるの？」と声をかけると，翌日から登校再開した。これ以上いくら休んでも，損をするのは自分だけで，教師は反省しない，というふうに図地反転を起こしたのである。

3　ゲシュタルトセラピーの技法

この中学生は，セラピストの一言で図地反転を起こしたが，通常はもっと専門的に関わる必要がある。そこで，ゲシュタルトセラピーでは，多くの独特の技法を使う。その一部分を紹介する。

1　クッション

ゲシュタルトセラピーでは，独特の人間大の大きなクッションを使う。最近は表が赤，裏がくすんだ茶か黄土色を使うことが多い。これをさまざまな人や事柄に見立てて，話しかけたり，感情をぶつけたりする。強い相手を想定する時には赤，弱い相手を想定する時には茶色などと使い分ける。蹴飛ばしたりすることもあるので，丈夫な生地が必要である。

2　エンプティチェア

まさに空のいすである。誰も座っていないいすや座布団に，トラブルの相手が座っていると想定して語りかけたりする。場合によっては，自分の中の一面，たとえば迷っている時の選択肢の一面を座らせたりする。

3　シャットル

エンプティチェアやクッションを使っている時に，相手の立場に立ってしゃべりたくなったりすると，座り替えて行ったり来たりする。たとえば怒りをぶつけてクッションを踏んづけたりした後，ふと図地反転が起こり，クッションの側になって怒られる側の気分を感じたり，演じたりしたくなる場合に使う。

4　なってみる（擬人法）

ゲシュタルトセラピーでは「形にする」ということを重んじる。「頭をかかえる問題」という言葉の表現があった場合，実際に頭をかかえて，からだで表現した方が，自分の気持ちがより明確になる。同様に，胃が痛い人には胃になってもらって，胃としての意見を話してもらったりする。

4　ゲシュタルトセラピーの目標

ゲシュタルトセラピーは単に問題解決の技法ではなく，「ゲシュタルト的生き方」といわれる人生哲学でもある。それはゲシュタルトセラピーの健康概念でもある（倉戸，1983）。

不健康な人は自分自身のからだもこころも，外界も，あるがままに捉えることができず，過ぎ去った過去にとらわれたり，まだ来ぬ未来の心配にとらわれたりしている。あるいは「～すべきである」という shouldism にしばられている。したがって，主体性をもった選択的適応行動を取れない。健康な人は主体性をもって，自分で選んで，いま・ここにいきいきと生きている。常に自分自身や周りに気づき（コンタクト），自分をコントロールし，必要に応じて自分を変化させる。言葉と行動と思いが一致し，自分の中の相反する面も統合されている（パールズ，1973）。

そこで，セラピーとしては自分のもっている認知機能の歪みに気づくことが第一歩となり，次に歪んだフィルターを取り去り，感覚そのもののままに感じ，味わうところに戻り，そこからとらわれのない再出発を図る。酒乱の乱暴な父親に育てられた人は，年上の男はみんな乱暴するのではないかと怯える。そこで，父親を眼の前に思い浮かべて怯える状態を再現し，そこから父親に言いたいことをイメージの上で言い切ってしまう。今度はセラピストが男であれば，セラピストをゆっくり観察してもらい，年上の男がすべて乱暴とは言えないことを体験してもらう。などという手順で進む。

セラピーの時に，夢を扱うにしても，箱庭作品を扱うにしても，セラピストの側からは一切の解釈をせずに，ただクライエントに，そのイメージからのメッセージを気付かせる援助をする。この点が分析派と根本的に違うところである（日高，1979；1979）。またゲシュタルトセラピーはグループセラピーとして行われることも多い。

ゲシュタルトセラピーを文字で紹介することには限界がある。ぜひどこかで体験をしてほしい。体験の中でこそ真の学びがある。

●4-4-3●　イメージ療法

1　イメージとは

イメージについての説明をする前に，読者にも直観的にイメージを体験してもらうのがいいだろう。そのために，この紙面から目を離し，“海”のシーンをしばらく眺めるような気分で，思い浮かべてほしい。目は開いていても，閉じていてもよい。

さて，どのようなイメージが浮かんだだろうか。ぼんやりとでも何か視覚的な像として感じられるものがあれば，それがここで問題にするイメージなのである。今，10人の人にその海の様子を尋ねたら，間違いなく十人十色の海の情景が浮かび上がるだろう。これは，各人が固有のイメージ世界をもっているからである。私たちはさまざまな場面で，必要なイメージを出し入れして生活しているのである。

2　イメージの性質と心理療法

先ほど浮かんだ“海”のイメージをくわしく観察すると，そこには視覚以外の豊かな情報が含まれていることに気づく。浜辺の情景では潮騒を感じ，手足には岩や砂の感触が浮かび，潮の香りがするかもしれない。船上ならば体に揺れを感じるかもしれない。イメージはこのように，五感をはじめとして筋肉や内臓感覚までも含む，広範な身体感覚とつながりをもっている。

さらには，“朝日が昇る海”には期待に溢れる気分が，また“嵐に船が飲み込まれそうな海”には恐怖と不安が伴うように，気分や感情とも深い関係があり，イメージするということは，単に視覚的な像を眺めるということにとどまらない，深い体験的な過程が伴うのである。

心理治療の場面では，クライエント自身が問題を明確に言語化できないことが多く，また自らの感情や身体感覚さえ不明瞭なこともまれではない。「なんとなく……な気がする」「どうしてか分からないけど……してしまう」などと表現される。このような前言語的な領域にチャンネルを合わせたい時，先述のイメージの性質が言葉と心や体をつなぐ都合のいい媒体となる。

3　イメージ療法の実際

では，実際の症例から，治癒や心理的変容に至るさまざまなイメージの展開のパターンを示したい。

1　直面と凌駕

症状や心理的な問題と関連のある象徴的な像との出会いが起こり，その像を何らかの方法で凌駕することにより，症状の消失や軽快がみられるということがある。長年，吃音で悩んでいた青年の場合，壁中に張りついた目の群れが自分を取り囲むという恐ろしい情景が浮かんだ。彼はいったんその場を離れ，落ち着きを取り戻した後，協力者とともにこの壁を壁紙のように剝ぎ取ってしまい，焼き尽くしその灰をビンに詰め，土中深く埋めてしまった。このイメージを経験した後，彼の十数年来の吃音は消失し，吃音の基盤にあった対人的な緊張も緩和し始めた。

2 直面と受容

恐怖や嫌悪の象徴である像に対して優位に立つというのではなく，その存在そのものを許容し受け入れることにより，さまざまな対象に感じていたイライラや恐れが和らぐということがある。友人関係がうまくいかないという悩みの大学生は，イメージでたびたびヘビに巻きつかれ，はじめは恐怖におののいていた。ヘビは振り払おうとしても，体中を這い回り，時には彼の体に歯を立てたりしたのだが，ヘビの動きをあえて阻止しない態度でイメージを何度も見ているうちに，ヘビに対する気持ちに余裕が生まれ，やがてヘビは現れてもいつの間にか住処に帰るように，おとなしく地下室に入っていくようになった。この大学生は，現実の対人場面で感じていたイライラが今までは不安の種だったが，そういう感情が消えたと語った。

3 気づき

ふだん，意識したことのない自分の姿をイメージの中にみて，気づきを得るということがある。めまいと息苦しさ，不眠などの訴えでやってきた中年の職業婦人は，トンネルの中をジェットコースターに乗って，猛烈なスピードで進んでいるイメージが現れた。光の差す出口に向かって，先を急いでいるのになかなかたどりつかず，周りはまっ暗で息苦しさを感じるという。このイメージの後，彼女は実際の仕事や生活の中でも，イメージと同じように，いつも先を先をと考えて急ぎすぎ，不安を募らせていたことに気づいた。筆者は彼女に，自分を追いつめないように，また体に疲れのサインが出た時には一休みするように伝えた。その後症状は軽快し，入眠剤がなくても眠れるようになった。イメージも，トンネルの中をゆっくりと歩き，途中には野原に通じる扉がいくつも現れ，そのため不安なく進めるという変化をみせた。

4 過去の再体験

普段，意識されることのなかった過去のシーンが現れ，それを昔とは違った感情をもって体験し直すということがある。対人緊張が強く，人と楽に話すことができないという若い女性は，目を閉じると胸のイライラを感じ，やがて幼い頃母親に厳しく叱られているシーンが次つぎに現れた。長い沈黙の後，大きく息をして涙を流したのである。イメージの後彼女は，母親には可愛がられて育てられたと思っていたが，厳しい叱責のシーンが心の中では深く記憶されていたのに驚いたこと，幼い頃母親にビクビクしていたのを思い出したこと，そして成長した自分がそれを眺めた時，昔の幼い自分をいとおしむ気持ちで胸が一杯になり，感きわまったのだと語ってくれた。以後，対人的に肩の力が抜け，楽になったという。

ここでイメージにおける特徴的な展開のパターンを示したが，治療上もっとも注目しておかなければならないのは，イメージにおける内容の変化だけでなく，むしろイメージを見る人の心的態度の変容である。すなわち，当初は恐れや不安，憎しみなどの感情を伴って体験されていたイメージも，淡々と流れるように，受容的に眺められるような心の状態が現れ，それが治療目標ともいえる。心のあらゆる部分の動きがどこかで滞ることなく自然に流れ，その流れのままに受け入れることができるようになる。このようなイメージの流れを藤岡喜愛（1969）は“イメージの自律的運動様式”と呼び，そのようなイメージの体験の仕方を田嶌誠一（1987）は“イメージの受容的な体験様式”と呼んでいる。心の動きのままに自らを受け入れることができるこのような状態は，心理療法の立場や技法を超えて共通の治療目標といえるだろう。

4 代表的なイメージ療法

イメージが心理治療で注目されるようになったのは，19世紀の催眠治療に端を発する。その後，ヨーロッパやアメリカを中心に発展し，日本では1960年代からさかんに臨床的な応用が試みられるようになった。

ヨーロッパで発展した代表的な方法に，ドゥズワイユ（Desoille, R.）の誘導覚醒夢，ロイナー（Leuner, H.）の誘導感情イメージ，フレティニ（Fretigny, R.）らの夢療法がある。アメリカでは，モリソン（Morrison, J. K.）らの情動的再構成法，アーセン（Ahsen, A.）の直観像療法などが確立されている。

日本では，成瀬悟策による催眠イメージ面接法，水島恵一のイメージ面接法，栗山一八のフリーイメージ療法，藤原勝紀の三角形イメージ療法，増井武士のイメージ・ドラマ法，柴田 出のイメージ分析療法，田嶌誠一の壺イメージ療法など，独自の治療的な立場から考案された方法がある。

5　基本的な進め方と注意点

通常の言語面接によって，治療者との信頼関係ができ，またクライエントが症状や問題と自分の内面のあり様とになんらかの関係があるということに気づき始めた頃，イメージ療法の導入を提案する。

多くの人はイメージの世界に未知のため不安を抱きやすいから，軽いイメージ練習を重ねるのもいい。“海”や“野原”などの指定イメージが一般には浮かびやすい。

同意を得られたら，クライエントに目を閉じてもらい，深呼吸をして体の力を抜き，リラックスするように言う。フリー・イメージの場合「何かむこうに浮かんできたら教えてください」，指定イメージ法の場合「〜が浮かんできますよ」と教示する。導入時は特に個人差が大きいので，治療者側の配慮が要求される。閉眼そのものに抵抗のある人には，安心できる時に少しつむってみるだけでいいと言う。何も浮かばない時やぼんやりとしたものしか感じられない時は，無理に浮かべようとしないでゆったり待つような気分で眺め，そのような心の態度が大事であると伝える。また，心の中をのぞかれる不安をもつことも多いので，見えていても話したくないものは言葉にしなくてもよいと伝えると，侵入される不安を和らげ，展開がスムースになる。

この後，浮かんでくるイメージをじっくり体験するように伝える。治療者はクライエントの状態や気持ちを共感的に感じ取りながら「今，どんな感じですか？」などと，イメージを心や体で体験できるよう，声をかける。ある程度の展開がみられたら，たとえば「イメージの幕が閉じますよ」などと教示して，深呼吸の後，開眼してもらう。

通常はこの後，言語面接に戻り，イメージの感想や気持ちを聞いたりする。この時，イメージ内容についての直接的な解釈は控えた方がいい。治療者の意味づけや期待をクライエントが先取りしてしまい，自由なイメージの展開が妨げられることがあるからである。イメージ後の不安や疑問には治療者がいつでも聞く用意があることを伝えると，クライエントは安心してイメージの旅を続けることができる。

6　適応症

先の症例に示した通り，イメージ療法は効果的であると同時に，危機的なイメージが急激に襲ってくることもあるので，自我の弱い重篤な例に不用意に適用すると状態の悪化を招くこともある。したがって，統合失調症には禁忌であり，境界例水準には技法的な配慮が肝要である。一般には，神経症水準の各種の恐怖症，吃音症，心身症，夜尿症，不登校，薬物依存症などの治療に，また健康人の自己理解のためなどに適用される。

●4-4-4●　人生哲学感情療法（REBT の基礎理論）

1　人生哲学感情療法の創設者エリスの人物像（Linscott, 1994）

エリス（Ellis, A.）は，アメリカのペンシルバニア州ピッツバーグで1913年９月27日に生まれ，2007年７月24日に93歳で死去した臨床心理学者である。その生涯の主なトピックスを述べる。誕生後は，ニューヨーク市で育った。エリスは，早熟な子どもであった。９年生のエピソードとして教師に次のような質問をしたといわれている。「神様が存在していることの証拠は，なんですか」。教師に何度も叱られてから，エリスは次のことを決心した。特に自分の意見を聞いてくれない相手がいる場合には，あえて喧嘩をするより相手が言っていることに賛成する振りをした方がいい。エリスは，それをフォギング（Fogging）と呼んだ。

ところでエリスの趣味は，哲学・音楽などである。エリスが，今のように著名な心理学者になる前にはオペラを作曲していた。さてセラピストとしての研修は，精神分析から始まった。しかも，数年間は古典的フロイト理論に基づきスーパーヴィジョンを受けた。だが，しだいにそうした心理療法は，あまり効果的でないと思うようになった。こうして，人生哲学感情心理療法（以下 REBT と略称：Rational Emotive Behavior Therapy）は，まず夫婦セラピーから誕生した。問題をかかえた夫婦の考えや期待を論駁することが効果的だということに気づいたからだ。これが，REBT の実践のはじめとなった。しだいにエリスは，ある状況についての考えが，いかに人の行動に影響を及ぼすかということを確信するようになった。また，性についての話題がタブーだった時代に，エリスは性的行動の勉強会を創立して，大変重要な情報を提供した。

1955年，ニューヨークのマンハッタンに研究所を開設したエリスは，自分らしいサイコセラピーである REBT を実践するようになった。さらに，精力的に論文などを書き始めた。エリスの研究は，その後，認知療法や認知行動療法を生みだした。

1987年には，日本学生相談学会の招きによりエリスが来日した。REBT のライブデモンストレーションを含め，多くの日本人にラショナルな生き方への強烈な印象を残し帰国した（日本学生相談学会，1989）。その後，日本カウンセリング学会第37回大会の招聘で1998年に再来日をしている。

2　REBT の基本前提

REBT が認知療法や認知行動療法と異なる点は，クライエントが人生観を変えることを目的としたセラピーである点だ（菅沼，1993）。たとえば，クライエントが実際的問題と哲学的問題の２つの問題で悩んでいた場合には，哲学的問題を優先して解決する。実際的問題は，人生の問題を解決することに伴い解決するからである。これには，下記の影響があると考えられる（Linscott, 1994）。

1　ラショナリズム

絶対的権威に基づく古典哲学のラショナリズムではなく，考えを分かち合う必要性を説く近代ラショナリズムに REBT は基づいている。つまり，教条主義・権威主義・反科学主義に反対する。むしろ，理性と論理が物事を識別する価値ある道具であるとする。この哲学は，ラッセル（Russell, B.）らに代表される。かつて，「人間は，ただ理性のみで生きることが不可能な存在である」と表現された。ところが，それにもかかわらず人間が，明晰な論理に照らして，現実的に考えることは，自分の存在を明らかにする上でかなりの手助けになる。さらに，自分の悩みを軽くする。

2 構成主義

知識は，その人の知覚したものをどう解釈したかを基礎に獲得される。人生哲学や個人のビリーフシステムが，その人の世界観を作る。ケリー（Kelly, G.）は，こうした構成主義者の代表である。また，古代ローマの哲学者エピクテートス（Epictetus）は，次のように述べている。「人間は，外界の物事によって悩まされるのではなく，その物事をどう受け止めるかによって悩まされる」。つまりREBTは，知識や真理がこのように相対的なものであり絶対的なものではないとする構成主義の影響を色濃く受けている。

3 REBTに影響を与えた人物

統制の所在性（Locus of Control）という概念を提唱したロッター（Rotter, J. B.），ゲシュタルト療法の創始者であるパールズ（Perls, F. S.），論理療法的情動心像法（Rational-Emotive Imagery）の創始者であるモールッビー（Maultsby, M. C. Jr.），多次元様式療法を唱えたラザラス（Lazarus, A. A.），社会学習理論を唱えたバンデューラ（Bandura, A.）などが，REBTに影響を与えた。

3 REBTのABC理論

REBTは，通常ABC理論で説明される。このきわめてシンプルな理論構成によって，REBTがセラピーとしての高い有効性を示すのである。さらに，理論面で解放性があるため，他のセラピーと統合しやすい。特に行動療法，認知療法，認知行動療法などと親和性がある。以下，ABC理論について概説する。

1 A：活性化する出来事（Activating Event）

Aは，外的要因と内的要因の2つに分けられる。外的要因とは，他者によって観察及び確認できるものである。他方，内的要因は，外的出来事に関する推論や感情を含んでいる。たとえば，外的要因とは失恋・留年・失業などである。内的要因とは，仲間から声がかからないので嫌われている，上司の態度が冷たいので左遷される，試験の結果が悪いので落ち込んでいるなどである。

2　B：ビリーフス（Beliefs）

ビリーフとは，本人，他者，世の中に関する評価や解釈である。その特徴は，意識できるか，前意識に存在しているため質問で引き出すことができるものである。これらのビリーフスは，イラショナルビリーフス（IB's）とラショナルビリーフス（RB's）の２つに識別できる。

1．イラショナルビリーフスは，融通性のない又は固定的な信念である。したがって，「～しなければならぬ」「絶対～すべきである」といった形態の文章記述に基づいている。ただし，「状況によって～しなければならぬ」という記述は除く。このイラショナルビリーフスは，次の４つの特徴を示している（Dryden & DiGiuseppe, 1990）。

①おびえきっている（状況が，100％以上悪性であるという思い込み）

②低い欲求不満耐性（LFT〔Low Frustration Tolerance〕─もはや耐えきれないまたは困難が立ちはだかり決して幸せになれない）

③自己・他者・世間への低い評価（自分や周囲への過剰な批判）

④二者択一的考え方（もし自分はなにがなんでも愛されねばならないと考えると一度拒否されると自分が決して愛されないだろうと結論づける）

2．ラショナルビリーフスは，欲望・欲求・好みに関して柔軟な信念である。これらのラショナルビリーフスの特徴は，次の４項目である（Dryden & DiGiuseppe, 1990）。

①悪い事態への程良い評価（「ひどいことだ」と判断する代わりに，「悪い状態だが，そんなにひどいことではない」と結論を出す）

②耐性への陳述（たとえば，気に入らないけど我慢できる）

③誤りのあることを受容する（自分自身も他人も誤りのある人間で，絶対唯一の評価を付けられるものではないことに気づく）

④柔軟な思考（将来起こりうることを確率的に考える）

3　C：Aに関するその人の感情や行動的結果（Consequences）

元来，人の感情や行動の結果には，２つのものがある。１つは，不健康で，惑乱した，ネガティブな感情や行動である。別の1つは，健康なネガティブな感情や行動である。

1．不健康で，惑乱した，ネガティブな感情（たとえば，会議に出席し発言したいと思うが不安になりいつも引っ込んでしまう）

これらは，クライエントのIB's に由来する。したがって，多大な痛みを伴う経験や自己破滅的行動に向かわせようとする動機づけが生じる。目標に向かおうとする行動を妨げるものである。

2．健康で，ネガティブな感情（たとえば，会議ではじめてプレゼンテーションをする時に不安になる）

これらは，クライエントのRB's に由来する。ゴールへ向かう道が阻止されるような行動を見張ろうとする。自己を高揚する行動に向かわせようとする動機づけが生じる。目標に到達する行動が適切に遂行されるように勇気づける。

4　D：論駁（Disputing）

セラピストが論理的で検証する様な姿勢で介入する。これにより，クライエントがIB's の価値を自己評価し，さらに古い自分の信念を手放すよう支援する。さらに，新しいRB's を形作り，このビリーフを強化する。

その際，介入する技法は次のようなものがある。

①ソクラテス的論駁：クライエントに質問をし，論理的に飛躍が無いかを尋ねる。

②経験的論駁：データと事実に即した問いを用いて現実検討力を育てる。

③教義的・説教的スタイル：教育指導者の姿勢や比喩を活用して接する。

④ユーモラスなスタイル：ユーモアの力を活用する。

⑤認知的不協和：試験に落第したクライエントに「もしあなたの友人が，試験に落第した時どう励ましますか」と質問する。「この体験を今後の人生に生かしなさいと助言する」と応えたとする。そこで，再び，「試験に落第した人があなただったら，どうしますか」と尋ねる。こうした介入が，IB's を修正する。

⑥その他：セラピストによる自己開示的スタイルなどがある。

5　E：自己啓発（Effectiveness）

認知面，情緒面，行動面で気づきがあり解決が得られるとクライエントには次の変化が生じる。

①IB's を変えた結果として，RB's になじむようになる。

②適切に反応し，情緒面で惑乱しなくなる。

③目標達成へのチャンスが増加する行動をするようになる。

こうしたA—B—C—D—Eの理論に基づき REBT は，実践される。図21は，セラピストが自分の事例をこの用紙に従い振り返るのに便利なものである。筆者は，かつてニューヨークのエリスの研究所でこの用紙を使いスーパーヴィジョンを受けた。REBT の実践へのフィードバックに有益である。

4　最近の動向

REBT の目標は，クライエントが自らの感情の問題解決を自分自身で達成することである。ところがこの REBT は，伝統的な REBT と改変 REBT とに区別される。伝統的な REBT とは，IB's に気づき RB's へ変容するための介入が強調されたセラピーである。ところが，その後認知療法や認知行動療法の影響を受け，認知の変容に加え身体・行動・感情・環境の変容を目指す介入が行われるようになった。このように，いっそう統合したアプローチを改変 REBT と呼んでいる。1956年にシカゴで行われたアメリカ心理学会でエリスがはじめて発表した心理療法は，RT（Rational Therapy）と呼ばれていた。その後 RET（Rational-Emotive Therapy）へ，さらに REBT（Rational Emotive Behavior Therapy）へとその名称と内容を発展的・包括的に変化させているのである。

図21　REBT 自己教育用紙

(A)　**活性化する出来事，考え，感情**：感情的に混乱を感じたり，自滅的に行動したりする直前に起きたもの。

(C)　**結果あるいは状況**：自分で生み出したもので，しかも変えたいと思っている――混乱した感情や自滅的な行動。

(B)　**ビリーフス――イラショナルビリーフス（IB's）**自分の結果（感情的混乱や自滅的行動）へとつながる。活性化する出来事(A)にあてはまるものすべてに丸をつける。	(D)　**丸をつけたイラショナルビリーフに対する論駁（IB）**例：『なぜ私はうまくしなければいけないのか』『私が悪い人間だとどこに書かれているか』『承認されたり受け入れられなければいけないという証拠は何か』	(E)　**効果的なラショナルビリーフス（RB's）**イラショルビリーフス（IB's）にかわる。例：『うまくはやりたいがそうする必要はない』『ひどい行動はするが，悪人ではない』『承認はされたいが，そうしなければいけないという証拠はない』
1．私はうまく，しかも，とてももうまくしなければならない。		
2．私は軟弱な，あるいはばかげた行動をするので，悪人あるいは価値のない人間だ。		
3．私は，大切だと思われる人に承認されたり，受け入れられなければいけない。		
4．もし拒否されたら私は悪人であり，愛されない人間であるということだ。		
5．人びとは私を正当に扱い，私の望むものを与えねばならぬ。		
6．道徳に反した行動をする人は価値がなく，腐った人間だ。		

7．人びとは私の期待にそうべきだ。そうでないと，それはもう恐ろしいことである。		
8．私の人生には大きな混乱や問題がほとんどあってはいけない。		
9．私は悪いことやとても気難しい人びとに対して本当に我慢できない。		
10．大事なことが私の思い通りにいかないと，それはもうひどいことであり，恐ろしいことだ。		
11．人生が本当に公平でないと，私は我慢ができない。		
12．私と大いに係わりのある人には愛されなければいけない。		
13．私はすぐ多くの満足を得る必要があり，それが得られないと，みじめに感じるに違いない。		
追加するイラショナルビリーフス 14. 15. 16. 17. 18.		

(F)　**感情や行動**：自分が効果的なラショナルビリーフスに到達したあとに経験する。

たいていの場合，自分にとって有効で効果的なラショナルビリーフスを一生懸命繰り返し自己説得すれば，現在の混乱した感情が軽減し，さらに将来においても自滅的な行動が減少するだろう。

REBT 自己教育用紙は，The Institute for Rational-Emotive Therapy の評可を得て掲載した。
Joyce Sichei, Ph.D. and Albert Ellis, Ph.D.

菅沼憲治　訳：

●　4-5　●　家族・集団・地域社会へのアプローチ

●4-5-1●　家族療法

1　家族療法の理論的背景

家族療法の諸理論の中でも「家族システム論」は，中心的な位置を占めてきた。わが国の心理臨床の世界では，「システム（系）」という用語や概念的枠組みがいまだ確たる市民権を得ているとはいいがたい。しかし，今日ではこの用語は物理・化学領域だけではなく，生物的領域でも，社会的・経済的・政治的領域のいずれでも広く用いられるようになってきている。今後は，心理臨床の領域でも大いに活用されるものと期待されている。ここでは，「人工の機械的システム」ではなく，「自然な生命的システム」という意味や文脈で「システム」という用語を使うことを理解していただきたい。

従来，心理臨床において家族関係について記述あるいは説明するために用いられてきた概念は，「家族力動」であろう。小此木（1985）は，家族力動を「『全体としての家族』の観点からみた，家族メンバーの心的な相互作用」だと定義している。ここで「心的相互作用」の内実が問題になる。精神力動的アプローチでは，クライエント個人とその精神内界における「内なる家族」との心的相互作用が重視されることはいうまでもない。

一方，システム論的な観点に立つ家族療法では，IP（患者とされている人）と他の家族成員との間の現実レベルでの情緒的関係あるいは行動レベルでの相互作用に注目する。家族療法家は，家族面接場面で同席した家族の発言内容，家族成員の発言に対する他の家族成員の反応（表情，姿勢，動作の変化など）の差異や順序，座席の位置などの多面的な情報から，家族の間で繰り返されてきた情緒的相互作用のパターンを抽出しようと努める。家族療法家はそのパターンを生み出す母体が，「家族システム」だと考えるのである。

もっとも，家族システムの定義は家族療法家の間でもまだ完全には一致しておらず，統一のための理論的検討が行われている現状にある。たとえば，構造学派ないし戦略学派では行動的および社会的次元に強調点を置く定義をする。一方，ボーエン学派，成長志向学派および体験・象徴学派の場合には，社会的文脈の中で発生する個人的過程や発達傾向によりいっそう焦点化した定義をしている。

ここで，亀口の定義を示しておこう。「家族システムとは，家族を１つのまとまりをもつ生命システムとしてとらえた見方である。生命システムは，有機的に結び合ったいくつかの諸部分（サブシステム）からなっている。家族システムでは，夫婦，母子，父子，兄弟・姉妹がそれぞれサブシステムを形成している。その諸部分はそれぞれが完全に同質ではなく，またまったく異質というわけでもない。しかも，それはさまざまな速さで成長・変化しながらも，全体としてはまとまりを失わずに維持されている」（亀口，1992）。

個々の家族システムにはそれぞれの個性や類型を認めることができる。たとえば，①家族内のサブシステムの結びつきが良好なタイプ。②夫婦間の結びつきが弱く，一方の親子関係が強すぎるタイプ。③家族の中の１人が他の家族成員から孤立しているタイプ。④夫婦システムと子どもシステムとに分裂しているタイプ。⑤夫婦の結びつきと親子の結びつきに差のないタイプ。⑥家族の人びとが相互に切り離されていて，家族アイデンティティがほとんど失われているタイプ，などがあるとされている（岡堂，1983）。

大多数の家族システムは長い年月の間にいくつかの家族危機に直面し，そのつど変化や成長を要求される。しかし，家族によっては自己変革ができず，専門家の援助を必要とする場合がある。システム論に立つ家族療法は，クライエント個人の症状や問題行動の原因追及や意味解釈よりも，家族員間の情緒的，意識的，そして無意識的コミュニケーションの過程にいっそうの注意を払い，その歪みを具体的に改善すること，つまり，家族システムの自己組織化（自己治癒）を積極的に促すことを目標としている。

2　家族療法の技法

家族療法の技法は数多く考案されているが，ここでは「リフレーミング技法」と「パラドックス技法」に焦点を絞って解説する。

1　リフレーミング技法

ワツラウィックら（Watzlawick, P. et al., 1974）の定義によれば，リフレーミングとは，ある状況がクライエントによって経験された情緒的文脈（フレーム）を取り換えることによって，その状況に帰属していた意味を根本的に変更することだという。このような家族療法家側の「解釈」が，問題状況や症状の事実にうまく適合するように工夫されることによって，受け手（家族）の側の現実認識にも適合するようになる。

たとえば，拒食症の子をかかえる家族にとって解決すべき問題は，両親が子どもに食べさせられないことではなく，子どもが家族を思うあまりに自己犠牲的にやせていくことにある，という家族療法家の認知を受け入れるようになれば，拒食という問題を作り出し，そして維持してきた家族全体の思考や行動が変化し始める。その変化が問題（拒食）そのものにすぐさま影響を与えるとはいえない。しかし，問題発生の前提となった認知的・情緒的状況を修正することによって，やがて主訴そのものが軽減し始める。

リフレーミングの特徴のひとつに，そのような認知的変換を要請された個人や家族の側に動揺や混乱を引き起こす傾向があることが指摘されている。家族療法家が古いレッテル（診断名など）に疑問をはさみ，あるいは巧みに捨て去ることで，そのレッテルに結びつけられていた反応（症状行動）が軽減し始める。その理由を考えてみると，問題をそれまでとは違った視点からみれば，かつて思っていたほど深刻なものではなく，あるいは消滅していることすらあるからである。なぜなら，症状行動は問題を取り巻く状況の認知（あるいはイメージ）と深く関わっているからである。

たとえば，家族成員の間の争いを，「おたがいがもっと親密になろうとする努力の現れ（不適切ではあるが）」とみれば，そのような敵対的な行動も，もっと肯定的な意味あいをもったものとして理解されるようになる。そして，たがいの見方が修正されれば，争いはもはや適切で筋の通った行動とはみなされなくなり，家族はもっと率直な関わり（たとえば，いっしょに食事に出かけることなど）を始めるようになる。

だからこそ，リフレーミングが的を射たものであって，それによって問題が改善する場合には，かならずしも現実の状況の変更は必要条件とはならない。実際，現実状況の中には変えようのないものもあるからである。見方が変われば，その結果も変わってくる。個人の症状や問題行動を家族システムの歪みの表れとして見るという新しい枠組みが，クライエントの問題に対するイメージと同時に他の家族のクライエントに対するイメージをも変えさせることになる。その結果，症状行動がになっていた特定の機能は取り除かれ，この行動を続けさせていた習慣的な家族員間の相互作用も放棄されるのである。

2　パラドックス技法

家族療法におけるパラドックス技法は，家族療法家が家族の１人に問題に関連する行動を逆転させ，それによって他の家族員の逆説的反応を引き出すことをねらう。具体的には，治療的働きかけに対する家族のエネルギーを変化へのエネルギーに転換させる「症状処方」や，それによって症状が急速に変化した場合の「抑制的指示」（抑止と禁止，再発の予告），そして進むべき新たな方向を指し示す「再位置付け」という３つの形態をとって，問題を抱えたシステム内部に第２次変化（本質的変化）をもたらすのである。

この技法は時に劇的な治療的変化をもたらすことがあるために，むしろ何か過度に作為的でトリックめいた非人間的な技法であるかのような誤解さえもたれているようである。しかし，この技法を誠実に用いる家族療法家は，その謎めいたメッセージの衝撃力だけで治療的変化を引き起こそうとしているのではない。家族療法家が家族に提供するのは逆説的な「関係」なのである。何らかの心理的問題を抱え，その解決のために来所する家族に対して，ある人物が家族療法家として面会し，話をすること自体が「これは治療的面接であり，家族療法家である私はあなたがたの症状を改善し，問題を解決するために言葉を使います」ということを言外に伝えている。その当の家族療法家が「私はあなたを変えようとはしません（症状や問題行動を続けるように指示すること）」というメッセージを直接家族に与えるのである。当然，家族としては矛盾した関係に取り込まれることになる。

抵抗が強い家族ほど，面接場面や家族療法家に対しても固定的な反応を示し，態度を変えようとはしないものである。そこで，家族療法家が矛盾する２つの側面をもつ関係の中に家族を誘いこむことで，彼らはそれまでとは異なる人間関係を体験することになる。そこから家族の「自己組織化」が始まり，家族療法家との新たな関係が成立するようになる。家族療法家は期待と失望を同時に感じさせるような，ある種の不安定な心理状況を家族に提供するが，それは家族療法家自身にとっても同様に不安定な関係なのである。家族がこのような不可思議な状況から簡単に逃げ出してしまわないのは，家族療法家の確信に満ちた表情や態度に一方で強く印象づけられているからであろう。家族は内心では「この家族療法家は見たところ頼りにできそうでもあるが，話の内容を聞くとちっとも直してもらえそうにない。いったい，どちらが本当なんだろう」と自問自答しているかもしれない。実は，この家族の心理的な「ゆらぎ」が，新たな家族のシステム作りの幕開けとなっていくのである。

●4-5-2●　グループ・アプローチ

1　はじめに

グループ・アプローチとは，「個人の心理的治療・教育・成長・個人間のコミュニケーションと対人関係の発展と改善，及び組織の開発と変革等を目的として，グループの機能・過程，ダイナミックス・特性等を用いる各種技法の総称」（野島，1988）である。ここではその中から代表的なものとして，エンカウンター・グループ，集団精神療法，心理劇（psychodrama）を取り上げる。また日本におけるグループ・アプローチの最近の動向と，これからグループ・アプローチを学ぶものの課題について述べることとする。

2　エンカウンター・グループ

日本でエンカウンター・グループといえば，ロジャーズ理論に基づくベーシック・エンカウンター・グループを指すが，この他に集中的に行われるグループ・アプローチの総称や，アメリカの Human Potentiality Movement 全体を指すこともある（村山，1990）。その起源はさまざまだが，中心的な流れはレヴィンのＴグループとロジャーズの来談者中心療法である。後者ではグループのリーダーをファシリテーター（facilitator）と呼び，グループやメンバー中心の運営であることを強調している。日本におけるエンカウンター・グループは，ベーシック・エンカウンター・グループを中心として独自の発展を遂げてきた（野島，1988）。

ロジャーズによれば，グループの目的は個人の成長，個人間のコミュニケーションおよび対人関係の発展と改善の促進である。原則として参加対象に制限はないが，心理療法や薬物療法を受けている者は，治療責任者やカウンセラーと相談の上参加することが強く望まれる。グループの構成は８～12名程度のメンバーと１～２名のファシリテーターからなる。期間は２泊３日から４泊５日が主流で，１日２～３セッション，１セッション２～３時間で行われる。ファシリテーターはメンバーの安全や運営・管理上最低限必要なものを除き，グループの進行や個人の変化の促進についてあらかじめ意図した役割を負わない。

ロジャーズが考える主要な個人の変化の促進要因は，無条件の肯定的配慮，共感的理解，純粋性であるが，エンカウンター・グループにおいてメンバーは，これらの要因によって受容体験と対決体験を体験し，自己認知と自己概念の吟味を通してパーソナリティを再構成すると考えられる（襲岩，1994）。またグループ・プロセスは，①当惑・模索，②目的・同一性の模索，③否定的感情の表明，④相互信頼の発展，⑤親密感の確立，⑥深い相互関係と自己直面（村山・野島，1977）というモデルから捉えられる。

エンカウンター・グループは教育や産業をはじめ広く市民活動として発展してきたが（村山，1990），今後の方向性としては心理教育的な活用，心理療法家の訓練，異文化間交流・国際問題への応用等が重視される。また研究を通しての，理論に基づく実践・技法の吟味が今後ますます必要になるであろう。

3 集団精神療法

集団精神療法は集団を媒介とした治療活動全般を指す集団療法とほぼ同義に用いられることが多いが，狭義には「集団の相互作用を通じて成員の人格変容，問題行動や対人関係の改善等を図るために意図的に組織された小集団活動」を指す。相互作用には言語を媒介とするものとアクティビティを媒介とするものがある。また意図的に組織するとは小集団による治療機序に関する理論的枠組み（メカニズム理論，技法論，プロセス論）を有し，それらに基づいて治療目的・治療方針が組み立てられていることを示す。小集団は20人以内であることが多い。デイケア等でみられるアクティビティや小集団で行われる作業療法，芸術療法，動作法等はおのずと集団療法的性格をもつが，かならずしも狭義の集団精神療法としての要件を備えているとは限らない。

歴史的発展をみると，イギリスでは戦争神経症等の治療において集団精神療法がさかんになり対象関係理論からの理論化が行われた。その特徴はグループ全体（group as a whole）の分析で目に見えないグループ心性の概念化が進んだ。一方アメリカでは教育的な集団療法に精神分析理論が取り入れられ発展した。その特徴はグループの中における個人（individual within the group）の分析である。

集団精神療法の治療要因について小谷ら（1993）は，効用という点から集団療法を目的別に整理し，①保護・支持的，②リハビリ・機能維持，③矯正・修正，④症状改善・対人技術習得，⑤人格の再構成の５つを挙げている。またグループ・プロセスモデルは種々あるが，一般的には模索・形成期―動乱・展開期―凝集・遂行期―終結・展望期といったものが考えられる。治療目的が具体的でリーダーシップの所在が明確であるほどプロセスの混乱は少ない。また目に見えないグループ心性のプロセス理論として，ビオンは依存—闘争・逃避—ペアリングの３つの基本仮定を想定している。

日本では神経症，感情障害，統合失調症，アルコール障害等多岐にわたり実践されるようになってきたが（山口ら，1987参照），現在の課題は①セラピストの養成，②理論学習，③特定効果（effectiveness）研究による実践の裏づけだと考えられる。

4　サイコドラマ

サイコドラマはモレノ（Moreno, J.）が考案した即興劇を主体とした集団精神療法である。サイコドラマでは，自発性（spontaneity）と役割演技（role playing）が重視される。モレノはヒア・アンド・ナウ（here and now）における自発的な役割行動が洞察とカタルシスをもたらし，創造的な生活や人間関係を生み出すと考えたのである。

サイコドラマの手順は，①説明，②ウォーミングアップ，③ドラマ，④シェアリングである（増野，1990）。まず目的や狙い，諸注意等の説明をし，自発性を活性化させて現実からドラマに入るためにウォーミングアップを行う。これには非言語的方法（体操，ジェスチャー，ゲーム等）と言語的方法（空想の旅，時間旅行等）がある。ドラマでは主題や主役を選び，場面構成を行って役割演技に入る。主役だけでなく他の演技者や観客も相互作用を通して自分なりの共通体験をもつ。代表的な技法としては，主役の分身を置くダブルや相手の立場から自分をみる役割交換，補助自我や他者が演じる自分をみるミラー等がある。ドラマの後はできごとや心理的体験をふりかえって話し合うシェアリングを行う。ここでは役割を解き，感想を述べ，体験を確認する作業が行われる。

サイコドラマの要素は，主治療者（演出家）である監督，副治療者・治療の媒介（助監督）となる補助自我，被治療者・学習者たる演者と観客，そして舞台からなる。監督にとって重要なのは，問題に応じた場面設定であり役割を細かく指導することではない。また場面がなかば現実的でなかば非現実であるようにすることが大事である。補助自我は助監督としては監督の演出に協力する一方，副治療者としては参加者（主役）の自発性を引き出す手助けとなる役割演技を行うことが多い。演者は実際に役割演技を行うものを指す。特に場面の焦点的役割を演じるものを主役という。演者で重要なのは役割をまねたり指示どおりに演じることではなく，自分なりの演技をすることである。またサイコドラマの参加者は演者にも観客にもなる。観客は演者に同一化し，共通体験をする。最後に舞台は，現実と異なるドラマが行われる特殊な空間として他から区切られている場所が当てられることが望ましい。

サイコドラマの参加者の条件は特にないが，参加者に応じた場面構成，演出が重要である。適用範囲は幅広く，病院や保健所，矯正施設をはじめ企業や学校でも行われている。

グループ・アプローチの動向としては，精神保健においてデイケアをはじめとする集団精神療法が盛んであることが挙げられる。特に，発達障害支援や就労支援において効果を発揮している。またダンスをはじめとする集団芸術療法が盛んになってきたこと，マインドフルネスなどに代表される集団認知療法が各領域で浸透してきたことも挙げられる。

日本には海外から多くの技法が紹介されているが，その意味でグループ・アプローチをこれから学ぶものは，多岐に渡るグループ経験を積んだ後自分に適したものを探すのがよいだろう。グループ体験だけでなく，理論学習，事例研究，ロールプレイ，オブザーバー体験，スーパーヴァイザーによる指導等の研修を積むことが必要である。特に各アプローチの背景にある理論的基盤の理解は重要である。表面的な用語理解や小手先の技法の模倣はグループ・メンバーだけでなく，治療者自身をも損なうということを覚えておきたい。

●4-5-3●　コミュニティ・アプローチ

1　コミュニティ・アプローチの基本的理念と特徴

コミュニティは，個人や集団の生活と行動に対して，良いにしろ悪いにしろ，きわめて大きな意義と影響力をもっている。人びとに対するコミュニティのマイナス的要素を改善し，成長促進的な機能を向上させることが，コミュニティ・アプローチの主な目標である。

メンタルヘルスの問題をコミュニティという視点から捉え，地域精神保健を大きく発展させたキャップラン（Caplan, G., 1961；1964）は，その理念として次のような特徴を挙げている。①医師中心の治療ではなく，地域社会中心のアプローチをする。②入院中心（病院収容主義）ではなく，なるべく早期に退院させ，地域社会の中でケアしていく（外来中心主義）。③患者の病気の治療だけでなく，その人の現実生活全体を総合的にケアする。④精神保健問題を患者個人や家族の問題として捉えるのではなく，地域社会全体の問題として捉え，その地域の住民全体をアプローチの対象とする。

こうした地域精神保健と臨床心理学との出会いによりコミュニティ心理学という新しい学問が生まれたわけである。それゆえ，臨床心理学的コミュニティ・アプローチとは，コミュニティ心理学を背景とした理論と実践活動であるといっても過言ではないであろう。

わが国においては，1975年に開催された第１回コミュニティ心理学シンポジウムがその出発点であるといってよい。この時の討議内容は，シンポジウムを主催した安藤（1979）によってまとめられている。また早くから，前述した地域精神保健の実践活動に携わってきた山本（1984, 1986）は，臨床心理学の立場からコミュニティ・アプローチの展開に努めている。

2　コミュニティ・アプローチの主な技法

1　危機介入

危機（Crisis）とは，より不健康な状態に進むか，逆にそれを克服してそれ以前より成長して自我が強化されるかの岐路もしくは転換点のことである。危機介入（Crisis Intervension）は，こうした危機状態にある人がその危機を克服できるよう援助することである。ただし，回復した状態は以前と同じ状態ではなく，危機状態に陥った自分を見つめることにより，むしろ以前よりも自己成長がなされると考えられている。

しかしながら危機介入は，精神分析や来談者中心療法などの心理療法と異なり，最初から自己成長を目標とするものではなく，とりあえずの情緒的安定を目指し，結果として自己成長がなされるものである。また危機介入は限られた時間内で行われなければならないために，危機に直接関係するエピソードが中心に扱われ，精神分析療法のように遠い過去や幼児期にまでさかのぼることはしない。

具体的な介入は，面接室における関わりだけでなく，必要があれば家族関係にまで介入したり，職場の上司や学校のクラス担任と面接したり，家庭訪問をしたり，社会資源を利用したりすることも含まれる。つまり，期間が短いだけに，問題解決に向けて集中的な関わりが行われ，ケースだけでなくその環境にも積極的な介入を行うのである。

危機介入の具体的な手順については，山本（1986）が事例に即して次のように分析している。

まず，個人およびその人の問題についての査定が必要である。危機状態に陥るに至った直接の事件は何か，またそれを本人はどのように受け止めているのか，そして本人を支えてくれる周囲の人びとの状況はどうかなどを明らかにする必要がある。次に介入の計画を立てる。本人との信頼関係を軸にしながら，どのような介入が一番適切なのか，周囲の人びとの中で誰と会えばもっとも効果的なのか，社会資源をどう利用したらよいかを考える。実際の介入に際しては，本人といっしょに考えて，本人のニードを尊重していくことが大切である。

2　コンサルテーション

コンサルテーションに関してキャプランは次のように概念規定している。「２名の専門家，つまり，１人はコンサルタントであり，ほかの１人はコンサルティであるが，この両者の相互活動を示す」と。すなわちコンサルテーションとは，コンサルタントがコンサルティに対して，コンサルティのかかえているクライエントや精神保健に関したプログラムなどの中で発生した特定の問題に関してコンサルティ自身が効果的に解決できるような援助をすることである。ここで重要なことは，コンサルタントはコンサルティを助けるが，そのコンサルティがクライエントやプログラムに対して担っている責任は，引き続きコンサルティに属するということである。つまり，コンサルタントはコンサルティの責任を肩代わりすることはしないし，またコンサルタントの提供する助力を受け入れるか否かは，まったくコンサルティの自由なのである。

コンサルテーションは，コンサルティ自身の内面の葛藤を取り扱うことはせず，コンサルティの直面している問題の解決方法を模索する。その点で“心理療法”や“スーパービジョン”とは異なり，専門が違う2人の専門家同士の関係である。

コンサルテーション活動により，コミュニティのキーパーソン（Key Person，コミュニティの中での援助体制づくりの中核になりうるような人，たとえば，学校の教師，民生委員，町内会や青年団のリーダーなど）は，精神保健問題への対処のし方を体験することになる。これによりキーパーソンは，知識と経験を増やし，また自信を深め，さらにはキーパーソン自身の人格成長にも良い影響を与えることになる。

こうした活動により，コミュニティ全体の精神保健に関する理解と対処能力が向上することをねらっているわけである。

たとえば，学校コンサルテーションの場合は，コンサルティは，教育の専門家であり，コンサルタントは精神保健の専門家である。コンサルテーションによって教師が本来もっている能力を十分発揮して問題生徒に取り組めるようになればケースへのより深い理解も進み，自信をもつようにもなる。これにより学校全体の精神保健に関する理解を促進させ，問題発生の予防にも役立つものである。

3　ケア・ネットワークづくり

コミュニティには，人びとを支えてくれるさまざまな社会資源が存在している。生活保護や障害年金などの経済的資源。病院や精神保健センターなどの専門機関，共同住居や共同作業所などの社会復帰施設，また各種の社会福祉機関や施設も重要な社会資源である。さらに，専門家といわれている人びとはもちろんのこと教師や民生委員などキーパーソンになりうるような人びとも大切な

表14　伝統的な心理療法とコミュニティ・アプローチの比較

	伝統的な心理療法	コミュニティ・アプローチ
対象	個人 家族	学校の教師や職場の上司など 地域住民
場所	面接室	学校や職場 地域の必要な場所
時間	週１回　１時間程度（固定的）	適宜（柔軟的）
焦点	個人の内界，過去	環境もしくは個人と環境の関係性
方法	カウンセリング 心理療法	危機介入 コンサルテーション ケア・ネットワークづくり
目標	カウンセラーとの関わりによる成長	環境調整による成長 キーパーソンの成長 地域住民の理解の促進

人的資源である。

コミュニティ・アプローチを志向する臨床家は，こうした社会資源を可能な限り活用する。すなわち，伝統的な心理療法家のように患者をかかえこむのではなく，そのコミュニティの専門家やキーパーソンと協力しながら患者をケアしていくことを考えるわけである。また，ある具体的なケース援助のためのネットワークづくりだけでなく，問題がこじれる前の早期対応や問題が発生する前の予防的働きかけができるシステムづくりがさらに重要な課題となる。したがってコミュニティの臨床家は，個人を対象とするよりも，集団やコミュニティ全体を対象としているといってもいいだろう。

最後に，コミュニティにおける臨床家の役割を明確にするために伝統的な心理療法家の役割と比較してみよう。山本（1984）は詳細な構造分析を行っているが，ここでは筆者（1990）の対比を表14に示す。これを見れば，コミュニティ・アプローチでは，「専門家が治す」ことから「コミュニティで支える」ことへの発想の転換が必要なことが分かるであろう。

5
臨床心理学的実践の領域

● 5-1 ● 教育の領域

1　はじめに

学校領域における心理臨床は，子どもや教師への支援が中心となる。ここでいう子どもとは，保育園・幼稚園，小学校，中学校，高等学校，大学に通う子どもたちであり，非常に幅広い領域を担うことになる。その中で，最も早くカウンセリングが導入されたのは大学であった。1951年にアメリカから講師を招いて学生補導厚生研究会が開かれたのをきっかけにして，大学における学生への支援が行われるようになり，個人や集団へのアプローチが行われ，その後学生運動による停滞期を経て，教育的アプローチや連携・協働によるコミュニティへのアプローチへと発展してきている（伊藤，2018）。

大学と同じように小中学校におけるカウンセリングの必要性も指摘されており，1960年代には，アメリカから紹介されたカール・ロジャーズ（Rogers, C. R.）のクライエント中心療法（**4-1-5**参照）が注目され，学校現場で取り入れられることもあったが，その後発展を見ることはなかった。それから30年ほど経った1995年に，ようやく文部省（当時）によるスクールカウンセラー（以下，SC）の派遣事業が開始されたのである。これは画期的なことで，それまで閉鎖的であった学校に初めて教員以外の専門家が入ることになり，「黒船襲来」に例えられることもあった。

2　スクールカウンセラー（学校臨床心理士）の現状

1　配置の背景

学校現場は，1980年代～90年代にかけて，不登校の数が年々増加し（図22），いじめや暴力など，生徒指導上の問題が山積し，さらにいじめによる自殺者が

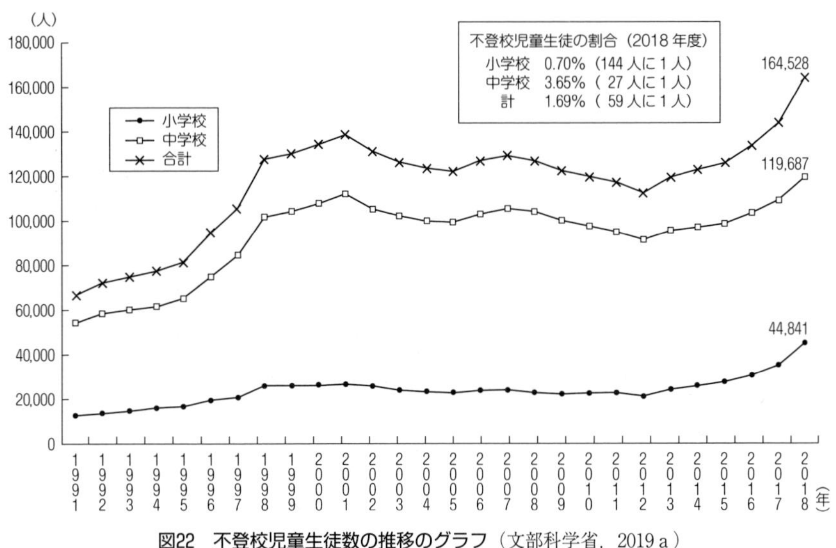

図22　不登校児童生徒数の推移のグラフ（文部科学省，2019 a）

出るなど喫緊の課題対応を迫られ，保護者や社会全体からも学校への抜本的支援策を求める機運が高まっていった。さらに中央教育審議会の答申において，学校へのカウンセラー導入の必要性が指摘されたことを受け，文部省は，学校にSCを配置することを決定した。そこには，1988年に設立された臨床心理士資格認定協会による専門家（臨床心理士）の養成が始まり，全国に4,000人以上(1995年当時）の臨床心理士が存在していたことも背景としては大きかった。

2　配置の形態とその推移

1995年に，全国の中学校を中心に，154校の配置から始まったスクールカウンセラー事業は，年々増加している（図23)。2001年度（平成13年度）に行われた大規模な全国調査では,「おおむね好評」という評価を得たことで，一定の効果があると認められ，全中学校への配置の方針が決定された。そして，これまで「活用調査研究委託事業」であったものが,「活用事業補助」として定着していき，その後小学校や高等学校への配置も広がり，2018年度は27,809校（小学：15,699校，中学：9,084校，高校：2,447校，その他：579校）まで増えている。

SCは，当初週に1回，8時間で，年間35回が基本的な枠組みであった。しか

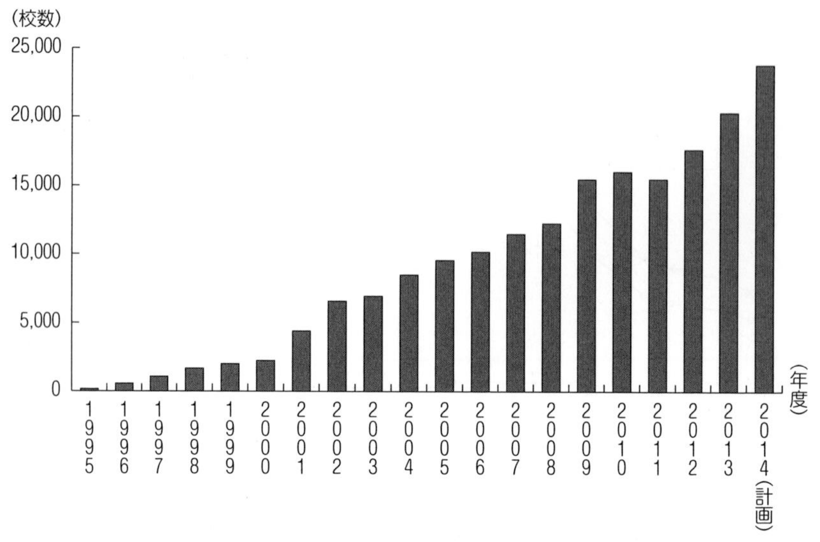

図23　スクールカウンセラー配置校（箇所）数の推移（文部科学省，2019 b）

し学校の規模，ニーズや予算等の関係で，１校12時間～４時間という幅があり，また回数も年間40回～数回というところまで，現状に合わせて多様化してきている。

3　スクールカウンセラーの役割と業務

①カウンセリング：学校現場では，構造化された場（秘密が守られた安心できる場，50分という時間の枠，週１回～２週に１回といった定期的な面接の頻度）は保証されにくいので，その学校の現状に応じた面接のスタイルが取られることになる。実際には，保健室で面接したり，別室登校で子どもと面談したりすることもあり，守秘や時間枠が不安定になることが多い。また，保護者との面接も重要で，場合によっては母子同席面接となることもある。

②コンサルテーション：専門家同士の対等な関係の中で，現在の職務の専門（教育）と異なる領域の専門家（心理）から助言を得るというものである。つまり，教育の専門家である教師が，心の専門家であるSCから，子どもの理解や保護者への関わりについて，助言を得るというものである。

③研修や講演：教員が教育相談や子どもへの支援において必要とされる児童生徒の心の理解や関わり，不登校やいじめ，暴力行為や虐待への対応，さらに面談で話を聴く姿勢や技能について，校内研修において講師を務める。また，保護者や地域への貢献として，家庭での子どもとの関わりや子どもの発達，コミュニケーションの取り方などの講演を行い，家庭での教育の充実や地域の教育力を高めていくことも，学校（SC）に求められている。
④ケース会議等への参加：学校の組織である教育相談部会やいじめ防止委員会等の不登校やいじめの対応を行う学校内の会議に，メンバーの一員として参加することがある。特に，不登校等への理解や対応について，その子どもに関係する教員が集まって適宜行われる「ケース会議」においては，情報の整理を行うとともに，SC としての見立てや支援の方針を助言することがある。
⑤授業等への協力：一次支援（すべての子どもを対象）とともに，二次支援（一部の子どもを対象），三次支援（特定の子どもを対象）として，総合的な学習，道徳，学級会活動などにおいて，クラスの子ども全体に対する支援を行うことがある。担任とカウンセラーとが協力して，ストレスとストレスマネジメント，いじめの理解，人間関係作りのためのグループワークなどを行っている。カウンセラーは，人間関係作りのためのグループワークや心理教育のプログラムにも精通しているので，その技能を授業に活用しようとするものである（窪田，2013）。
⑥緊急支援：学校現場では，いつ，どのような事故や事件が起こるとも限らない。その出来事が深刻であれば，子どもたちの傷つきは深く，教員さらには学校全体が動揺し，不安定になる可能性がある。深刻な事故，事件に直面し，人はどのような心理的な反応を起こし，それはどのようなプロセスで，収まっていくのかの見通しを示しつつ，個々の子どもたちの状況に沿った，緊急のサポート，面接を行っていく。
⑦その他：学校側のニーズや SC からの提案として，子どもたちや保護者向けの「たよりの発行」，教員との全員面談，学校行事等への参加などもある。

4　これからのスクールカウンセラーの役割——チームとしての学校

このように学校にSCが配置されてから20年以上がたち，一定の定着は見られるが，今後はさらに「チームとしての学校（チーム学校）」の一員として，学校内の関連する教員をはじめ，スクールソーシャルワーカーや学校外の関係機関（児童相談所や教育支援センター等）とをつなぐ連携・協働の機能が重要になる。

また，学校内でチームとして，組織的に機能していくためには，窓口となる教員（SCコーディネーター）の役割が大きく，①カウンセリングへの理解度，②学校全体の把握，③教員への伝達力，④子どもとの距離，⑤時間的余裕（内田・内田，2011）などの視点から，コーディネーターを育成していくことが求められる。

3　教育領域におけるカウンセリングの広がり

学級担任による教育相談として，子どもへの理解，関わりにおけるカウンセリング・マインドが重視されている。さらに，学校では教師とSCのコラボレーション（協働）による支援が求められているので，教師にも一定のカウンセリングの理解や傾聴の技能が必要になってきている。そのため，教員養成課程における臨床心理学的な子どもの理解や支援の方法の習得が求められている。さらに，不登校への支援として，各市町村に教育支援センター（適応指導教室）が設置されるようになっている。そこでは，指導主事や教員OBである指導員と共に，心の専門家であるカウンセラーがスタッフとして加わり，集団力動の理解や個別の面接を行ったりしている。また，最近では民間での不登校への支援としてのサポート校やフリースクールにおいても，カウンセリングの導入がすすめられている。大学受験のための予備校等でも，心理的なサポートが必要になり，カウンセラーを配置するようになっている。

4　保育カウンセラー・キンダーカウンセラーの現状

2003年に大阪府私立幼稚園連盟が，都道府県単位としては初めて「キンダーカウンセリング事業」を開始し，それに続いて2009年には京都府私立幼稚園連盟が事業を開始している。一方，東京都日野市では，2004年度から文部科学省の研究指定を受けて，初めて公立の幼稚園に保育カウンセラーを派遣する「保育カウンセラー事業」を開始している。幼稚園・保育園における保育カウンセラーの役割は，①園児の直接観察・関わりによるアセスメント，②保護者への支援，③保育者への支援（コンサルテーションやカンファレンスへの参加），④外部（社会）資源との連携，⑤保護者を対象とした懇談会や講演，さらに地域の未就学児対象の保護者への支援，などがある（坂上，2012）。保育園・幼稚園でも最近の課題は発達に関するものが多く，子どもの観察を通して発達段階に応じた子どもの状態を把握し，適切なアセスメントを行うことが求められるとともに，保護者と保育者，さらに外部機関とを有効につなぐコーディネーターとしての機能も必要になる。

5　おわりに――教育とカウンセリング

学校教育において，生徒指導提要（2010年，文部科学省）で示された「すべての児童生徒のそれぞれの人格のよりよき発達を目指す」という方向性は，子どもたちの学力とともに，心の成長を願うものであるが，それだけ現状の課題として，生徒指導上の問題が大きいと考えられる。とりわけ，不登校やいじめ，さらには児童虐待に関する問題は，社会の注目を集める喫緊の課題であり，そのような事態に学校教職員の一員として，SCがどのような役割・機能を果たすのかは，今後の大きな課題である。その際に，SCの常勤化，つまり学校教育法等において学校教職員の一人として規定されること（鵜養，2011）が，教育領域におけるカウンセラーの位置づけにおいて，重要な影響を与えることになる。

● 5-2 ● 福祉心理臨床の領域

1 福祉と心理臨床

「福祉」とは人々の「しあわせ」をはかるという意味があるという。人はそれぞれの人生の間に様々な経験をする。心豊かな思いをすることもあれば，予期せぬ事故や病気，災害などの結果，厳しい状況に置かれることもあるかもしれない。そのような時，生活を含めた支援や心のケアが必要になることは，誰の身にも起こる可能性があるといえよう。したがって福祉とは，特定の対象者だけを想定するものではなく，すべての人々に対し，支援が必要なときに必要なサービスが提供されるように社会の仕組みを用意するための理念だと考える。

これまで実際には児童，障害児・者，高齢者，低所得者，母子，ひとり親家庭というように対象者の特性別に法や制度ができてきた経緯があるが，最近では相互の乗り入れや，制度を共有する場面も多くなっている。2018年，臨床心理を専門とする国家資格「公認心理師」も誕生し，それぞれの場で心理の専門職が置かれるなど，心理支援の活用も広がっているといえよう。

わが国の福祉制度が発展したのは1945年の第二次世界大戦後のことであるが，心理学の先達の中には1930年代に障害児の幼稚園教育をはじめた岡部弥太郎（1894～1967），またロールシャッハ法の紹介や内田クレペリン精神検査法で知られる内田勇三郎（1894～1966）が戦後間もなく児童福祉司の仕事をしたなど，福祉に足跡のある例も伝わっている（片岡，2004）。

現在のわが国は世界でも有数の長寿国であり，ひとりひとりの人生が長くなっている。同時にだれも経験したことのない少子高齢社会を迎えている。このような社会で，人々のしあわせと自己実現をはかるために，様々な臨床の場で人々の役に立つ心理支援が求められている。

2　子ども家庭福祉（児童福祉）の領域

1947（昭和22）年，戦後まもなく児童福祉法が制定された。戦争で親を亡くした子ども達・戦災孤児の保護が課題だったという。都道府県や政令指定都市には児童相談所が設置された。児童相談所は子どもに関する養育やしつけ，発達や障害，非行などすべての問題についての相談を受ける行政機関である。ここにはソーシャルワーカーである児童福祉司のほか心理判定を担当する職員が配置された。現在では児童心理司と名付けられている。児童福祉司と連携し，相談ケースの心理アセスメント，子どもや親への心理療法など心理支援を行うことが仕事である。近年は「子どもの虐待」に関しての相談や通告が激増し，どこの児童相談所も対応に追われている。

2020年度，全国の児童相談所が対応した虐待相談は205,029件（厚生労働省）となり，「児童虐待の防止に関する法律（以下，児童虐待防止法）」制定直前であった1999年度の11,631件に比べると17.6倍という急カーブの増加である。これは児童虐待への社会の関心が高まったこと，法により子どもの面前での夫婦間暴力も心理的虐待とされたこと，医療機関や学校，市民など虐待発見者に通告義務ができたことなどによると思われる。

児童虐待防止法では「身体的虐待」，「性的虐待」，「ネグレクト（保護の怠慢・拒否）」，「心理的虐待」の４つが虐待と定められている。虐待の加害者は，実母が半数，実父が４割（2017年度）となっている（図24・25）。

虐待など様々な理由から家庭で育つことのできない18歳までの子どもは，児童養護施設や里親など「社会的養護」の中で育てられる。虐待された子どもは，愛着障害やPTSD（心的外傷後ストレス障害）などの心理的状態を示すことも多く，児童養護施設での心理療法担当職員によるケアや，里親への養育支援が必要となる。乳児院，児童養護施設，里親とファミリーホーム，児童自立支援施設，児童心理治療施設などで約４万人の子どもたちが暮らしており，６～７割が被虐待経験をもつといわれる。DV（ドメスティック・バイオレンス）被害などで親子が入所する母子生活支援施設には，心理療法担当職員が置かれ心の安定や再出発の支援を図っている（片岡，2014）。

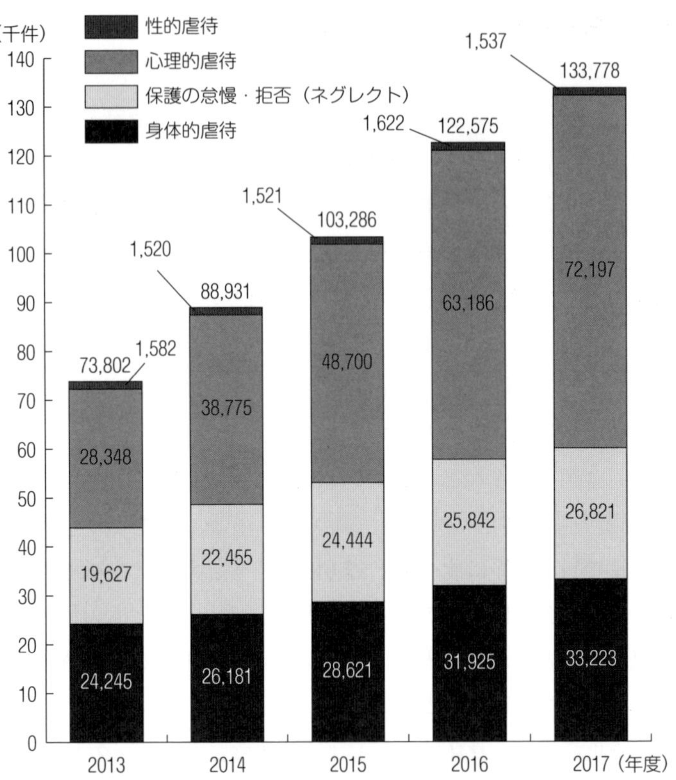

図24　児童虐待の相談種別対応件数の年次推移（厚生労働省「平成29年度福祉行政報告例」）
注）自立支援医療のうち旧精神通院医療の実施主体は都道府県等。

厚生労働省が毎年行う虐待による死亡事例の検証では，０歳児が半数を超えている。10代の若年妊娠の事例も目立つ（厚生労働省，2019a）。虐待を予防するためには，地域での子育て支援が大切である。地域の子ども家庭支援センター，児童家庭支援センターなどでも社会福祉士や心理職による相談支援が行われ，家庭訪問など積極的アウトリーチが求められる。

2016年，児童福祉法の大幅な改正が行われた。1989年に国連が採択した「児童の権利に関する条約」の理念である，「子どもの権利擁護」「子どもの最善の利益」を取り入れた改正により，わが国の児童福祉に関する制度や考え方の見直しが行われている。親の離婚に際しても，面会交流や親権について，子ども

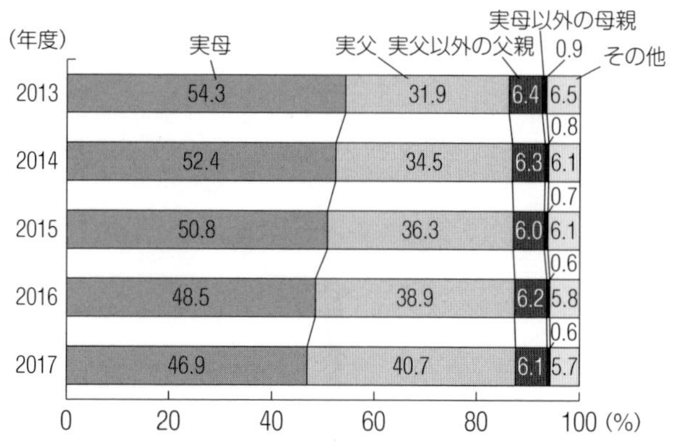

図25　児童虐待相談における主な虐待者別構成割合の年次推移
(厚生労働省「平成29年度福祉行政報告例」)

の意見を聞くことが求められている（片岡，2018）。

3　障害をもつ人たちの福祉

オリンピックに続いてパラリンピックが行われるようになり，社会の様々な場面でバリアフリーについての意識変革が進むことが期待されている。

障害があっても同じように社会参加できる環境をというノーマライゼーションの考えが1950年代にデンマークの知的障害者の親たちから起こり，世界に広がっていった。1981年，国際障害者年のキャンペーンは「完全参加と平等」であった。その後国連・障害者の10年（1983年～1992年）を経てわが国の障害者福祉施策も変革されていく。1993年には障害者基本法ができ，2011年には「障害者の権利に関する条約」の批准に向けた改正で，障害者とは「障害および社会的障壁により継続的に日常生活又は社会生活に相当な制限を受ける状態にあるものをいう」と定義された。さらに社会的障壁の除去には合理的配慮がなされなければならない（第４条）としている。

2005年に障害者自立支援法によって身体，知的，精神の３障害を一元化してサービスの利用ができるようになり，さらに2012年障害者総合支援法へと発展した（図26）（内閣府，2019）。

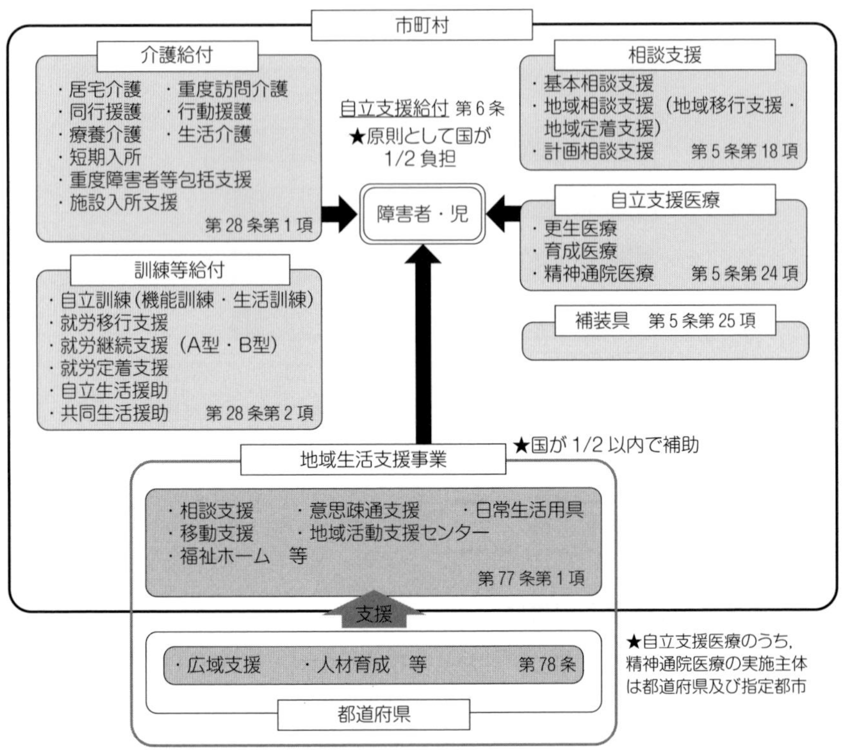

図26 障害者総合支援法の給付・事業（厚生労働省資料：内閣府，2019より）

障害をもつ子どもについては，早期発見，早期療育が大切とされ，児童福祉法によるサービス（児童発達支援，放課後デイサービス，保育所訪問支援，障害児入所施設［福祉型／医療型］，障害児相談支援）や総合支援法による介護給付の制度がある。保健所の３歳児健診などでは心理相談が行われ，早期発見から療育へのつなぎが行われている。児童発達支援センターなど療育の場では，心理職によるアセスメントや発達を支援する療育プログラムが行われる。子どもに障害があることを知らされた親に対しても悩みを共有できるグループカウンセリングの場を設けるなど支援が大切である。子どもたちの力を伸ばすためにも親や家族の支えは重要である（片岡，2019）。

在宅の身体障害者手帳所持者は全国で428万７千人（2016年），そのうち65歳以上が311万2千人（74.0%）という（内閣府，2019)。高齢になってから障害をもつ人も多く，高齢者福祉と障害者福祉の対象者が重なるところもある。身体障害の内訳は「視覚，聴覚・平衡機能，音声・言語・そしゃく機能，肢体不自由，内部障害」となっている。知的障害者の療育手帳は全国で96万2千人（2016年，在宅者)。手帳の判定には従来から児童相談所，更生相談所などで心理職が関わってきた。精神障害者には精神障害者保健福祉手帳がある。

2004年に発達障害者支援法が施行された。「自閉症，アスペルガー症候群その他の広汎性発達障害，学習障害，注意欠陥多動性障害，その他の脳機能障害」が対象とされている。それぞれの特性や生きづらさについての支援や，親へのペアレントトレーニング，教育の場でのいじめ防止対策，育てにくさからの虐待防止など心理職が活用される場面も多い。

精神障害者が福祉サービスを利用できるようになったのは，社会防衛的な要素も強かった精神衛生法が改正され，1995年精神保健福祉法が成立してからである。この法律で精神障害者とは「統合失調症，精神作用物質による急性中毒又はその依存症，知的障害，精神病質，その他の精神疾患を有するもの」とされている。わが国の精神病床は35万といわれ，世界的にも多い数である。現在31万人が入院しており，今後は病院からの地域移行が課題である。保健所や精神保健福祉センターの相談業務に心理職が当たっている。地域で精神障害者を受け入れるための福祉サービスや就労支援，地域生活支援など地域包括ケアシステムの充実，そして社会的偏見への啓発が求められる。

4　高齢者の介護と福祉

わが国の平均寿命は女性87.74歳，男性81.64歳（2020年）と世界トップレベルの長寿となっている。これは医学技術の進歩と経済の発展そして同時に長い期間戦争がなく平和な社会が続いているからである。

長くなった人々の人生の後期に心のケアが必要になることは多いはずだと思うが，実際に高齢者の福祉サービスのなかで心理職が活動している場面はまだ少ない。2000年，様々な論議を経て介護保険法が施行され，介護が医療と同じく保険制度になった。40歳から保険料を負担する。人口に占める65歳以上の高齢者の割合は28.4％（2019年）（総務省統計局，2019），団塊の世代が後期高齢者（75歳以上）になる2025年には30％を超えると推測されている（国立社会保障・人口問題研究所，2018）。2019年11月時点の要介護認定者は669万人，介護保険受給者は569万人で特に居宅サービス利用が多く，施設サービス利用者は94万人である（厚生労働省，2019c）。

老人福祉法や老人保健法に基づく特別養護老人ホーム，老人保健施設，デイサービス，有料老人ホームなど要介護高齢者の利用するところで，認知症のケアやアセスメント，回想法の活用など，心理職が役立つことも多いのではないかと思われる。また，介護を担っている家族や職員のメンタルヘルスに対する心理支援の必要性もある。

わが国の自殺者には中高年も多い。せっかくの長寿をできるだけ健康に生きがいを持って暮らせるよう，介護予防の観点からも支援が求められる。

5 地域福祉と他職種連携

福祉施策の流れとして，共生社会を目指すなどコミュニティ・ケアへの視点が注目されている。遠隔地の施設や病院にいる障害者も地域に帰る地域移行の動きがある。地域の福祉拠点の一つは自治体の福祉事務所であり，生活に困窮する低所得者への公的扶助として生活保護や自立支援を行っている。自治体ごとに設置されている「地域社会福祉協議会」は住民参加のもとボランティア活動や細やかな福祉サービスを行っている。地域で選ばれた民生委員（児童委員を兼ねる）も活動している。

2015年に始まった生活困窮者自立支援制度では生活保護を受けるより前の段階として，生活全般の相談や，就労準備訓練としてコミュニケーションや基礎能力を養うプログラム，住居を確保する資金給付，貧困の世代間連鎖を予防する子どもの学習支援などが行われている。不登校からのひきこもりやホームレス，ニート，など様々な背景を持った人々の相談支援も行われるようになってきた。日本の子どもの６人に１人は相対的貧困状況にあるといわれる。母子世帯の経済的状況も厳しい。地域では子ども達を健全に育てるために，児童館や冒険遊び場など児童厚生施設が用意されている。児童館で子ども食堂を開いているところもある。

地域で適切な福祉を展開するためには，国や自治体など行政組織とともに，多くの専門職が力を合わせ，連携していくことが大事である。国家資格として公認心理師が誕生したが，心理職のみで出来ることは限られる。社会福祉士，精神保健福祉士，医師・保健師を始め医療系の職種，保育士，介護福祉士，ケアマネージャー，弁護士など，それぞれの専門性を理解しつつ連携し，人々の福祉への支援をしていきたい。

● 5-3 ● 司法・矯正の領域

1　はじめに

司法・矯正の領域で臨床心理学の専門家が活動している代表的な機関として，警察，家庭裁判所，少年鑑別所，少年院，拘置所，調査センター，刑務所，少年刑務所，保護観察所などが挙げられる。それらの機関は相互に関係しながら，非行や犯罪の捜査，分析，改善プログラムの開発と実施，犯罪被害者支援，あるいは，家内紛争の解決などに関与している。

この領域においては，自ら進んで相談をするような場合を除いて，多くの対象者は自ら望んで面接や調査を受けるわけではなく，状況によっては黙秘したり，うそをついたりする可能性があるという点が，一般のカウンセリングや心理療法とは異なっている。しかし，当初はかたくなであっても，面接を繰り返すうちに心を開いて自らの内面について語り，自分自身に向き合おうとする者もあり，対象者との関係に急激な変化が訪れることがあるというのも特徴の一つである。そのような点も踏まえた上で，以下に各機関の業務内容と，臨床心理学の専門家の役割について紹介する。

2　警察関係

一口に警察と言っても，その業務内容は多岐にわたるが，ここでは臨床心理学の専門家が活動している部署について紹介する。各都道府県には「少年（サポート）センター」が設置されているほか，「ヤングテレホン（コーナー）」や「ヤングメール」など，電話やメールで相談できる窓口も設けられており，心理の専門職員等が非行やいじめの相談を受けている。

また，各都道府県の警察本部では，性犯罪被害を含めて犯罪被害者の相談に応じているが，性犯罪被害者の多くは女性であることから，女性の専門職員が対応に当たっていることも多い。

一方，警察庁の附属施設である科学警察研究所や，各都道府県警察に設置されている科学捜査研究所においては，臨床心理学の専門家がポリグラフ（ウソ発見器）検査による鑑定やプロファイリング，捜査に関する研究を行っている。

3　家庭裁判所

家庭裁判所は，家事事件と少年事件を取り扱う機関で，各都道府県に設置されている。家庭裁判所では，臨床心理学の専門家である家庭裁判所調査官（以下，「調査官」と記す）が人間関係調整の担い手として職務を遂行している。

家事事件においては，離婚・相続，老親扶養など，家庭で生じる様々な問題を扱う。調査官は，当事者との面接などにより，審判や調停に必要な調査を行い，当事者自身が問題解決に取り組めるように援助している。

少年事件においては，14歳以上の少年の事件は全件，14歳未満の少年については児童相談所を経由した後，必要に応じて送致された事件を取り扱う。少年事件のうち，心身の鑑別が必要とされる場合には裁判官によって観護措置が執られ，少年鑑別所に送致される。

調査官は，いずれの場合も少年の非行の実態や非行の背景にある問題について，少年，保護者，学校，あるいは職場関係者などとの面接，電話や文書での照会などを通して調査を行う。その上で，少年にとってどのような処遇が必要かを判断し，調査記録にまとめて裁判官に提出する。裁判官は，調査官，少年鑑別所，警察，検察庁，保護観察所，付添人から提出された資料や意見を考慮した上で，少年の処遇を決める。代表的な処遇としては，保護観察，児童自立支援施設等送致，少年院送致，検察官送致，不処分などがある。これらは最終的な処分であるが，終局処分を決定する前に，試験観察という中間的な処分を行うことがある。その際，調査官は定期的に少年や家族と面接し，経過を観察する。その結果に基づいて最終的な審判が下される。

4 矯正施設関係

法務省矯正局が管轄する矯正施設においては，法務技官（心理）（以下，「心理技官」と記す）として勤務している。また，法務教官や刑務官として勤務している者の中にも，臨床心理学の専門家が含まれている。

1 少年鑑別所

少年鑑別所は，家庭裁判所からの要請に応じて少年の資質の鑑別を行うとともに，健全な成育のための支援を含む観護処遇を行う施設である。併せて，非行や犯罪を防止するための地域支援活動も行っている。

主たる業務である収容鑑別においては，家庭裁判所で観護措置を執られた少年を通常は4週間，最高8週間収容して，各種の集団心理検査や健康診断，行動観察などが行われる。その際，心理技官は少年に面接や個別心理検査を行うほか，法務教官と協力して少年の行動特性などについて探っていく。また，調査官等とのケースカンファレンスを行いながら，非行のメカニズムを明らかにし，今後必要とされる処遇などについても検討する。その結果を書類にまとめて家庭裁判所に提出し，審判の資料としてもらう（審判については「3　家庭裁判所」の項を参照）。

また，先にも述べたように各少年鑑別所には，「法務少年支援センター」が併設されており，電話やメール，面接などによって非行その他の問題行動についての相談を受けたり，講演活動を行ったりしている。

2 少 年 院

少年院とは，家庭裁判所の審判で保護処分として少年院送致決定を受けたおおむね12歳から20歳までの少年を収容して，その健全な育成を図ることを目的とする施設で，矯正教育や社会復帰支援などを行っている。

家庭裁判所の保護処分として送致される少年院の種類は，年齢や犯罪的傾向の進度，心身の状況などによって，第一種から第五種まで分かれている。心身に著しい障害のある者を収容する第三種少年院以外は，男女別に少年院が設けられている。また，16歳未満の少年受刑者を収容する第四種少年院もある。

少年院では，矯正教育の重点的な内容や標準的な教育期間に応じて，矯正教育課程が設けられており，少年の特性を考慮して個人別矯正教育計画が立てられ，それに沿って指導が行われる。内容としては，生活指導や教科教育，職業能力の開発を行うほか，非行を改善するためのプログラムが実施されている。少年院に勤務する職員の大半は法務教官であるが，心理技官が配置されており，個々の少年の個別的矯正教育計画の策定，各種プログラムの実施や処遇効果の検証などに携わっている。

3　拘置所，調査センター，刑務所，少年刑務所

拘置所は，被告人など，刑罰が確定していない者や，死刑確定者を収容する施設であり，拘置所内で炊事などの自営作業を行う受刑者も収容されている。拘置所には心理技官が配置されており，審判で刑罰が確定した者の刑執行開始時調査などを行っている。

調査センターは，男子受刑者のうち初入の若年受刑者や特別な処遇を要する受刑者を約2か月収容して調査を行う施設で，全国8か所の刑務所に設置されている。調査センターには複数の心理技官が配置されており，精密な処遇調査を行っている。

刑務所は，裁判で懲役又は禁錮の刑が確定した者を収容して，刑の執行を行う施設である。受刑者は刑務所に収容されると，刑執行開始時の調査や健康診断，指導を受けた後，作業指定が行われ，刑務作業に従事する一方，改善指導プログラムを受けるようになる。心理技官は，面接や各種心理検査を行い，犯罪に至った原因や処遇上の指針を明らかにしたり，改善指導プログラムの実施や受刑者のカウンセリングを行ったりもしている。近年は，処遇カウンセラーとして，民間の臨床心理学の専門家が処遇に参加している。

刑務所の中には，官民共同の刑務所である社会復帰促進センター（PFI）も全国で4か所設けられている。社会復帰促進センターでは，臨床心理学の専門家を職員として含む民間企業が，矯正教育事業に携わっている。

少年刑務所は，本来は26歳未満の男子受刑者を収容して，教育的な働き掛けを重視した処遇を行う施設で，全国で6か所設置されている。しかし，近年は26歳未満の受刑者が減少する一方，26歳以上の受刑者が増加していることから，

26歳以上の受刑者も収容するようになっている。少年刑務所にも心理技官が勤務しており，調査やカウンセリングを行うほか，改善指導プログラムの実施や研究にも取り組んでいる。また，民間の臨床心理学の専門家が改善指導プログラムなどの処遇に関わる場面も増えている。

5　保護観察所

保護観察所は，法務省保護局に属する機関で，犯罪や非行を行った者が社会の中で更生するのを促す保護観察を実施している。保護観察の対象となるのは，家庭裁判所の審判で保護観察処分の決定を受けた者，少年院を仮退院した者，刑務所を仮釈放で出所した者，審判で保護観察付執行猶予の判決を受けた者などである。

保護観察所においては，国家公務員である保護観察官と，法務大臣から委嘱を受けた非常勤の国家公務員（実質的に民間のボランティア）である保護司が協力して処遇に取り組んでいる。それらの役職について，特に資格の指定はないものの，臨床心理学の専門家も含まれている。

近年は，性犯罪，覚せい剤依存，暴力傾向，飲酒運転など，特定の犯罪傾向を改善するための専門的な処遇も行っており，民間の臨床心理学の専門家が指導に携わっていることもある。

6　おわりに

司法・矯正の領域においては，四半世紀前に比べると，それぞれの機関で勤務している臨床心理学の専門家の数は増えている。また，民間の臨床心理学の専門家が矯正施設などで活躍する場面も増えている。一度犯罪に陥った人が立ち直るためには，やはり人の力が必要であることを物語っている。社会情勢に応じて司法・矯正の領域における機関の在り方も変化しつつあり，今後益々この領域における臨床心理学の専門家の活躍が期待される。

なお，巻末の文献一覧に代表的な書籍を紹介しているので参考にしていただきたい。

● 5-4 ● 医療の領域

1　はじめに

医療領域は臨床心理士・公認心理師が多数働いている現場であり，2015年度に日本臨床心理士会が実施した「第７回臨床心理士の動向調査」によれば回答者の41.9%が医療保健領域に勤務しており，最も多いという結果であった。医療領域と保健領域は“医療保健”あるいは“保健医療”領域として同一カテゴリーで括られることが多いが，本節では臨床心理学の学びを踏まえ，医療領域で心理職が実際にどのような業務を行っているのか，医療現場の実際について述べる。

2　医療機関において心理職に求められること

医療機関は，医療法において病床数によって病院とクリニックに分けられる。病床数が20床を超える医療機関は病院，19床以下もしくは病床をもたない医療機関はクリニックとよばれる。また，複数の診療科を有する100床以上の病院は以前「総合病院」と呼ばれていたが，医療法の改正により，現在は特定機能病院や地域医療支援病院，臨床研究中核病院など病院機能別に分化されている。心理職は上記のような総合病院だけでなく，単科の病院やクリニックでも勤務している。精神科や心療内科で働いているというイメージが強いと思われるが，実際には小児科や内科，外科，産婦人科，NICU，神経内科，口腔外科，リハビリテーション科など，心理職が携わっている診療科は多岐に渡る。対象となる年齢は乳幼児から高齢者までと幅広い。

“病院（診療所・クリニック）”は何らかの疾患や症状，不調があり，訪れる場である。健康であれば医療機関を受診する必要はなく，普段とは違う状態を診てもらう，検査や投薬などの医療行為を受けるために受診することがほとんどであろう。医療の場で患者と出会い，心理臨床的関わりを行う上で，病院受診に至るまでの患者の不安な気もちや診察を待つ間の気もち，心理職と会うことを勧められたり心理検査を受検することになったりした時の患者の心情を汲み，関わっていく姿勢が大切である。

医療現場で心理職に求められる役割は，治療や病に関する不安や心配事をお聴きし，患者（クライエント）が治療に取り組めるようにサポートすること，患者や家族の QOL（Quality of Life）に寄与すること，医療者と患者の橋渡し等が挙げられるだろう。しかし，患者が病を抱えつつもその人らしく生活できるようにサポートするのは心理職だけではない。他職種も同様である。診療科に関わらず，チーム医療は基本であり，心理職もチームの一員として他職種と協働している。医師や看護師，薬剤師，社会福祉士，精神保健福祉士，作業療法士，理学療法士，栄養士など病院内のスタッフだけでなく，保健師をはじめ児童相談所や包括支援センター，施設職員など地域のさまざまな機関・職種と協働しながら患者や家族を支援している。

医療領域ではチーム医療の中で心理職として自分の役割を理解し，専門性を発揮していくこと，他職種と繋がるために心理職が面接や検査を通して理解したことをわかりやすく伝えたり，相手の専門性や医療現場でよく用いられる“ことば”を理解し，コミュニケーションを図ることが求められる。

3　医療領域における心理職の業務

病院・クリニックの標榜科や規模によって，業務内容はさまざまであるが，医療領域で働く心理職に共通する主な業務として①心理アセスメント，②心理面接，③集団療法の３つが挙げられる。心理アセスメントの中で，知能検査や性格検査，認知機能検査など心理検査は目的に応じて選択・実施される。心理面接は外来や病棟の面接室で実施されることもあれば，内科や産婦人科，緩和ケア病棟においてベットサイドで行われる場合もあり，患者の主訴や状態に合わせて面接のやり方や時間設定を変えている。集団療法はうつ病や統合失調症，アルコール依存症，糖尿病など疾患に対する心理教育，同じ疾患を持つ患者同士の交流グループなど，目的によって実施形態や頻度もさまざまである。家族会・当事者会などの運営にも他職種とともに携わっている。

心理職は面接室の中で個別にカウンセリングをしているというイメージが強いかもしれないが，実際は病棟に出向き，スタッフと情報交換したり複数の患者を対象に集団療法を行ったりする機会も多い。また，訪問看護への同行，学校や施設で開催されるカンファレンスへの参加等，院外で活動することもある。

4　各機関における心理職の業務

これまで医療領域に共通することについて概観した。しかし，病院の機能によって心理職の業務はさまざまである。医療機関の中でも心理職の多くが勤務している「総合病院」と「精神科病院」，「診療所・クリニック」について，それぞれの機関で心理職がどのような業務を行っているのか以下に述べる。

①総合病院

総合病院における心理職は，その病院の規模や機能によって所属や業務内容が異なる。心理室が独立して設置されている場合や他職種とともに診療支援部門に所属する場合，精神科や小児科など特定の診療科に所属している場合，緩和ケア病棟や周産期母子医療センターなど特定の病棟や他職種で構成されたチームに所属している場合等である。特定の科や病棟，チームに所属せず，独立した部門に所属している場合は，さまざまな診療科から依頼を受け，対応している。

心理職が関わる患者の疾患は精神疾患だけでなく，がんやHIV（ヒト免疫不全ウイルス），神経難病，疼痛，産後うつ，糖尿病など多岐に渡る。特定の診療科やチームに所属している場合は，自分の所属する診療科に関する基礎知識（どのような病気の人が受診するのか，症状，治療方法，予後，薬の作用と副作用など）は必須であり，複数の診療科に対応する場合は上記に加えて，それぞれの科の特徴や連携の仕方を考慮し，業務を遂行することとなる。

総合病院では例えば婦人科における不妊治療や産科における出産前後の母親

支援など，命の誕生に関わる場でお会いすることもあれば，がんの治療中にお会いしたり，緩和ケアで最期の時間をともにしたりと，人生のさまざまな局面に関わることになる。治療や治療に関する選択，患者自身を支援するだけでなく，病気や障害は家族にも影響を与えるため，家族をサポートすることも求められる。また，人の生死に関わる医療現場では，そこで働くスタッフも疲弊することがあるため，心理職はスタッフのメンタルヘルス支援を行うことが求められ，院内で職員向けメンタルヘルス講習や新人スタッフ研修会の講師を担うこともある。

②精神科病院

精神科病院では統合失調症やうつ病・躁うつ病をはじめ，アルコール依存症や認知症，神経症性障害，知的障害，発達障害の診断・対応など，さまざまな疾患や症状に対して治療が行われる。

心理職は精神科においても多職種チームの一員として，病棟や外来，デイケアで個別または集団へのアプローチを行っている。児童精神科も設置されている精神科病院では発達の遅れや偏りが心配される１歳台の子どもから，認知症高齢者まで幅広い年代の方に関わる。

外来では，心理検査や個別面接，プレイセラピーだけでなく，発達障害者や高次脳機能障害者，軽度認知機能障害の高齢者グループ，疾患ごとの家族会の企画・運営等も行う。デイケア・デイナイトケアでは他職種とともに，さまざまなプログラムを実施しているが，その中でもストレスマネジメントや認知矯正療法プログラム，疾病教育等を心理職が中心となって行っている。病棟においては個別の心理面接だけでなく，統合失調症や気分障害，アルコール依存症など疾患ごとの集団心理教育を実施したり，認知行動療法，ソーシャルスキルトレーニング（SST）などの集団プログラムを実施している。集団での取り組みが難しい場合には個別で対応する。

これまでの精神科医療は外来診療やデイケア，入院治療が中心であったが，地域での生活が推進され，支援のあり方が病院内での診察・治療から患者の生活する場で行う支援に変化している。これに伴い，訪問看護などアウトリーチが積極的に行われるようになり，近年心理職も訪問看護に同行して日常生活の場で患者・家族に関わる機会が増えている。入院治療においても，入院時から退院後の地域生活をイメージして，他職種とともに必要なアセスメントや介入を行う。さらに患者と話し合いながら，退院後安定した生活を送るために必要な支援や相談先，自分の調子を把握し，調子が悪くなったらどう対処するか等をまとめ，家族や地域の支援者と共有することを行っている。

精神科病院の業務の中でも，精神障害のために他害行為を行い，責任能力がないと判断された方に対し，医療観察法（心神喪失の状態で重大な他害行為を行った者の医療及び観察に関する法律）に従い，専門的な治療と処遇を行う医療観察法病棟や医療観察法による通院，災害時の被災地に出向き，支援にあたるDPAT（災害派遣精神医療チーム）などは比較的新しい領域であるが，これらの領域においても心理職はチームの一員として関わっている。

③診療所・クリニック

診療所・クリニックは身近な場所にあり，利便性が良い，病院を受診するよりも敷居が低いなど，患者側からすると病院よりも受診しやすいと考えられる。心理職の業務はほぼ総合病院や精神科病院と同様であり，デイケア・デイナイトケア，アウトリーチを行っている場合もある。診療所やクリニックも専門性や機能はさまざまであり，所属によって求められる知識や心理臨床的関わりは異なる。近年，企業や地域の精神保健分野と連携してリワークプログラム（復職支援）を実施するクリニックも増えており，医療に関することだけでなく，産業領域に関する知識や社会資源について知っておくことが必要となる。

5　おわりに

医療領域では，不妊治療，出産前後のケアから終末期医療まで，人生のあらゆる段階に関わることができる。年齢や疾患，施設の機能によって心理職の業務は異なるが，公認心理師の養成課程において学部・大学院ともに医療機関での実習は必須であり，将来この領域で勤務するか否かに関わらず，医療領域における心理職の業務や医療現場について知っておくことが求められている。時代とともに医療現場も変化しており，心理職の業務も多様化している。臨床心理学で学んだことを土台として，医療領域で関わる人々のこころのあり方や心理支援について学びを深めていくこと，学び続けることをお勧めする。

また，支援される側の“痛み”を忘れずに，目の前の患者・家族に真摯に向き合い，他職種と協働しながら支援していくことが望まれる。

● 5-5 ● 産業の領域

1　はじめに

2010年，社会学者の見田は，若い人々を始め，働く人々が，会社の管理システムの中で，自由が失われ大変な息苦しさ，閉塞感を感じていると述べている。その理由として，新自由主義体制のグローバリズムを挙げ，貿易の自由化に伴い，国際競争力を高めるためのリストラ・合理化を指摘する。企業や官庁で，リストラ・合理化のために様々な管理強化，遊びのあった部分の切り捨てが行われ，それらが人々に非常な不自由感を与えていると述べている。(見田，2010)

10年後の現時点で振り返ると，私達の日常の仕事・生活は，一段と不自由になり，拘束感を感じるようになったと思える。個人の自由な言動を抑圧する組織の中央集権化，何よりも利益優先の効率・成果至上主義，自己利益第一の企業のコンプライアンス違反，競争激化による長時間労働の健康障害，ストレスの蔓延，うつなどの精神障害，過労死，ブラック企業，非正規社員の増大，格差社会の拡大，貧困層の増大等の危機的な展開を示している。元々あった日本的集団主義の強大な集団規範が，中央集権化で更に強化され，個人が組織権力の意向を忖度し，若者を中心に組織権力に対して自由にものを言えない空気が強化されつつある。この展開の中で，個人の主体性と人権は，抑圧，否定されつつあり，筆者は，このような現状に危機感を持っている。

産業領域の臨床心理学では，ストレス障害，うつ，過労死などの個々の事例の背景に，組織・企業の課題，さらには産業界の課題を見据えながら研究する。例えば，持続可能な経済成長，働き方改革などの経済界の動向を視野に入れないでいては，産業領域の臨床心理学は展開できない。メンタルヘルス問題が産業構造問題と密接な関係性を持つがゆえに，関連する産業構造問題をも研究し，健康面から警鐘を鳴らす役割も必要である。その対策においても，過労死等防止対策推進，ブラック企業への労働監督行政の強化，パワーハラスメント防止等に関連する政策的・社会的制度構築をいかに支援していくのかなどの研究と実践も必要である。ここでは，産業領域における臨床心理学のテーマを幾つか概観することにしたい。

2　産業心理臨床の最近の動向

1　労働者の心の健康の保持増進のための指針（メンタルヘルス指針）

2006年の労働安全衛生法の改正に伴い「労働者の心の健康の保持増進のための指針」（メンタルヘルス指針）が策定され，本指針に沿ったメンタルヘルス対策を行うことが事業者の努力義務となった。本指針は，2000年に出された「事業場における労働者の心の健康づくりのための指針」とほぼ同様の内容であるが，職場復帰支援，個人情報保護，衛生委員会等による調査審議に関する項目が追加された点が異なっている。（島津・小田原，2019）

2　「労働者の心理的負担の程度を把握する検査」（ストレスチェック制度）

2015年に，ストレスチェックの制度が施行された。本制度の主な目的は，メンタルヘルス不調の一次予防であり，高ストレスと判定され，本人が希望した者に対する医師による面接指導が事業者に義務化されるとともに，ストレスチェックの結果を集団分析し，分析結果をもとに職場改善を図る取り組みが，努力義務となった。（島津・小田原，2019）

3　過 労 死

過労死は，1980年頃から社会問題化されているが，それ以前から，日本の職場環境の問題点が指摘されてきた。2013年には，人権を保障する多国間条約の履行状況を審査する国連の社会権規約委員会が，日本政府に対して長時間労働や過労死の実態に懸念を示したうえで，防止対策の強化を求める勧告を行った。これを受けて，2014年に過労死等防止対策推進法が公布された。この法律の目的は，過労死等に関する調査研究によって過労死等の防止対策を推進し，仕事と生活のバランスをとり，健康で充実して働き続けることのできる社会の実現を目指すことにある。その背景には，わが国で過労死等が多発し大きな社会問題となっていること，過労死等が遺族や家族だけでなく社会にとっても大きな損失であること，などが挙げられる。（島津・小田原，2019）

4　ブラック企業

2010年前後から，若者を正社員として採用しながら，違法で過酷な労働条件で働かせ，心身の健康が壊れるまで使い潰し，自己都合退職に追い込むブラック企業が，産業界の問題となってきた（今野，2012）。

ブラック企業では，残業代未払いの長時間労働，過剰で過酷な競争と選別，パワーハラスメントによる管理等の違法な労働条件の下で働かせ，その結果極端に離職率が高く，採用後数年間で，心身の健康が壊れるまで使い潰していく悪質で組織的な労務管理が横行している（新田，2019）。

正社員の長期雇用を前提とし，若者に長時間をかけて社内で育成する従来の日本的雇用が，ブラック企業にはない。このような雇用環境は，IT，小売，外食，介護業界等の新興産業に多い。ブラック企業は，若い勤労者の仕事に対するひたむきな努力に付け込み，その努力を使い潰す悪質な労務管理をしている。（新田，2018）

労働組合の連合のシンクタンク「連合総研」が定期的に実施している調査によると，企業に勤めている人のうち，４人に１人が「自分の勤め先が『ブラック企業』にあたる」と思っており，20～30代の男性では３人に１人にのぼるとされている（小島，2019）。

厚生労働省は，2015年から，違法な長時間労働が常態化している企業の企業名を公表する制度をスタートさせたが，2017年から，「『過労死等ゼロ』緊急対策」として，同省と都道府県労働局の各ホームページに「労働基準関係法令違反に係る公表事案」（通称「ブラック企業リスト」）を掲載して，企業名や違反内容を公表するようになった。毎月，公表企業が追加され，ブラック企業リストへの掲載期間は，公表日から概ね１年間とされている。（小島，2019）

5 働き方とメンタルヘルス

過労死が世界に類を見ない日本独自の現象であることは，個人を圧殺さえする強大な日本的集団主義・集団規範が，いかに根強いものであるかを現している。私たちは，いじめやハラスメント，企業のコンプライアンス違反，権力への忖度等への背景に，日本的集団主義・集団規範の支配と息苦しさを日々感じている。もし過労死を黙認して，あたかも文化的にやむを得ない犠牲とみる風潮が日本文化の深層心理にあるとしたなら，そこに日本の強圧的集団主義・集団規範の異常さを指摘しなければならない。過労死とブラック企業を合わせて考察すると，わが国は，「自立した働く個人」を未だに実現できずにおり，なお自立した個に向けて成長途上にあるということであろうか。(新田，2018)

勤労者の会社・仕事への依存もそこからの自立・自律も，勤労者と経済・産業界との相互循環の中で，形成されてきた側面を持つ。従来の日本的集団主義・集団規範と顧用慣習のもとに，会社・仕事への依存心，「生活者としての自分」の過剰抑圧を重ねてきた多くの勤労者は，現在もなお，組織依存から自立・自律へと，働く個人の確立を求められている。それ自体は，わが国の近代の働き方の変遷を考察しても，文化的，産業的，更には個人的にも，充分に意義のある課題であり，今後も継続していく必要がある。(新田，2018)

しかしその自立・自律のプロセスにおいて，勤労者自身が，過剰に競争原理・成果主義に囚われ，それに柔軟な距離を取れない在り方のままでいると，企業から巧妙に煽られ，更に競争原理・成果主義に巻き込まれ，自分を仕事依存・会社人間に追い込んでいく結果となりかねない（新田，2018)。

強迫的な競争原理が支配するままの日本社会では，「主体性」「自己実現」「個性」などの発揮を，企業が言う時は，むしろその競争原理を助長する機能を果たす危険性がある（渡辺・新田，1994)。前述のブラック企業は，「自己実現」「主体性」を，成果を上げるために若者が当然果たすべき責務であるかように謳って，若者を過酷な競争と自己責任へと駆り立て，過重労働とうつ病等の心身の障害へと追い込んでいく。ブラック企業は，このような若者の「自己実現」「主体性」の意欲と企業組織の力動関係を，自社の利益追求のために巧妙に使う

のである。(新田，2018)

一方で，自己変革を求める産業界や教育界のスローガンの前で，自己変革の困難性が軽視されている。変革に困惑感や無力感を感じている若者や勤労者が，自己責任のレッテルのもとに，見捨てられて，個々に分断されている。そこで強調しておきたいことは，会社・仕事に巻き込まれることに対して，柔軟な距離を取っていくという勤労者の側の自立・自律の困難さである。求められている自己変革は，個人の在り方であるが，日本的集団主義・集団規範文化の重圧を，組織の中で日常的に背負いながらの，自己変革なのである。(新田，2018)

改革の流布された物語には，勤労者に目標に向け今の自分をひたすら乗り越えていかねばならないという強迫性を強いる側面がある。そのため勤労者は，うまくいかないと自己否定のループに巻き込まれ，かつ自己責任だと自分を追い込み苦しむ事例が多い。しかし，今は百年に一度という，「誰にとっても先の見えない」大変革の時代である。合併・倒産，リストラ，格差社会の増大，更にはAIが仕事をうばっていく危険性等の激動の現在に，若者や非正規社員が，将来への不安や迷いを持つのはむしろ当然なことではないだろうか。「迷い不安な自分」を自然な姿として受け入れ，願わくは「迷い不安な自分」に開き直り，できれば「迷い不安な自分」のままに，とりあえず自分なりの方向に，歩んでいくことが望ましいのではないか。その点で，迷いや不安を当然なこととしてアクセプトし，しかもそこに安住しないで自分の価値の方向への行動にコミットメントしていくアクセプタンス・コミットメント・セラピー（ACT）の理論が参考になる。また，今日の激動の時代には，論理情動行動療法の「自分の一つ一つの行動は批判するけれども，自己の存在はけして批判せず常に肯定・受容していく姿勢」は，私たち勤労者を支える視点になるだろう。自分を守るために，自分の仕事への価値観であるキャリア・アンカーを確認し，自分なりの労働・仕事観を育て，労働法・政策を知り，必要な時に戦略的，政治的に動ける力を育てていくことが望まれる。

このような個人変革と同時に，それを支える前述した過労死等防止対策推進法やストレスチェック制度のような法律，制度，社会運動が構築されていく行政的な制度・組織変革が強く求められる。この組織変革と個人変革が，両輪として機能することが必須であることを，最後に，強調しておきたい。（新田，2018）

● 5-6 ● 地域社会

1　心理臨床の仕事の実状

まずはじめに，1地域にいる1人の心理臨床家である筆者が地域社会とどのような接点をもっているのかを紹介するために，筆者のある1週間のスケジュールを紹介してみたい。心理臨床家の代表例ではないかもしれないが，具体的にイメージしていただきやすいのではないかと思う。ちなみに筆者の住んでいるのは，人口55万人の地方都市である。市内に職場をもつ心理臨床家が15人くらいいる。主な職場は，児童相談所・単科精神病院・総合病院・小児科医院・保健所・大学・家庭裁判所・開業などである。

○月○日(月)	AM　Yさん・Mさん面接	PM　ことばの相談日　2人初回
○日(火)	AM　親の会参加　Kさん	PM　こころの健康教室（グループ）
		〈夜〉○○研究所定例会
○日(水)	AM　Nさん・Oさん面接	PM　1歳6カ月児健診Hさん面接
		〈夜〉精神療法事例検討会
○日(木)	AM　療育グループ	PM　保健婦カンファレンス
○日(金)	AM　Pさん・Fさん面接	PM　初回面接
○日(土)	AM　いのちの電話研修	

心理臨床家としては，平均的な相談件数かどうかは，よく分からないが，毎日相談活動ばかりやっているわけではないことは，ご理解いただけると思う。教室とか，研修とか集団を対象にしたものが多い傾向があると思う。

これは，たまたま，仕事以外の活動が重なった週ではあったが，週1回～2回は，仕事の時間以外に地域社会に関連する時間を取っている。

もともと職場が保健所に所属しているため，地域社会全般を意識しなければならない仕事ではある。すなわち，地域に出かけていっての乳幼児健診とか公民館活動への関わりの中で常に地域とは密着した仕事になっているのが保健行政にいる心理臨床家の特色であろう。

地域社会の中に臨床心理学のイメージは，どんなふうに伝わっているのだろうか。最近では，それほどでもないが，筆者自身の経験にもこんなものがあった。「臨床心理学を専攻されたそうですが，占いみたいなことですか」とか，エンカウンター・グループをやっていると「何か，宗教の会合ですか」とか臨床心理学が社会にそれほど正確に伝わっていないことを思い知らされ，はがゆい思いをしたことがある。

筆者は，直接の仕事である相談活動以外に電話相談の組織の研修や，公民館でのカウンセリング講座等の活動にも関わってきた。それらに参加している時の筆者の目的としては「世の中の人に少しでも，臨床心理学とか，カウンセリングなどの感触を知ってもらいたい。それにより，少しでもこころに対する援助ということの意味を分かってもらいたい。そうすれば，少しはこの社会も住みよくなるのではないか」と思っているところがある。つまり，臨床心理学の社会の中での認知の推進とか，こころの問題の底辺を広げるといったことである。公民館のカウンセリング講座や，電話相談員の研修に関わっていると，より，専門的な訓練を受けてわれわれの仲間になってくれそうな人が時にはいることがあるが，大半はカウンセリングということに少し触れてみた，くらいの程度の学習で終わる方が多い。一面では，粗製濫造で中途半端な理解をした人を多く出しているといえなくもないが，一面では，「こころを耕す」とでも表現したいような，精神的な成長，対人関係の活性化，自主性の増加などの変化をみせる人も多く見受けられる。この意味で少し心を耕すことのできた人が社会の中に散らばっていき，その人と関係をもった人が，また少し刺激されていく，といったふうに，世の中に広がっていくことに意味があるのではないかと感じている。

2 地域の心理臨床家の役割

大学を中心とした研究機関で最先端の研究が行われ，それらの研究の意義や新しい考え方を理解して，一般の人たちへの普及を図るといった役割が現場にいるわれわれにはあると思う。しかしながら，現場からの実際的な研究が積み重ねられていく必要もまたあると思う。その意味で，月３回の定期的な事例検討会や文献を読む会を行っているが，自分の学問的な指針を常に刺激していく意味で重要な時間となっている。

筆者が地域社会の中で心理臨床家としてどんな活動をしているか，心理臨床家の仲間が，どんな関わりを地域としているかなどもう少し具体的に紹介したい。

筆者の中で，時間的に一番多いのは，やはり相談活動である。発達障害児の検査・ガイダンス・療育グループ・親への援助がまず１本のラインとしてある。それは，行政として各種の健診を実施し障害の早期発見・早期療育を目指すプログラムとして抜きさることのできない大きな柱でもある。次に，いわゆる育児不安・子どもの問題行動を主訴として相談を申し込んでくる親たちへの援助がもっとも臨床心理学的な領域としてある。ここに申し込みをしてきた人たちと精神療法的な関わりをもつことになる。母親面接・家族面接・遊戯療法などが選択されていく。

１対１の相談以外で多いのが，公民館・PTA・学校などでの心理学についての講義である。前述したように，少しでも心の耕しができればと思って出かけていく。筆者の場合ほとんどが体験学習中心のもので，ロールプレイやグループでの対人関係エクササイズなどを取り入れて行っている。中学生に，赤ちゃんを抱かせるという体験学習を企画したこともあった。親になるための準備教育の一環として行ったが，新鮮な体験となったようであった。

筆者のほかにも地域にいる仲間の心理臨床家は，なんらかの形でこのような集団に対する臨床心理学の講義を行った経験のあるものが多い。最近では，はやりのカルチャーセンターでの心理学講座や，子育てセミナーのようなものが，比較的目立っている。また，地域の予備校からの依頼で，予備校の新聞に載せる心の問題シリーズのような記事を書くことを依頼された経験をもった者もある。

また，最近，老人福祉問題が各団体の関心の集まるところとなり，ヘルパー教育の一貫としてカウンセリングの研修を取り入れたりする例も出てきた。さらに，企業などの組織でも最近は，メンタルヘルスについての関心が高まっているが，企業での精神衛生に関する講義，または，研修として交流分析や自律訓練を取り入れるところも出てきている。

3 地域援助活動

比較的まとまった形として地区にあるボランティア電話相談の活動に対する専門的援助が挙げられる。筆者のほかにも何人かの心理臨床家が，関わっているものとして「いのちの電話」がある。「いのちの電話」以外にも電話相談を行っている団体はたくさんあると思うが，比較的歴史があり，全国に普及している関係で，この相談活動に関わりのある心理臨床家は多くいると思われる。

筆者の場合，この地区に「いのちの電話」が発足する時から研修スタッフとして関わりをもってきた。「いのちの電話」の研修は，相談員として認定されるまで２年の研修が組まれている。各種の講義とカウンセリングの技法についての研修がある。講義は，精神医学・臨床心理学・ボランティア論・法律相談・性についての講義など多岐にわたる。またカウンセリング学習では，基礎的な体験学習としてエンカウンター・グループや，時には構成的グループ体験，サイコドラマなどが取り入れられている。次に，より実際的なトレーニングとしてロールプレイや，ミニカウンセリング学習を応用した模擬的な電話相談の練習をしていくことになっている。実際に受話器をもっての模擬相談も行われるが対面で面接をしていることの多い心理臨床家にとっても，電話だけでの相談に戸惑いを覚えることが多い。カウンセリングとしての中核的な関係性は，変わらないと考えるが，耳もとで聞こえる声や，匿名性や１回だけの相談といった特殊性があり，電話相談という独自の臨床心理学の一分野を形成していくものと考えられる。

相談員になろうとすると，まず申し込み時に面接と心理検査が課され，さらに自分史をテーマとした作文も提出しなければならない。この段階で，相談員としてのトレーニングに入ってもらってよいかどうかの判断をしているわけだが，ここでも心理臨床家が関わり，専門的立場からの発言をしていくことになる。この分野への関心が高い人の中に，かなり高率で精神的な不安定さをもっている人が応募してくるので，研修を受けることが，かえって混乱を招く場合を考え，ご遠慮いただく場合も出てくる。

また，相談員に認定されてからも継続的な，研修・スーパーヴィジョン・選択講義などが行われるが，ここでも心理臨床家が必要とされている。特に，選択講義では，自分の専門の分野の講義や体験学習を提供していくことが求められる。交流分析・アドラー心理学・ユング心理学・フォーカシング，など多彩なメニューが用意されている。

この相談電話に関わる心理臨床家にとって，普段の仕事と関連はしているものの，先に上げたように電話相談のみという特殊な分野だけに，学ぶことも多い活動である。特に，相談電話の内容を相談員の人たちといっしょに検討させていただく機会は，貴重である。対面の相談ではほとんどお目にかかることのないケースに触れることがある。たとえば，性についての相談は，面接では出にくいが電話では中心的なテーマである。性倒錯的な内容のものもかなり多くなる。面接には訪れないサブクリニカルな人たちの存在を身近に感じられる体験である。

● 5-7 ● 開業心理臨床の実際

1　はじめに

私の面接室にはフロイトの写真がかざってある。フロイトの夢判断を読んで精神分析学に興味を持ち心理学科に進学した私の夢は，いつかフロイトのように自分の面接室でクライエントと向き合いたいというものだった。その私の夢が現実となったのは大学院を出てから23年がたっていた時であった。

近代的な意味での心理療法が確立したのは20世紀初頭のウィーンのフロイトの診療室であったということは周知の事実である。わが国ではフロイトの開業精神療法家としての臨床経験を基に書かれた膨大な論文を通して精神分析学を学び発展してきた。ところが，わが国の特殊な事情，たとえば，保険医療制度が確立していたこと，精神療法という明確な結果の出ない治療法への認識や理解が少なかったこと，そのような治療法にお金を払うという精神的風土がなかったこと等など，から開業心理療法のみならず心理療法そのものが世の中に認められなかった。そのような状況でウィーンに留学してフェダーン（Federn, P.）に教育を受けて帰国した古沢平作先生が，ひとり開業精神療法家として治療に個人分析にスーパーヴィジョンに精力を注ぎ現在のわが国の精神分析学の基礎を創られた。話しがわき道に逸れてしまったがわが国において精神分析療法は開業クリニックにおける寝椅子を用いた週５回の自費治療という治療構造ではなく，いわば修正技法あるいは変法としての入院精神療法，保険診療，あるいは無料面接，週１回面接という治療構造によって発展してきた。

23年間単科精神病院の臨床心理士として臨床経験を積んできた私にとっては開業心理臨床はただ喜びだけでなく多くの戸惑いと不安の連続であった。今回は開業して２年半経過した当時の私がいつも考えていたいくつかのことを述べてみたい。

2　物理的構造として，そして心理的構造としての面接室

開業を決意してまず考えたことは，どこに面接室を設けるかということであった。結局，自宅に近いこと，来談者の住居はかなり広範囲にわたるであろう，新幹線を使って来談する人も多いだろう。それに出かけることの多い私にとっても新幹線停車駅である私の住む市が適当であろうと判断した。さて，それからマンション探しが始まった。場所は良いのだが建物が古いとか建物はきれいでよいが周囲の環境が悪いとかでなかなか決まらなかった。そこで，私の仕事をよく知っている不動産屋に相談したら，私の話を聞くなり彼は「ありますよ。先生のような仕事は質屋と同じで，駅の近くで交通の便がよくて，しかしあまりにぎやかではなくコソッと入れるような所がいいですよ」と新築のマンションの半地下のオフィス用のワンルームを紹介してくれた。それからが大変だった。無味乾燥なオフィスの内装，家具選び，飾る絵をどうするか，案内のパンフレット作成，それに一番大切な面接室の名称をどうするか等など。この作業をしている時に妻に冗談まじりに「まるで自分の遊び部屋を造っているみたいね」と言われた。たしかにそのようなある意味では高揚した気分であった。それは与えられた面接室ではなく「自分が創造した面接室」でクライエントと向かい合えるという喜びと同時にその面接室は単に物理的な部屋ではなく私という人間のさまざまな願望や理想や欲求を投影したものだという認識が私の気持ちの中にはあった。だからクライエントは単なる部屋とか面接室としてではなく私自身の分身あるいは延長物として面接室を認知するであろう。

だから，面接室，家具，花瓶の花，額の絵が物理的な存在でありながら一方では心理的な存在であり，その物そのものであると同時に私の延長物であるという中間領域という認識が求められるのであろう。

3　ネットワーク，宣伝そして来談者

開業するにあたって一番の現実的不安は「はたしてクライエントが訪れるの

だろうか」というものだった。私は開業の7年程前から東京の自費精神療法クリニックで1日半心理療法を行ってきていた。たしかにそこではたくさんのクライエントが訪れていた。しかし，それは東京という特殊な文化圏だから成立する現象であって，静岡という地方では国家資格もない臨床心理士が行う心理療法というある意味ではあいまいな行為に決して安くはないお金を払うという精神風土がはたしてあるのだろうかという強い不安があった。なんの勝算もないのに事を構えてしまう私の悪い癖がまた反復されているなーと思いながら，一方でなんとかなるだろうという現実否認をした楽天主義というもうひとつの悪い癖がまた出ているなーと思いながらも開業の準備はどんどん進んでいった。

宣伝は一切しなかった。ただ開業の話を私の研究会の仲間から聞いたという新聞社が二社取材に訪れ地方版にかなり大きく写真入りで掲載された。特に地方新聞の記事はその後1年位反響があり，記事を切りとって保存していたというクライエントが何人も訪れた。

私はマスコミを用いた宣伝よりはひとりひとりとの個人的つながりつまり個人的ネットワークを大切にしてクライエントと出会いたいと思っていた。これは私自身の分裂機制 schizoid mechanismus あるいは人見知り不安 stranger anxiety が根底にあるからなのだろうか。

開業の挨拶状をたくさんの先生方に送った。そこで大変おもしろい体験をした。日頃あまりつきあいのない人から心暖まる返事や贈り物をいただいたり，学会でしか顔を合わせたことのない先生から何人ものクライエントを紹介していただいたり，10年以上交際のなかった開業医が親身にクライエントの紹介や精神医学的管理を申し出てくれたりした一方で，それまで比較的親しかった精神科医や臨床心理士との関係がぎくしゃくしてきたりした。開業という行為がそれまでの心理的布置 constellation や基礎仮定 assumption を揺り動かすのだなという実感をもった。

とはいえ，開業心理臨床家にはネットワークが大切である。私の考えているネットワークとは誰がリーダーで，誰の指示を受け取った上下のヒエラルキーを基本にしたティームではなくそれぞれのメンバーが自立した専門家として明確な役割分担を認識したうえで1人のクライエントに関わるというものである。事実，当時私は先に述べた開業医をはじめ産婦人科医，家庭相談員，保健師，教師，ソーシャルワーカー等とそのような関係を形成している。また，当時は近隣の高等学校の生徒相談担当の教師と生徒相談連絡会を作ることが決まった。

4 ひとりっきりでクライエントと出会うこと，見立て，面接の構造設定

私は当時ただ1人で面接室で心理療法を行っていた。病院では当然のこととして，まわりには医者や看護師や事務員がいて臨床心理士の自分は依頼のあった心理療法や心理テストというごく部分的な作業のみに関わっていたものが開業してみるとそのすべてを1人で行わなければならない。その中でも開業心理臨床家にとってもっとも重要な行為は「見立て」あるいは「心理的評価 assessment」と「面接の方針設定を含んだ構造設定 structuring」だといえる。

訪れたクライエントがどのような病態水準にあるのか，行動化の危険性は，精神医学的関わりは必要か，薬物療法は必要か，家族との関わりは必要か，学校や職場との関わりは必要か，他科との連携は必要か等などを1回の面接で見立てて，そのうえで自分の相談室で引き受けられるのか，あるいは精神科医との連携が必要なのか，あるいは他の機関を紹介した方がよいのか，あるいは入院を勧めたほうがよいのかを判断しなければならない。

また，心理療法を開始しても面接経過中に転移性憎悪のために短期間の入院が必要になることがある。そのために開業心理臨床家は入院を依頼できる病院との関係を維持しておく必要がある。

私は長い間単科精神病院に勤務した経験があり，主に統合失調症者や重症境界例患者と接してきた。しかし，当時は2例の統合失調症者と関わるのみで残りは神経症人格構造 NPO，境界例人格構造 BPO，あるいは人格障害 personality disorder と呼べるようなクライエントが大半である。私は精神病院勤務時代に多くの精神病人格構造 P. P. O 水準や精神病者と関わったこと，基本的な精神医学的な学習をしたことが当時の開業という設定でクライエントと出会っていくうえで大きな自信と安心感を産んでいたと思う。私の私見であるが開業

心理臨床を目指す臨床心理士は精神病院での臨床体験が必須だと思う。

5 クライエントから直接お金をもらうことについて

個人開業心理療法を行っているほとんどのクリニックあるいは相談室は面接費の支払いが自費で有料である。この点が他の領域，たとえば精神病院，児童相談所，学生相談室等における心理療法と治療構造論的に大きく異なる点である。

私のクリニックでは毎回面接費を現金で私がクライエントから直接もらい，領収書を手渡す。この行為は長年精神病院に勤務してきた私にとってははじめ大変戸惑ったものである。私たちの文化ではお金のことを直接口に出したり，要求したりすることは下品なことと考えがちである。ところが面接を続けていくうちにクライエントのお金の払い方あるいはお金に対する空想には特別な意味があることが分かってきた。このことはフロイト以来精神分析の分野ではしばしば論議されてきたことでもある。

あるクライエントはくしゃくしゃに丸めたお札を投げ出すようにおいていったし，あるクライエントは毎回綺麗な和紙に包んできた。また毎月１カ月分の面接費を前払いしたクライエントもいた。このようなクライエントの行動からお金あるいはお金の払い方にクライエントそれぞれの面接あるいは面接者への空想，転移が示されているということが分かる。そのような認識をもつこと以上に私が重要と考えることは，私たち面接者自身がお金に対する空想，強迫を自己分析しておくことである。

6 おわりに

私は1994年京都における第13回日本心理臨床学会で「開業心理療法家になってみて」という自主シンポジウムを主催した。約100名程の参加者があり，開業についての関心が高いということを知った。当時，開業心理療法に関しては東京開業精神療法研究会，東海開業心理の会などが活発な活動を行っていた。

さて，長年，精神病院において保険診療による心理療法を体験してきた私にとって個人開業心理療法の体験は心理療法の原点は個人開業心理療法にあるという思いを強くするものであった。フロイトがいくつもの技法論文で繰り返し述べてきたことも個人開業心理療法という構造の中で改めて確認をしている毎日であった。

臨床心理学の学び方

● 6-1 ● 臨床心理学の教育・研修

1　はじめに

臨床心理学の初歩を学んだ人の中には，強い興味が沸き起こり，さらに深く臨床心理学を学び，心理臨床家として臨床実践に携わりたいと思うようになる人もいるだろう。ここでは，そのような人たちのために，臨床心理学を学ぶ次の段階の学習や訓練について述べておきたい。

これには，おおよそ次のような３つの領域がある。

1．講義やセミナーに参加したり，本を読むことなどから，臨床心理学だけでなく人の内的・心理的体験に関する諸領域についての知識を獲得すること。これは，主に知的な学習である。

2．事例を担当することにより，心理学的アセスメントや心理学的援助についての臨床実践の訓練を受けること。これには，スーパーヴィジョンを受けたり，事例検討会に参加するといったことが含まれる。

3．自分自身が心理検査や心理療法を受けたり，グループ体験をすることで，心理検査，心理療法，グループを体験的に理解し，自己理解を深めること。

このような学習や訓練を受けるためには，臨床心理学をより専門的に学ぶことのできる大学院へ進学することがもっとも望ましいだろう。しかし，わが国では，臨床心理学を組織的に学ぶことのできる大学院はそれほど多くない。また実際には，大学の学部で心理学や心理学と関連する諸領域を修了してすぐに，児童相談所，精神保健センター，精神医療機関，矯正施設といったところで心理臨床に携わっている人たちも少なくない。このような人たちは，必要な訓練や学習ができるような準備を自分で整えたり，臨床心理学に関連した学会に所属したり，研究会に参加するなどして，積極的に学ぶことが求められる。

以下に，このような3つの領域について述べる。

2　内的・心理的体験過程についてさらに学ぶこと

臨床心理学を学ぶのには，パーソナリティ論やその発達論，不適応論，援助の方法論，心理学的アセスメントといったことについての学習が欠かせない。初心者では，こうしたことについての概論はすでに学んでいるであろう。また講義では，それぞれについてさらに深く学ぶための文献が紹介され，そのうち興味を引かれたものはすでに読んでいるであろう。

臨床心理学の知識を得るための必読書は，臨床心理学を教える大学学部や大学院では，それぞれに工夫され，指示されている。もちろん必読書とはいっても，一定の決まったものがあるわけではなく，指導者によってそれぞれ特色がある。しかし，臨床心理学を学ぶ者として，たとえばフロイトのアンナ・Oに始まるドーラ，ハンス，ねずみ男，シュレバー，狼男といった事例になじんでおくことは，いわば常識といってもよいだろう。

臨床心理学の必読書，あるいはそれぞれの領域で代表的な著作を知るためには，以下のようなものが役に立つだろう。それぞれに関心のある領域について，以下の書籍の読書案内を手がかりにして読み進めるのがよいだろう。

駒米勝利（編）1985　カウンセリング《心理療法》文献小辞典　全日本カウンセリング協議会

氏原寛他（編）1987　心理臨床家のための104冊　創元社

松井豊他（編）1991　臨床心理リーディングガイド　サイエンス社

下山晴彦（編）2009　よくわかる臨床心理学　改訂新版　ミネルヴァ書房

日本心理臨床学会（編）　2011　心理臨床学事典　丸善出版

野島一彦・岡村達也（編）　2018　臨床心理学概論　遠見書房

また，臨床心理学の全領域についての解説は，河合隼雄他（1989～1992）による「臨床心理学大系全16巻」（金子書房）がある。臨床心理学に関連する文献は，翻訳されたものも含め最近数多く出版されてきており，選択に迷うほどである。あれこれと乱読するよりも，自分にもっとも合いそうな理論や学派のものを熟読するのがよい。

次に，臨床心理学の基本的な概念を正確に学んでおくことも欠かせない。たとえば，「抵抗」，「転移」，「逆転移」といった心理療法の過程で生じる現象を指す概念が，本来の意味ではなく，それぞれに自分の理解したように誤って用いられていることもしばしばある。概念を正確に学ぶことは，他の心理臨床家とコミュニケーションをするための共通の言葉を獲得するようなものである。概念について自分なりの勝手な用い方をしていては，他の心理臨床家と話し合うことができないし，理論を学ぶこともできなくなってしまうであろう。

臨床心理学を学ぶためには，さらに精神医学，大脳生理学，精神薬理学はもちろんのこと，その他にも人の内的・心理的体験過程を理解するために多くのことについて学ばなければならない。これには，映画，小説，絵画，演劇といったものもよいだろう。中でも映画は，ビデオ・テープ，DVD 等の普及により，手軽に見ることができるようになり，各発達段階での様相，種々の精神病理などについての理解に役立つ。たとえば，思春期・青年期の心理的世界については，『天城越え』，『アメリカン・グラフィティ』，老年期については，『ハリーとトント』，『野いちご』，母娘関係では，『秋のソナタ』，境界例では，『危険な情事』，『おつむてんてんクリニック』といったようなものがすぐに思いつくだろう。ある精神分析家は，「境界例について理解しようと思えば，ホッパーとワイアスの絵を見てごらんなさい」と言ったことがあった。演劇にしても，『エクウス』，『エディプス王』，『夕づる』をはじめとして，多くの興味深いものがある。

いずれにしても，臨床心理学や関連する諸領域についての知識を身に付けることはもちろんのこと，自分自身も含め人の内的・心理的体験過程について関心をもち続けることが大切である。

3　事例を担当すること

臨床心理学を学ぶには，このように多くの領域についての理論や知識を学ぶということと，知的に学んだことを臨床実践を通じて生きた知識とするということがある。この２つの側面は，それぞれに相互に関連をもって発展する。つまり，臨床心理学を学んでいく過程は，知識を学び，得られた知識を臨床実践で検討し，そこで生じた疑問をさらに知的に学ぶという過程の繰り返しなのである。

それでは，臨床実践へ携わるためにはどのような準備が必要であろうか。臨床活動は，まずクライエントの福祉に役立つことが最優先されなければならない。こうしたことは，臨床心理学を学ぶ者の倫理であり，臨床実践に携わる者は，アメリカ心理学会が1992年に公にした心理学倫理要綱を熟知しておくことがすすめられる。

事例を担当する準備としては，臨床経験の深い臨床家に直接指導を受けること，さらに実際に事例を担当している人たちが事例について検討する会へ参加し，臨床現場の雰囲気に触れ，種々の手続きなどについて間接的に知ることが必要となるだろう。前者は，スーパーヴィジョン，後者は，事例検討会と呼ばれている。自分が事例を担当するようになると，事例検討会に事例を提出することも大切である。

スーパーヴィジョンと事例検討会について説明しておきたい。

スーパーヴィジョンは，臨床実践の経験を積んだ心理臨床家に直接自分の担当している事例の指導をしてもらうことである。そのような指導者は，スーパーヴァイザーと呼ばれ，指導を受ける者は，スーパーヴァイジーと呼ばれる。形態としては，１対１の個人スーパーヴィジョンや，１対数人での集団スーパーヴィジョンがある。個人スーパーヴィジョンが望ましいが，スーパーヴァイザーが少ないといったような現実的な理由から集団スーパーヴィジョンになることもある。

スーパーヴィジョンは，事例を担当する前から始めるのが望ましく，事例を担当する準備ができているかどうか，どのようなクライエントを担当するのが良いかといったことから指導を受けることである。可能ならば，スーパーヴァイザーに自分の担当するクライエントに最初に会ってもらっておくと，安心してクライエントに会えるし，スーパーヴィジョンもより成果が挙がるだろう。

スーパーヴィジョンで重要なことは，スーパーヴァイザーとスーパーヴァイジーとしての専門的な関係に基づいて実施することである。そのためにも，たとえば，週に１回50分，半年間といったように期限を限定することが望ましい。また，同じ事例について継続的にスーパーヴィジョンを受けると，心理臨床家としての自分の傾向や態度がよりよく理解できるだろう。複数のスーパーヴァイザーに指導を受けることも勧められる。というのは，クライエントの理解や心理療法の進め方に心理臨床家により対応が異なることもあり，幅広い理解が得られるからである。

事例検討会は，複数の参加者が交替で自分の担当する事例を提出し，相互にクライエント理解，心理療法の進め方などについて検討するものである。熟練した指導者の下で行われるのが望ましい。まだ事例を担当していない人は，事例検討会に参加し，実際に臨床実践がどのように行われており，どのようなことで困っているのか知るためのよい機会となる。自分が事例を担当するようになれば，自分の事例を提出することになる。

事例検討会では，参加者はかならずその事例についての自分の理解，なぜそのように理解したか，自分ならどのように進めるかといったように，自分の意見を述べることが礼儀である。しばしば，提出者の得ていない情報ばかりを尋ねたりすることがあるが，そのような場合には，質問者は，なぜその情報が必要かを明確にし，自分なりの理解を示さなければならない。事例検討会で重要なことは，提出者が再度提出したいと思えるように，参加者が援助的に関わることである。

最後に事例を担当するにあたっては，これまで報告された多くの事例報告になじんでおくことも必要であろう。このような目的のためには，臨床心理学に関連する学会誌，主に大学院生によるいくつかの大学の相談室などから公刊されている事例報告を中心とした紀要が役立つであろう。

4　自分自身が心理検査や心理療法を体験すること

精神分析家の訓練では，自分自身が精神分析を受ける経験が必須とされている。これは，「個人分析」（personal analysis）といわれている。個人分析体験の報告としては，前田重治（1984）やブラントン（Blanton, S., 1972）が挙げられる。

個人分析が課せられるのは，被分析者として自分自身が精神分析を体験することにより，精神分析の実際について体験的に学ぶことができるからである。個人分析を受けることはまた，無意識も含め自分自身について深く知るということでもある。心理療法家は自己理解を深めることによって，クライエントについてより深く，敏感に理解できるようになり，また心理療法の過程を不必要に歪めないようにすることができるのである。

臨床心理学を学ぼうとする者は，自分も含め人の内的・心理的体験過程に多少とも関心をもっているだろう。そのため，自分の夢に関心をもつこともあるかもしれない。しかし，自分一人で自分の夢を理解しようとすることと，他者とともに理解をしようとすることは，まったく異なった体験である。こうしたことのためにも，臨床心理学を学ぶ過程で，自分自身がクライエントとしての体験をすることがよいだろう。

臨床心理学では，訓練の過程として個人分析にあたるようなものは準備されていない。個人分析に代わるものとしては，グループ体験が挙げられるだろう。スーパーヴィジョンは，専門的な関係として受けることにより，多少とも個人分析的な雰囲気を体験できる。また，スーパーヴィジョンの一部を，個人分析として利用することも実際的かもしれない。

個人分析もまた，スーパーヴィジョンと同じように，時間，場所，料金，期間，目的などについて最初に明確に話し合い，専門的な関係であることを確認しておくことが基本となる。社交的な関係は，禁忌である。

5　おわりに

これまでの経験から，臨床心理学を学ぶためには，一定の基礎的な訓練が欠かせないように思われる。そのような訓練ができていない人たちは，臨床経験が蓄積されて一歩一歩進んで行くことができず，同じところにとどまってしまうようである。そのような訓練は，スーパーヴィジョンや事例検討会から得られると思われるが，自分の臨床経験に誠実であり，正直であることが必要である。

上述したように臨床心理学を学び，心理臨床家としての訓練を受けた人は，博士課程前期を終えて３年位で，心理臨床家らしくなるというのが，これまでの経験から得られた印象である。

● 6-2 ● 「臨床心理士」への道
──おもに心理療法家の立場から

1 はじめに──「臨床心理士」の現状

「臨床心理士」という表現なり言葉の歴史は，多分，それほど長い歴史をもっていないと思われる。とくに日本においてはそうであると多くの心理学関係者は考えていよう。

かつて，厚生省が臨床心理に携わる者を医師の「診療補助職」として位置づけ，国家資格に組み入れようとする動きもあったが，それらは，心理臨床家の現場における主体性，自主性を十分保証しているものではないという意見も強かった。

しかし心理学関係の各学会あるいは財団法人は，それなりに「資格」を与えようとしてきた。そのうち比較的大規模で，かなり厳密な資格認定を行っているところが公益財団法人日本臨床心理士資格認定協会であり，ここでいう臨床心理士という表現もその認定協会が用いているものと類似している。この認定協会の臨床心理士資格の詳細については『臨床心理士入門』(大塚義孝〔編〕1993 日本評論社）らに分かりやすく説明している。

しかし，ここでいう臨床心理士という概念は，そのように社会的に制限されたものでなく，臨床心理士を目指す者という意味でもっと広く使っているので，まず，心理臨床に携わっている人びとの現状について触れようと思う。

さきに臨床心理士の社会的位置づけが不安定であることを述べたが，むろんそこには身分，待遇などの保証が不安定であるという欠点もあるが，それればかりではない。筆者の活動分野は医療領域なのでそこに限っていえば，病院，とくに個人病院の場合，その待遇は社会的処遇が定まっていないゆえに実力本位で決定される傾向が強く，その臨床心理士のキャリア，臨床能力，人柄など，実質的な面で決定されてゆくことが多い。ところが看護婦とか作業療法士とか国家資格の決まった職なら，いくら実力，能力があっても，国で決定されている処遇から外れることは通常困難である。また仕事の内容も規定されているので，それ以上の役割をもつことも困難である。

それゆえ，同じ臨床心理士とはいっても，時によれば片方で病院の事務職のような仕事をしながら，片方で専門職として働くという人から，心理検査のみに携わるという人や，実力があり研修を積んだ人になれば，患者の治療に関してさまざまな助言や決定が委ねられるような仕事に携わる人まで，その実態は多様である。

また「開業心理臨床の実際」（**5-7**）でも触れられていると思うが，国家認定なり資格がないということは，心理的援助，助言，カウンセリングなどを目的とした業務を開業する際，とくに絞られるものが少ないということで，基本的にはその人の能力や実力や才覚によって，自由な規模や形態で行えるというメリットさえある。むろん開業においても重要となるのは臨床心理士の実力であろう。

どの世界でも同じであろうが，とりわけ臨床心理士の世界において，社会的資格や規約がないという特徴は，よくいえば実力本位的な傾向が強く，悪くいえば，それしか頼るところがないとでもいえる傾向がある。それゆえ，臨床心理士の道について述べようとすると，いかに自己の能力，実力を蓄えていくかという方法について述べることと同じことにもなるので，以下にその基本的心構えについて述べてみたい。

2　臨床心理士への道

1　研修の場を積極的に求めること

臨床心理士を支える学問は，主に臨床心理学である。一口に臨床心理学といってもきわめて多岐にわたっている。そして，そのすべての分野に関する教授陣を備えている大学ないし研究機関などあるはずもない。とりわけ，研究学問が細分化されている現在，自分が学びたい事柄そのものを教授している大学に在籍すること自体まれかもしれない。それゆえ，臨床心理士を目指す人にとっては，日本国中の，ひいては海外の教授や研究者すべてが自分の先生であると思い入れるほど，広い気持ちになって興味のある催しやシンポジウム，学会等はむろん，とくに近辺で開催されている少人数の研究会や読書会などにも心を配り，研修の機会を得るべきであろう。この研究会や読書会は大学の場合，数十名規模から数名のものまで各種ある。そしてその中には，大学のゼミのようにフォーマルなもので，原則として正規の手続きをしないと参加できないものやそれに類するものもあるが，インフォーマルなものも多く，熱心な申し出には参加を許される場合も多いので当初から自分には関係がないとあきらめないことである。むろんその中には有料で参加員を募っているものもある。

また大学に限らず，児童相談所や精神保健センターなどでも小規模な研究会は行われているものである。またこれらとは関係なく，その多くはカウンセリングスクールと呼ばれているような独自の経営をしているものもある。これらの中にはきわめて多彩なプログラムと優れた講師陣を備えているものもある。

また最近では精神・神経科や心療内科などの看板を掲げている病院も増えている。ちなみに筆者が学んだ大学で臨床心理学専攻の学部生や大学院生で臨床心理士の道を歩もうとしている人の中には，このような病院を何のツテもなく訪れ，研修したいことを述べ，その機会を得ている者も少なくない。またそうするように助言をすることも多い。臨床心理士になるためには，早いうちに，いわゆる患者と呼ばれている人びとのにおいに早く慣れ，その人たちの実態を知り，自己の臨床活動をスムーズにすることは大切な体験だからである。病院での研修は教官や上司などに依頼して紹介されることも多いが，順番を待ったり，また意にそぐわない時に断ることも難しいこともあり，また他人に依頼していてもラチがあかないこともあるゆえ，自分の足で求めることが必要であることも多い。人の能力には限りがあり，それらは多様な刺激を受けることで伸びる。積極的に研修の場を求めることは，自己の能力を活性化するためには基本的に重要な作業であると思われる。

2　スーパーヴァイズを受けること

ここでいうスーパーヴァイズとは，主に自分の所属ないし関係する大学や機関以外に属する先生から心理療法なりテストなりの手ほどきを原則として有料で受けることを示している。

いつ，どのようにして誰にスーパーヴァイズを受けるのが良いかという問いも多いが，その問いに正確に答えることは不可能に近い。なぜなら，人の出会いはそのように計画的に進むわけでもないし，何事も思い通りにいかないし，いかせようと考えること自体無理があるし，何事も良いことづくめを考えるということはそれ自体おかしなこと，と考えてもよいからである。

スーパーヴァイズには，初心者の場合はとりあえず治療面接を進める「型」ないしモデルを教わることもあれば，経験をいくらか積んだ者は，自分の型以外の物の見方を教わり，もっと大きな型に統合することを教わるものもある。しかしスーパーヴァイズの目的は最終的には，それを受ける人の個性をできるだけ生かして面接の場やさまざまな場でそれを社会化し，自己の決定能力の質を高めることであると筆者は考えている。

スーパーヴァイズの功罪は多々（増井，1992）ある。それを挙げればきりがないが，自分の感性と相性のよいスーパーヴァイズに出会った時，単なるスーパーヴァイズを超え，個人の生き方にまで深く関係してくる。そのような師と出会えること自体，まれな幸福であろう。

また落ち入りやすいデメリットとしては，説教されたり教えられるだけのスーパーヴァイズを受けた時，ヴァイジー（スーパーヴァイズを受ける人）が本来もっている自然な優しさとか思いやりがどこかに押しやられ，患者や人間についての考え方や態度がどんどん硬化したりする。また，率直に分からないところを聞く能力が少なく，なんでも聞かねばならない，分からねばならないという無意識傾向の強いバイジーにとっては，分からないことを無理に取り入れることの混乱が生じたりする。また妙な縄張り意識の強いスーパーヴァイザーに出会うと，いわゆる親分子分というしがらみに苦労することさえある。スーパーヴァイズとは元来，それを受ける者にとってかなり侵入される作業なのであろう。

自分の感性や考え方にふさわしいスーパーヴァイズを受けることは容易ではないし，その功罪もさまざまであるが，あえていうなら，これと思う人があれば，それを受けないより受けた方が見方が広まることは事実のようである。また，時どき聞く話であるが，スーパーヴァイズの相談を上司なり教官に相談すると，心良しとしないような返事が返ってくる時もあるらしい。その理由は「時まだ早し」というものから「大学で十分教える以外にその必要がない」といったものから，訳が分かりにくいものまで多様である。そのような時，どうしても受けたい時があろう。これは一般論として述べられないし，きわめて無責任な表現になるかもしれないということを知った上で，あえて述べるなら，単独でも良いから黙ってスーパーヴァイズを受けるという方法も残されてはいる。

3　自分なりの頭で考え，自分なりの言葉をもつ努力

臨床心理士の道を歩もうとする時，まずは教官から心理臨床に関する手ほどきを受け，ある型や理論から学んでいくのが大半であろう。

その時の型なり理論は精神力動的なものか，来談者中心的なものか，ユング心理学的なものか，多様であろう。しかしわれわれの先達が示す概念なり理論なりは，心理臨床の入口であり得ても出口であるとは限らない。私たちはそれらを入口にして，自分の経験の中でそれぞれの出口を発見せねばならず，またその出口が別の理論なり概念の入口となり，また出口を見出すという繰り返しにより，自分の臨床が個的に統合されてくる。その時，借り物の概念のみならず，ないしはそれらを手がかりにして，自分なりの概念や言葉をもとうと努力してみることである。この努力は，ひとつはさまざまな理論を自分なりにこなしていく上において有用であるのみならず，自分なりの治療理論などを構築することにきわめて役立ってくる。この過程は，一般的な理論の消化にとどまらず，「私」という体験を母体に個性化し，自分なりの考えを生産する過程でもある。むろんこの作業は，自分の体験を細かく内省する訓練をも必要としている。

もしある臨床心理士が，既成のある立場や理論に安易に同化したままであるなら，××派とか○○理論という立場にとらわれることにより，その理論に合

わない，ないし合いにくい多くの事実が知らず知らずのうちに割愛されていき，その人が元来もっている治療的感性や創造力をスポイルされかねないことにもなる。ある理論や立場に安易に同一化してしまってそこから動けなくなることは，ずいぶん経験を積んだ人にも割合多くみられる傾向である（増井，1991）。

われわれはいかなる立場に立とうと，ユング（Jung, C. G.）やフロイトその人ではない。われわれがどう，どの理論を学び，どうそれらに同化したところで，ユングやフロイトがわれわれのかわりに患者の治療にあたっているわけではない。患者にとっては，目前の「私」が治療にあたっている当事者なのである。われわれは過去の巨匠たちに学びうることは莫大であるが，結局過去の巨匠たちは自己の経験から決して目を離さず，しっかりと自己をテーマとしてその体験を概念化し理論化しようと懸命に努力した。私たちがその結果を学ぼうとする時，結果の概念的理解のみに気を取られるあまり，その過程を学ぼうとしないという大きな過ちを犯しやすいものである。その結果，巨匠たちが生み出した概念や理論の受け渡しに精いっぱいとなり，それ以外のことには目が届かなくなってしまう。このような時，先人たちの結果を学んでいても，もっとも肝心な「学び方」を何も学んでいなかったという皮肉なこととなる。

3　むすび

臨床心理士への道とは，どこか自分探しの道に通じているようである。その時どきに熱中する理論も，それは，どこかで自分を理解したいという動因に揺り動かされているのを感じる人も少なくないだろう。またある理論に飽き，次の理論に走り，また次の理論に走るということも，ある意味では自分に合うもの探しなのかもしれない。それは決して無駄なことでもなく，誰でも多少ともたどる道程であろう。それゆえ，自分に見合う考えを自分で作り出す喜びは大きい。それは自分を発見し，自分を作り出すこととほぼ同じ作業とも考えられるからである。

文献一覧

● 1-1 ●

河合隼雄・村瀬孝雄・安香宏・鑪幹八郎・福島章・小川捷之（企画・編集） 1989-1991 臨床心理学大系 金子書房 16巻

コーチン，S.J. 村瀬孝雄（監訳） 1980 現代臨床心理学 誠信書房

日本臨床心理学会教育・研修委員会 1991 臨床心理士の基本技術 心理臨床学研究 9 特別号

野島一彦・岡村達也（編） 2018 臨床心理学概論 遠見書房

大塚義孝（編） 1992 臨床心理士入門 こころの科学増刊 日本評論社

氏原寛・小川捷之・東山紘久・村瀬孝雄・山中康裕（編） 1992 心理臨床大事典 培風館

● 1-2 ●

アウグスチヌス，A. 1968 世界の名著14 アウグスティヌス一告白 中央公論社

エレンバーガー，H. 木村敏・中井久夫（監訳） 1980 無意識の発見 弘文堂 Ellenberger, H. 1970 *The discovery of the unconscious.* New York: Basic Books.

マイロヴィッツ，D. 国永史子（訳） 1990 FOR BIGINNERS シリーズ ライヒ 現代書館 Mairowitz, D. 1986 *Reich for biginners.* London: Unwin Paperbacks.

マイヤー，C.A. 秋山さと子（訳） 1986 夢の治癒力：古代ギリシャの医学と現代精神分析 筑摩書房 Meier, C. A. 1949 *Antike Inkubation und moderne Pscyhotherapie.* Zürich: Rascher.

村本詔司 1992 a ユングとゲーテ：深層心理学の源流 人文書院

村本詔司 1992 b カウンセリングと文化 氏原寛・東山紘久（編） 別冊発達13 カウンセリング入門 ミネルヴァ書房

村本詔司 1993 ユングとファウスト：西洋精神史と無意識 人文書院

村本詔司 1994 魂の探求：古代ギリシャの心理学 大日本図書

ライスマン，J.M. 茨木役夫（訳） 1982 臨床心理学の歴史 誠信書房 Reisman, J. M. 1976 *A history of clinical psychology* (Enlarged edition). New York: Irvington Publishers.

上田閑照 1983 人類の知的遺産21 マイスター・エックハルト 講談社

● 2-1 ●

エリオット・ミシュラー他 尾崎新他（訳） 1988 医学モデルを超えて 星和書店

● 2-2-1 ●

伊藤隆二・橋口英俊・春日喬 1994 人間の発達と臨床心理学 2 乳幼児期の臨床心理学 駿河台出版社

村井潤一　1977　発達の理論　ミネルヴァ書房
山内光哉　1990　発達心理学上　ナカニシヤ出版

● 2-2-2 ●
エリクソン，E. H.　仁科弥生（訳）　1980　幼児期と社会　みすず書房
フォーダム，M.　浪花博・岡田康伸（訳）　1976　子どもの成長とイメージ　誠信書房
河合隼雄　1967　ユング心理学入門　培風館
岡真史　1976　僕は12歳　筑摩書房
ウイックス，F. G.　秋山さと子・国分久子（訳）　1983　子ども時代の内的世界　海鳴社
山中康裕　1978　少年期の心　中央公論社

● 2-2-3 ●
ブロス，P.　野沢英司（訳）　1971　青年期の精神医学　誠信書房　Blos, P. 1962 *On adolescence: A psychoanalytic interpretation.* New York: Free Press.
エリクソン，E. H.　小此木啓吾（訳編）　1973　自我同一性　誠信書房　Erikson, E. H. 1959 *Identity and the life cycle.* New York: International University Press.
笠原嘉　1984　アパシー・シンドローム：高学歴社会の青年心理　岩波書店
河合隼雄　1983　大人になることの難しさ：青年期の問題　岩波書店
小谷敏（編）　1993　若者論を読む　世界思想社
松原治郎　1980　管理社会と青年　大原健士郎・岡堂哲雄（編）　講座異常心理学３　思春期・青年期の異常心理　新曜社
下山晴彦　1990　青年期後期と若い成人期　小川捷之・斉藤久美子・鑪幹八郎（編）　臨床心理学大系３　ライフサイクル　金子書房
鑪幹八郎　1988　青年の同一性　西平直喜・久世敏雄（編）　1988　青年心理学ハンドブック　福村出版

● 2-2-4 ●
飯田眞・吉松和哉・町沢静夫（編）　1986　中年期の心の危機　有斐閣
河合隼雄　1983　概説　精神の科学６　ライフサイクル　岩波書店
宮本忠雄　1983　概説　精神の科学10　有限と超越　岩波書店
新村出（編）　2018　広辞苑　第７版　岩波書店
岡本裕子　1990　自己実現をめぐって　小川捷之・斉藤久美子・鑪幹八郎（編）　臨床心理学大系３　ライフサイクル　金子書房
下山晴彦　1990　青年期後期と若い成人期　小川捷之・斉藤久美子・鑪幹八郎（編）　臨床心理学大系３　ライフサイクル　金子書房
氏原寛・東山紘久・川上範夫（編）　1992　中年期のこころ　培風館

● 2-2-5 ●
Baltes, P. B. 1997 On the incomplete architecture of human ontogeny: Selection, optimization, and compensation as foundation of developmental theory. *The American Psychologist,* **52**, 366–380.

Carstensen, L. L. 2006 The influence of a sense of time on human development. *Science*, **312**, 1913–1915.

エリクソン，E. H.　小此木啓吾（訳）　1973　自我同一性：アイデンティティとライフサイクル　誠信書房　Erikson, E. H. 1959 *Identity and the life cycle*. New York: International University Press.

エリクソン，E. H. &エリクソン，J. M.　村瀬孝雄・近藤邦夫（訳）　2001　ライフサイクル，その完結（増補版）みすず書房　Erikson, E. H., & Erikson, J. M. 1997 *The life cycle completed: A review* (Expanded Edition). New York: Norton.

Freud, A. M., & Baltes, P. B. 2002 Life-management strategies of selection, optimization, and compensation: Measurement by self-report and construct validity. *Journal of Personality and Social Psychology*, **82**, 642–662.

厚生労働省　平成30年簡易生命表　https://www.mhlw.go.jp/toukei/saikin/hw/life/life18/index.html（2019年９月27日閲覧）

Laslet, P. 1996 *A fresh map of life: The emergence of the third age* (2nd ed). Hampshire: Macmillan.

Mroczek, D. K., & Kolarz, C. M. 1998 The effect of age on positive and negative effect: A developmental perspective on happiness. *Journal of Personality and Social Psychology*, **75**, 1333–1349.

Neugarthen, B. L. 1975 The future and the young-old. *Gerontologist*, **15**, 4–9.

Peck, R. E. 1975 Psychological developments in the second half of life. In W. C. Sze (Ed.), *Human life cycle*. New York: Jason Aronson, Inc. 609–625.

Rowe, J. W., & Kahn, R. I. 1997 Successful aging. *Gerontologist*, **37**, 433–440.

Tronstam, L. 1997 Gerotranscendance in a broad cross sectional perspective. *Journal of Aging and Identity*, **2**(**1**), 17–36.

● 3-1 ●

秋谷たつ子　1988　ロールシャッハ法を学ぶ　金剛出版

Allen, J. G. 1981 The clinical psychologist as a diagnostic consultant. *Bulletin of menninger clinic*, **45**, 247–258.

土居健郎　1992　方法としての面接　新訂　医学書院

神田橋條治　1984　精神科診断面接のコツ　岩崎学術出版社

神田橋條治　2018　発達障害をめぐって　岩崎学術出版社

Kissen, M. 1977 Exploration of therapeutic parameters during psychological tesing. *Bulletin of menninger clinic*, **41**, 266–272.

コーチン，S. J.　村瀬孝雄（監訳）　1980　現代臨床心理学　弘文堂　Korchin, S. J. 1976 *Modern clinical psychology*.

Kwawer, J. S. 1980 *Borderline phenomena and the Rorschach Test*. New York: International Universities Press, Inc.

前田重治　1976　心理面接の技術　慶応通信

Schachtel, E. G. 1966 *Experiential foundation of Rorschach's Test*. New York: Basic Books, Inc.

Schafer, R. 1954 *Psychoanalytic interpretation in Rorschach testing.* New York: Grune & Stratton.
サリヴァン，H.S. 中井久夫他（訳） 1986 精神医学的面接 みすず書房 Sullivan, H.S. 1954 *The Psychiatric interview.*
土川隆史・米倉五郎 1987 ロールシャッハ法の使いこなし方(2)-(3) 精神科治療学 **2(2)-(3)** 星和書店
滝川一廣 2007 「こころ」の本質とは何か ちくま新書
ワイナー，I.B. 野坂三保子・小川俊樹（訳） 1985 心理診断の将来再考 ロールシャッハ研究 **27** 123-131 Weiner, I.B. 1983 The future of psychodiagnosis revisited. *Journal of Personality Assessment,* **47**, 451-461.
米倉五郎 1982 ロールシャッハテストの心理療法への適用：境界症例，愛子（仮名）の場合 ロールシャッハ研究 **24** 177-190
米倉五郎 1985 あるスキゾイド青年の喪の心理過程：治療終結の確認にロールシャッハテストを活用して 心理臨床ケース研究 **3** 123-141
米倉五郎 1994 病院と心理臨床の実際：臨床心理士と他職種との連携「臨床心理学」 エディケーション 161-170
米倉五郎・土川隆史 1980 ある分裂病者へのロールシャッハ・アプローチ：特に心理療法におけるロールシャッハテストの治療的位置について ロールシャッハ研究 **22** 109-122

● 3-2 ●

土居健郎 1977 方法としての面接 医学書院
河合隼雄（監修） 1991 臨床心理学 2 アセスメント 創元社
前田重治 1976 心理面接の技術 慶応通信
成田善弘 1981 精神療法の第一歩 診療新社

● 3-3 ●

安香宏 1992 人格力動の理解と投映技法 安香他（編） 臨床心理学大系第 6 巻 人格の理解 2 金子書房
池田豊應 1980 パーソナリティの査定 大橋正夫他（編） 入門心理学 福村出版
池田豊應 1990 心理テスト 木村敏他（編） 精神分裂病 基礎と臨床 朝倉書店
池田豊應 1993 神経症者のロールシャッハ反応 岡堂哲雄（編） 現代のエスプリ別冊 精神病理の探究 至文堂
伊藤隆二 1976 知能テストによる異常性の発見 大原健士郎他（編） 現代のエスプリ別冊 現代人の異常性 6 異常の発見心理テスト13-15 至文堂
村上英治・渡辺雄三・池田博和他 1977 ロールシャッハの現象学：分裂病者の世界 東京大学出版会
斎藤久美子・林勝造 1979 人格理解の方法(2) 藤永保他（編） テキストブック心理学(7) 臨床心理学 有斐閣
氏原寛 1974 臨床心理学入門：カウンセラーを志す人のために 創元社

● 3-4 ●

神田橋條治　1984　精神科診断面接のコツ　岩崎学術出版社

菅野純　1987　心理臨床におけるノンバーバル・コミュニケーション　春木豊（編）心理臨床のノンバーバル・コミュニケーション：ことばでないことばへのアプローチ　川島書店

斉藤久美子　1991　人格理解の理論と方法　河合隼雄（監修）三好暁光・氏原寛（編）臨床心理学2　アセスメント　創元社

田畑治　1991　アセスメント面接と行動観察　安香宏・田中富士夫・福島章（編）臨床心理学大系第5巻　人格の理解1　金子書房

● 4-1-1 ●

ジョーンズ，A. J.　井坂行男（訳）　1968　生活指導の原理　文教書院　Jones, A. J. 1963 *Principles of guidance.* New York: McGraw-Hill.

コーチン，S. J.　村瀬孝雄（監修）　1980　現代臨床心理学　弘文堂　Kochin, S. J. 1976 *Modern clinical psychology: principles of intervention in the clinic and community.* New York: Basic Books.

前田重治（編）　1986　カウンセリング入門　有斐閣

Slaikeu, K. A. 1984 *Crisis intervention: a handbook for practice and research.* MA: Allyn & Bacon.

● 4-1-2 ●

ケースメント，P.　1985　松木邦裕（訳）　1991　患者から学ぶ　岩崎学術出版社

フロイト，S.　1896　懸田克躬・小此木啓吾（訳）　1974　フロイト著作集7　ヒステリー研究　人文書院

フロイト，S.　1914　小此木啓吾（訳）　1970　フロイト著作集6　想起・反復・徹底操作　人文書院

フロイト，S.　1926　井村恒郎（訳）　1970　フロイト著作集6　制止・症状・不安　人文書院

フロイト，S.　1937　小此木啓吾（訳）　1969　フロイト著作集6　終りある分析と終りなき分析　人文書院

スィーガル，H.　岩崎徹也（訳）　1977　メラニー・クライン入門　岩崎学術出版社

ウィニコット，D. W.　橋本雅雄（訳）　1979　遊ぶことと現実　岩崎学術出版社

● 4-1-3 ●

上里一郎（編著）　1993　行動療法ケース9　登校拒否Ⅱ　岩崎学術出版社

バンデューラ，A.　原野広太郎（監訳）　1979　社会的学習理論　金子書房　Bandura, A. 1977 *Social learning theory.* Engelewood Cliffs, New Jersey: Prentice Hall.

ベック，A. T.　大野裕（訳）　1990　認知療法　岩崎学術出版社　Beck, A. T. 1976 *Cognitive therapy and Emotional disoders.* New York: International Universities Press.

ベラック，A. S. 他　山上敏子（監訳）　1987　行動療法事典　岩崎学術出版社　Bellak, A. S., & Hersen, M. (Eds.) 1985 *Dictionary of behavior therapy techniques.* New York:

Pergamon Press.
アイゼンク，H. J.　異常行動研究会（訳）　1965　行動療法と神経症　誠信書房　Eysenck, H. J.（Ed.）1960 *Behavior therapy and the neurosis.* New York: Pergamon Press.
ハル，C. L.　能見義博・岡本栄一（訳）　1960　行動の原理　誠信書房　Hull, C. L. 1943 *Principles of behavior: an introduction to behavior theory.* New York: Appleton-Century-Crofts.
異常行動研究会（編）　1985　オペラント行動の基礎と臨床：その進歩と展開　川島書店
今田恵　1958　現代の心理学　岩波書店
Jones, M. C. 1924 The elimination of children's fear. *J. exp. Psychol*, **7**, 383-390.
Kazdin, A. E. 1982 History of behavior modification. In A. S. Bellack, M. Hersen, & A. E. Kazdin（eds.）, *International handbook of behavior modification and therapy.* New York: Plenum Press.
Meichenbaum, D. 1977 *Cognitive Behavior Modification: An integrative approach.* New York: Plenum Press.
Mowrer, O. H. 1960 *Learning theory and behavior.* New York: Wiley.
根建金男（監修）　1992　認知行動療法　同朋舎出版
Skinner, B. F. 1953 *Science and human behavior*, New York: The Macmillian Company.
祐宗省三・春木豊他（編著）　1984　新版行動療法入門　川島書店
Thorndike, E. L. 1989 Animal Intellingence: an experimental study of the associated processes in animals. *Psychol. Monogr*, **2**(**8**).
トールマン，E. C.　富田達彦（訳）　1977　新行動主義心理学　清水広文堂　Tolman, E. C. 1932 *Purposive behavior in animals and men.* New York: Appleton-Century-Crofts.
Watson, J. B., & Rayner, P. 1920 Conditioned emotional reactions. *J exp. Psychol*, **3**, 1-4.
ウォルピ，J.　内山喜久雄（監修）　1971　行動療法の実際　黎明書房　Wolpe, J. 1971 *The practice of behavior therapy.* New York: Pergamon Press.
ウォルピ，J.　金久貞也（監訳）　1977　逆制止による心理療法　誠信書房　Wolpe, J. 1958 *Psychotherapy by reciprocal inhibition.* Stanford, California: Stanford Univ. Press.

●　4-1-4　●

有村達之　2015　新世代認知行動療法のエビデンス　認知療法研究　**6**　2-8
ベック，A. T.・ラッシュ，A. J.・ショウ，B. F.・エメリイ，G.　坂野雄二（監訳）　神村栄一・清水里美・前田基成（訳）　2007　うつ病の認知療法　岩崎学術出版社　Beck, A. T., Rush, A. J., Shaw, B. F., & Emery, G. 1979 *Cognitive Therapy of Depression.* New York: Guilford Press.
アイゼンク，M. W.　山内光哉（監修）白樫三四郎・利島保・鈴木直人・山本力・岡本祐子・道又剛（監訳）　2008　アイゼンク教授の心理学ハンドブック　ナカニシヤ出版　Eysenck, M. W. 2000 *Psychology: A student's handbook.* Hove: Psychology Press.
Kabat-Zinn, J. 2003 Mindfulness-based interventions in context: Past, present, and future. *Clinical Psychology: Science & Practice*, **10**, 144-156.
小堀彩子　2016　心理教育　下山晴彦・中嶋義文（編）公認心理師必携　精神医療・臨床心理の知識と技法　金剛出版　226-227

厚生労働科学研究費補助金こころの健康科学研究事業「精神療法の実施方法と有効性に関する研究」 うつ病の認知療法・認知行動療法治療者用マニュアル

熊野宏明　2012　新世代の認知行動療法　日本評論社

レイヤード, R.　クラーク, D. M.　丹野義彦（監訳）　2017　心理療法がひらく未来　ちとせプレス　Layard, R., & Clark, D. M. 2014 *Thrive: The power of evidence-based psychological therapies.* Allen Lane.

慢性疼痛治療ガイドライン作成ワーキンググループ　2018　慢性疼痛治療ガイドライン　真興交易（株）医書出版部

日本認知療法・認知行動療法学会　2018　認知行動療法の発展　http://jact.umin.jp/ryouhou_hatten/

杉浦義典　2016　エビデンスベースド・アプローチ　下山晴彦・中嶋義文（編）公認心理師必携　精神医療・臨床心理の知識と技法　金剛出版　181-182

● 4-1-5 ●

平木典子　1989　カウンセリングの話　朝日選書

保坂亨　1988　クライエント中心療法の再検討　心理臨床学研究　**6**(**1**)　42-51

河合隼雄　1970　日本における心理療法の発展とロジャース理論の意義　教育と医学　**18**(**1**)　11-16

村瀬孝雄　1981　青年期のカウンセリング　清水将之（編）　青年期の精神科臨床　金剛出版

ロジャーズ, C. R.　カーシェンバウム, H.・ヘンダーソン, V. L.（編）　伊東博・村山正治（監訳）　2001　ロジャーズ選集（上）　誠信書房　265-286　Rogers, C. R. 1957 The necessary and sufficient conditions of therapeutic personality change. *Journal of Consulting Psychology*, **21**, 95-103.

ロジャーズ, C. R.　友田不二男（編訳）　1972　ロージァズ全集　19巻／古屋健治（編訳）　1972　ロジャース全集　20巻／伊東博（編訳）　1972　ロージァズ全集　21巻　岩崎学術出版社　Rogers, C. R. 1967 *Therapeutic relationship and its inpact.* Wisconsin: University of Wisconsin Press.

ロジャーズ, C. R.　畠瀬直子（監訳）　1984　人間尊重の心理学　創元社　Rogers, C. R. 1980 *The way of being.* Houghton Mifflin.

佐治守夫・岡村達也・保坂亨　2007　カウンセリングを学ぶ：理論・体験・実習（第2版）　東京大学出版会

● 4-2-1 ●

アクスライン, V.　小林治夫（訳）　1972　遊戯療法　岩崎学術出版社　Axline, V. 1947 *Play therapy.* Boston: Houghton Mifflin.

弘中正美　1981　遊戯療法　水山進吾（編）　臨床心理学　福村出版

高野清純・古屋健治　1961　遊戯療法　日本文化科学社

● 4-2-2 ●

フロイト, S.　懸田克躬・高橋義孝（訳）　1971　精神分析入門　フロイト著作集1　人文書

院　Freud, S. 1916 *Vorlesungen zur Einführung in die Psychoanalyse.*
ユング，C. G.（著）ヤッフェ，A.（編）　河合隼雄・藤縄昭・出井淑子（訳）　1972　ユング自伝1，2：思い出・夢・思想　みすず書房　Jung, G. C.　Jaffé, A. (Ed.) 1961, 1962, 1963 *Memories, dreams, reflections.* New York: Pantheon Books.
ユング，C. G. 他　河合隼雄（監訳）　1972　人間と象徴：無意識の世界　河出書房新社　Jung, C. G. et al. 1964 *Man and his symbols.* London: Aldus Books Limited.
レヴィ，F. J.　町田章一（訳）　2018　ダンス・ムーブメントセラピー：癒しの技法　岩崎学術出版社　Levy, F. J. 2005 Dance movement therapy: A healing art. Reston, VA: National Dance Association.
森谷寛之　1995　子どものアートセラピー：箱庭・描画・コラージュ　金剛出版
森谷寛之　2012　コラージュ療法実践の手引き：その起源からアセスメントまで　金剛出版
森谷寛之　2017　特集「九分割統合絵画法」　芸術療法学会誌　**48**(**1**)　11-18.
森谷寛之　2018　臨床心理学への招待：無意識の理解から心の健康へ　サイエンス社
中井久夫　1974　枠づけ法覚え書き　日本芸術療法会誌　**5**　15-19.
ナウムブルグ，M.　中井久夫（監訳）・内藤あかね（訳）　1995　力動指向的芸術療法　金剛出版　Naumburg, M. 1966 *Dynamically oriented art therapy: Its principles and practice.* New York: Grune & Stratton, Inc.
日本描画テスト・描画療法学会（編）　1993　特集スクイッグル技法　臨床描画研究8　金剛出版

● 4-2-3 ●

カルフ，D.　大原真・山中康裕（監訳）　1972　カルフ箱庭療法　誠信書房
河合隼雄　1967　ユング心理学入門　培風館
河合隼雄　1969　箱庭療法入門　誠信書房
岡田康伸　1984　箱庭療法の基礎　誠信書房
岡田康伸　1993　箱庭療法の展開　誠信書房
奥平ナオミ　1988　日本における箱庭　箱庭療法学研究　**1**(**1**)　74-84

● 4-2-4 ●

門前進　1993　入門自己催眠法　誠信書房
成瀬悟策　1968　催眠面接法　誠信書房
Rossi, E. L. (Ed.) 1980 *The collected papers of Milton H. Erickson on hypnosis* Vol. I-IV. New York: Irvington Publishers, Inc.
佐々木雄二　1976　自律訓練法の実際　創元社

● 4-3-1 ●

北西憲二・中村敬（編著）　2005　森田療法　ミネルヴァ書房
高良武久　1976　森田精神療法の実際　白揚社
森温理・北西憲二（編）　1989　森田療法の研究　金剛出版
森田正馬　1960　神経質の本態と療法　白揚社
中村敬・北西憲二・丸山晋他　2009　外来森田療法のガイドライン　日本森田療法学会雑誌

20(1) 91-103
大原健士郎（編） 1987 精神科 MOOK19 森田療法：理論と実際 金原出版
大原健士郎・藍沢鎮雄・岩井寛 1970 森田療法 文光堂
新福尚武 1967 森田療法 井村恒郎ほか編 神経症 医学書院

● 4-3-2 ●

三木善彦 1976 内観療法入門 創元社
三木善彦 1994 生命の輝き：薬物依存の女性の事例 日本内観学会第17回大会発表論文集
三木善彦（監修） 2008 DVD 内観への招待 奈良内観研修所
三木善彦・真栄城輝明（編） 2006 現代のエスプリ470 内観療法の現在：日本文化から生まれた心理療法 至文堂
三木善彦・真栄城輝明・竹元隆洋（編著） 2007 内観療法 心理療法プリマーズ ミネルヴァ書房
村瀬孝雄 1989 臨床心理学 日本放送出版協会
村瀬孝雄（編） 1993 内観法入門 誠信書房
吉本伊信 1983 内観への招待 朱鷺書房

● 4-3-3 ●

成瀬悟策（編） 1992 現代のエスプリ別冊 臨床動作法の理論と治療 至文堂
成瀬悟策（編） 1992 現代のエスプリ別冊 教育臨床動作法 至文堂
成瀬悟策（編） 1992 現代のエスプリ別冊 健康とスポーツの臨床動作法 至文堂
成瀬悟策（編） 1993 平成３，４年度科学研究研究成果報告書 高齢者臨床における動作法の心理学的研究
成瀬悟策 1994 臨床動作法研究会小冊子 臨床動作法の理論と方法
大野清志 1992 教育相談における動作法 成瀬悟策（編） 現代のエスプリ別冊 教育臨床動作法 至文堂

● 4-4-1 ●

コーネル，A. W. 大澤美枝子・日笠摩子（訳） 1999 やさしいフォーカシング：自分でできるこころの処方 コスモスライブラリー
コーネル，A. W. 大澤美枝子・木田満里代・久羽康・日笠摩子（訳） 2014 臨床現場のフォーカシング：変化の本質 金剛出版
Gendlin, E. 1969 Focusing. *Psychotherapy: Theory, Research & Practice*, **6**(**1**), 4-15.
Gendlin, E. 1973 Experiential Psychotherapy. In. R. Corsini (Ed.) *Current Psychotherapies.* Ithasca: F. E. Peacock.（池見陽（訳） 1999 体験過程療法 ジェンドリン，E. 池見陽・村瀬孝雄（訳） セラピープロセスの小さな一歩 金剛出版）
Gendlin, E. 1981/2007 *Focusing.* New York: Bantam. (Revised edition 2007)（ジェンドリン，E. 村山正治・都留春夫・村瀬孝雄（訳） フォーカシング 福村出版）
Gendlin, E. 1996 *Focusing-Oriented Psychotherapy: A Manual of the Experiential Method.* New York: Guilford Press.（ジェンドリン，E. 村瀬孝雄・日笠摩子・池見陽・村里忠之（訳） 1998 フォーカシング指向心理療法 上巻 金剛出版／ジェンドリン，E. 村

瀬孝雄・日笠摩子・田村隆一・伊藤義美・池見陽・村里忠之（訳） 1998 フォーカシング指向心理療法 下巻 金剛出版）

Ikemi, A. 2017 The radical impact of experiencing on psychotherapy theory: An examination of two kinds of crossings. *Person-Centered & Experiential Psychotherapies*, **16(2)**, 159-172.

Ikemi, A. 2019 A Portrait of the person seen through the four dimensions of focusing. *Journal of Humanistic Counseling*, **58**, 233-248.

池見陽（編著） 2016 傾聴・心理臨床学アップデートとフォーカシング ナカニシヤ出版

池見陽・吉良安之・村山正治・弓場七重・田村隆一 1986 体験過程とその評定：EXP スケール評定マニュアル作成の試み 人間性心理学研究 **4** 50-64

Kiesler, D. 1971 Patient experiencing and successful outcome in the individual psychotherapy of schizophrenics and psychoneurotics. *Journal of Consulting and Clinical Psychology*, **37**, 307-385.

Klein, M., Mathieu, P., Gendlin, E., & Kiesler, D. 1970 *The experiencing scale: A research and training manual*. Madison: Wisconsin Psychiatric Institute.

Krycka, K., & Ikemi, A. 2016 Focusing-oriented experiential psychotherapies: From research to practice. In D. Cain, K. Keenan & S. Rubin (Eds.) *Humanistic psychotherapies: Handbook of research and practice* (2nd Edition). Washington D. C.: American Psychological Association.

三宅麻希・池見陽・田村隆一 2008 5段階体験過程スケール評定マニュアル作成の試み 人間性心理学研究 **25(2)** 193-205

村山正治（監修）日笠摩子・堀尾直美・高瀬健一（編） 2013 フォーカシングはみんなのもの：コミュニティーが元気になる31の方法 創元社

● 4-4-2 ●

日高正宏 1979 各種心理療法における『気づき』（Awareness）と認知転換 京都市教育委員会カウンセリングセンター研究紀要 **9** 67

日高正宏 1979 ゲシュタルト技法による箱庭からの展開 日本心理学会第43回大会発表論文集 697

倉戸ヨシヤ 1983 ゲシュタルトセラピーの人格論 関西カウンセリングセンター 125

倉戸ヨシヤ 1991 ゲシュタルト療法 河合隼雄・水島恵一・村瀬孝雄（編） 臨床心理学大系9 心理療法3 金子書房 125

パールズ, F. S. 倉戸ヨシヤ（監訳） 1990 ゲシュタルト療法：その理論と実際 ナカニシヤ出版 39 Perls, F. S. 1973 *The gestalt approach & eye witness to therapy*. Science and Behavior Books, Inc.

相良守次 1960 図解心理学 光文社 28-46

● 4-4-3 ●

藤岡喜愛 1969 イメージと人間 日本放送出版協会

水島恵一・小川捷之（編） 1984 イメージの臨床心理学 誠信書房

成瀬悟策（編） 1979 心理療法におけるイメージ 誠信書房

成瀬悟策（編） 1980 イメージ療法 誠信書房
田嶌誠一（編著） 1987 壺イメージ療法 創元社

● 4-4-4 ●

ドライデン，W.・デジサッピ，R. 菅沼憲治（訳） 1997 実践論理療法入門：カウンセリングを学ぶ人のために 岩崎学術出版社 Dryden, W., & DiGiuseppe, R. 1990 *A primer on rational-emotive therapy.* Illinois: Research Press.
エリスA. 沢田慶輔・橋口英俊（訳） 1983 人間性主義心理療法：RET入門 サイエンス社 Ellis, A. 1974 *Humanistic psychotherapy: The rational-emotive approach.* New York: McGraw Hill Paperbacks.
エリスA. 国分康孝（監訳） 1984 神経症者とつきあうには：家庭・学校・職場における論理療法 川島書店 Ellis, A. 1975 *How to live with a neurotic at home and work.* New York: Crown Publishers.
エリス，A.・ハーパー，R. A. 北見芳雄（監修） 国分康孝・伊藤順康（訳） 1981 論理療法：自己説得のサイコセラピイ 川島書店 Ellis A., & Harper, R. A. 1975 *A new guide to rational living.* North Hollywood, CA: Wilshire Book Co.
伊藤順康 1990 自己変革の心理学：論理療法入門 講談社現代新書
Linscott, J. 1994 Albert Ellis: The man and his life's work.（社）日本産業カウンセラー協会関東部会主催「論理療法」研修会での paper presentation
Linscott, J. 1994 Outline: a brief introduction to RET. 日本教育臨床研究会主催「RET」研修会での paper presentation
国分康孝 1991 〈自己発見〉の心理学 講談社現代新書
日本学生相談学会（編） 今村義正・国分康孝（責任編集） 1989 論理療法にまなぶ：アルバート・エリスとともに：非論理の思いこみに挑戦しよう 川島書店
菅沼憲治 1993 認知―行動カウンセリング 千葉商科大学学生相談室年報 **9** 19-22

● 4-5-1 ●

亀口憲治 1992 家族システムの心理学 北大路書房
岡堂哲雄 1983 家族への心理的援助 日本家族心理学会（編） 家族臨床心理の展望 金子書房
小此木啓吾 1985 家族力動 加藤正明他（編） 精神医学事典 弘文堂
Watzlawick, P., Weakland, J., & Fisch, R. 1974 *Change: principles of problem-formation and problem-resolution.* New York: W. W. Norton.

● 4-5-2 ●

ビオン，W.R. 対馬忠（訳著） 1973 グループ・アプローチ サイマル出版会
襲岩秀章 1994 エンカウンター・グループにおける人格変化に及ぼす「受容」と「対決」の影響についての研究 国際基督教大学大学院教育学研究科博士論文（未公刊）
小谷英文・襲岩秀章・井上直子 1993 集団療法 岡堂哲雄（編） 心理面接学 垣内出版
増野肇 1990 サイコドラマのすすめ方 金剛出版
村山正治 1990 エンカウンター・グループ 上里一郎他（編） 臨床心理学大系8 心理

療法２　金子書房
村山正治・野島一彦　1977　エンカウンター・グループ・プロセスの発展段階　九州大学教育学部紀要（教育心理学部門）　**21**(**2**)　77-84
野島一彦　1988　グループ・アプローチ　現代のエスプリ　**252**　178-189
ロジャース，C. R.　畠瀬稔・畠瀬直子（訳）　1982　エンカウンター・グループ　創元社
山口隆・増野肇・中川賢幸（編著）　1987　やさしい集団精神療法入門　星和書店

● 4-5-3 ●

安藤延男（編）　1979　コミュニティ心理学への道　新曜社
カプラン，G.　山本和郎（訳）　1968　地域精神衛生の理論と実際　医学書院　Caplan, G. 1961 *An approach to community mental health.* New York: Grune and Stratton.
カプラン，G.　新福尚武（監訳）　1970　予防医学　朝倉書店　Caplan, G. 1964 *Principles of preventive psychiatry.* New York: Basic Books.
杉本好行　1990　コミュニティにおける臨床心理士　心理臨床　**11**　213-219
山本和郎（編）　1984　コミュニティ心理学の実際　新曜社
山本和郎　1986　コミュニティ心理学　東京大学出版会

● 5-1 ●

伊藤直樹　2018　学生相談活動の発展に寄与する要因についての研究：学生相談室の発展と活動の充実のための処方箋　風間書房
窪田由紀　2013　児童生徒への間接的な支援活動　臨床心理学　**13**(**5**)　642-646
文部科学省　2019 a　児童生徒の問題行動・不登校等生徒指導上の諸課題に関する調査結果について　http://www.mext.go.jp/component/a_menu/education/detail/__icsFiles/afieldfile/2019/10/25/1412082-30.pdf（2019年11月７日閲覧）
文部科学省　2019 b　スクールカウンセラー配置校（箇所）数の推移　http://www.mext.go.jp/component/a_menu/education/detail/__icsFiles/afieldfile/2014/11/14/1341643_1.pdf（2019年９月26日閲覧）
坂上頼子　2012　保育カウンセリング　村山正治・滝口敏子（編）　現場で役立つスクールカウンセリングの実際　創元社
内田利広・内田純子　2011　スクールカウンセラーの第一歩：学校現場への入り方から面接実施まで　創元社
鵜養義昭　2011　スクールカウンセラー制度のこれから　臨床心理学増刊第３号　46-50　金剛出版

● 5-2 ●

片岡玲子　2004　社会の中での臨床心理士の立場・役割　楡木満生・松原達哉（編）　臨床心理学概論　培風館
片岡玲子　2014　母子生活支援施設とDV被害者のケア　心と社会　**156**　107-112　日本精神衛生会
片岡玲子　2018　生活を支える心理支援　中島健一（編）　福祉心理学　遠見書房
片岡玲子　2019　第１章―2　障害児・者の福祉　片岡玲子・米田弘枝（編著）　福祉分野：

理論と支援の展開　創元社
国立社会保障・人口問題研究所　2018　日本の将来推計人口
厚生労働省　2019 a　子ども虐待による死亡事例の検証結果について（第15次報告）の概要
厚生労働省　2019 b　平成29年度福祉行政報告例の概要
厚生労働省　2019 c　介護保険事業状況報告の概要（令和元年11月分より）
内閣府　2019　令和元年版障害者白書
総務省統計局　2019　統計トピックス NO. 121　統計からみたわが国の高齢者

● 5-3 ●

藤岡淳子（編）　2007　犯罪・非行の心理学　有斐閣ブックス
犯罪心理学会（編）　2016　犯罪心理学事典　丸善出版
岡本吉夫（編）　2019　司法・犯罪心理学　野島一彦・繁桝算男（監修）　公認心理師の基礎と実践19　遠見書房

● 5-4 ●

乾吉佑　1995　医療の領域　野島一彦（編著）　臨床心理学への招待　ミネルヴァ書房
一般社団法人日本臨床心理士会　2016　第７回臨床心理士の動向調査委報告書
野村れいか（編著）　国立病院機構全国心理療法士協議会（監修）　2017　病院で働く心理職：現場から伝えたいこと　日本評論社
津川律子・江口昌克（編著）　野島一彦（監修）　2019　公認心理師分野別テキスト１　保健医療分野：理論と支援の展開　創元社

● 5-5 ●

小島健一　2019　働くことと法　新田泰生（編）　産業・組織心理学　遠見書房
今野晴貴　2012　ブラック企業　文春新書
見田宗介他　2010　ベルリンの壁崩壊20年：世界と日本はどう変わったのか　神奈川大学評論　**65**　5-25
新田泰生　2018　私の産業精神保健考：ブラック企業・過労死と働き方　産業精神保健　**26**(3)
新田泰生　2019　産業・組織心理学の意義と方法　新田泰生（編）　産業・組織心理学　遠見書房
島津明人・小田原幸　2019　産業保健の視点から　新田泰生（編）　産業・組織心理学　遠見書房
渡辺忠・新田泰生　1994　企業におけるメンタルヘルスと人間性心理学　特集にあたって　人間性心理学研究　**12**(1)　4-8

● 5-6 ●

平山正実・斎藤友紀雄（編）　1998　悲しみへの援助　現代のエスプリ　**248**　至文堂
社会福祉法人いのちの電話（編）　1979　いのちの電話　学事出版

● 5-7 ●
佐野直哉　1990　開業心理臨床におけるお金をめぐって　乾吉佑他（編）　心理臨床プラクティス第1巻　開業心理臨床　星和書店
佐野直哉　1992　開業心理臨床　大塚義孝（編）　臨床心理士入門　日本評論社
佐野直哉　1993　精神療法におけるお金のやりとりをめぐって　第3回東海開業心理の会発表抄録
佐野直哉　1993　No Problem　心理臨床　**16**(3)　176-178

● 6-1 ●
American Psychological Association 1992 Ethical principles of psychologists and code of Conduct. *American Psychologist*, **47**(**12**), 1597-1611.
ブラントン，S.　馬場謙一（訳）　1972　フロイトとの日々　日本教文社
河合隼雄他（編）　1989-1992　臨床心理学大系　金子書房　16巻
駒米勝利（編）　1985　カウンセリング《心理療法》文献小辞典　全日本カウンセリング協議会
前田重治　1984　自由連想覚え書　岩崎学術出版社
松井豊・林もも子・井上果子・沢崎達夫・増茂尚志・賀陽濟（編）　1991　臨床心理リーディングガイド　サイエンス社
氏原寛・東山紘久・村瀬孝雄・山中康裕（編）　1987　カウンセラーのための104冊　創元社

● 6-2 ●
大塚義孝（編）　1993　臨床心理士入門　日本評論社
増井武士　1991　「自己学」としての精神療法　季刊心理臨床　**4**(3)　157-163
増井武士　1992　スーパーバイズの上手な受け方　季刊心理臨床　**5**(3)　143-147

執筆者一覧

1-1 野島一彦（のじま・かずひこ） 九州大学名誉教授／跡見学園女子大学名誉教授［編著者］

1-2 村本詔司（むらもと・しょうじ） 神戸市外国語大学名誉教授

2-1 峰松　修（みねまつ・おさむ） 九州大学名誉教授　ご逝去

2-2-1 井上哲雄（いのうえ・てつお） 西南学院大学名誉教授

2-2-2 安島智子（あじま・ともこ） このはな児童学研究所

2-2-3 下山晴彦（しもやま・はるひこ） 跡見学園女子大学

2-2-4 岡　昌之（おか・まさゆき） 東京都立大学・首都大学東京名誉教授

2-2-5 山崎幸子（やまざき・さちこ） 文京学院大学

3-1 米倉五郎（よねくら・ごろう） 元愛知淑徳大学

3-2 岡　秀樹（おか・ひでき） 疋田病院

3-3 池田豊應（いけだ・ほうおう） 元愛知学院大学

3-4 溝口純二（みぞぐち・じゅんじ） 元東京国際大学　ご逝去

4-1-1 林　幹男（はやし・みきお） 福岡大学名誉教授

4-1-2 川上範夫（かわかみ・のりお） 元関西福祉科学大学／元奈良女子大学

4-1-3 曽我昌祺（そが・まさよし） 元関西福祉科学大学大学院

4-1-4 有村達之（ありむら・たつゆき） 九州ルーテル学院大学

4-1-5 保坂　亨（ほさか・とおる） 千葉大学名誉教授

4-2-1 弘中正美（ひろなか・まさよし） 元明治大学

4-2-2 森谷寛之（もりたに・ひろゆき） 京都文教大学名誉教授／京都コラージュ療法研究所所長

4-2-3 岡田康伸（おかだ・やすのぶ） 京都大学名誉教授

4-2-4 門前　進（もんぜん・すすむ） 門前研究所

4-3-1　久保田幹子（くぼた・みきこ）　法政大学大学院

橋本和幸（はしもと・かずゆき）　調布はしもとクリニック

4-3-2　三木善彦（みき・よしひこ）　大阪大学名誉教授／帝塚山大学名誉教授　ご逝去

4-3-3　入江建次（いりえ・けんじ）　元福岡教育大学　ご逝去

4-4-1　池見　陽（いけみ・あきら）　関西大学大学院心理学研究科

4-4-2　日高正宏（ひだか・まさひろ）　社会福祉法人京都いのちの電話　ご逝去

4-4-3　福留留美（ふくどめ・るみ）　福岡女学院大学／九州大学名誉教授

4-4-4　菅沼憲治（すがぬま・けんじ）　松蔭大学

リンスコット・ジーン L.（Jean L. Linscott St. John's University）

4-5-1　亀口憲治（かめぐち・けんじ）　東京大学名誉教授

4-5-2　袰岩秀章（ほろいわ・ひであき）　カウンセリングルーム・プリメイラ

4-5-3　杉本好行（すぎもと・よしゆき）　元常葉大学

5-1　内田利広（うちだ・としひろ）　龍谷大学

5-2　片岡玲子（かたおか・れいこ）　立正大学心理臨床センター

5-3　日高みちえ（ひだか・みちえ）　西九州大学大学院／東亜大学大学院

5-4　野村れいか（のむら・れいか）　九州大学

5-5　新田泰生（にった・やすお）　神奈川大学人文学研究所

5-6　柴田俊一（しばた・しゅんいち）　常葉大学

5-7　佐野直哉（さの・なおや）　元明治学院大学／佐野臨床心理研究所　ご逝去

6-1　一丸藤太郎（いちまる・とうたろう）　広島ももやま心理相談室

6-2　増井武士（ますい・たけし）　東亜大学大学院

臨床心理学への招待［第2版］

1995年4月30日	初　版第1刷発行	〈検印省略〉
2019年3月30日	初　版第30刷発行	
2020年3月31日	第2版第1刷発行	定価はカバーに
2024年1月20日	第2版第5刷発行	表示しています

編著者　野　島　一　彦
発行者　杉　田　啓　三
印刷者　田　中　雅　博

発行所　株式会社　ミネルヴァ書房
607-8494　京都市山科区日ノ岡堤谷町1
電話代表　075(581)5191
振替口座　01020-0-8076

創栄図書印刷・新生製本

ISBN978-4-623-08939-0
Printed in Japan